컴퓨터 비전

최 형 일 저

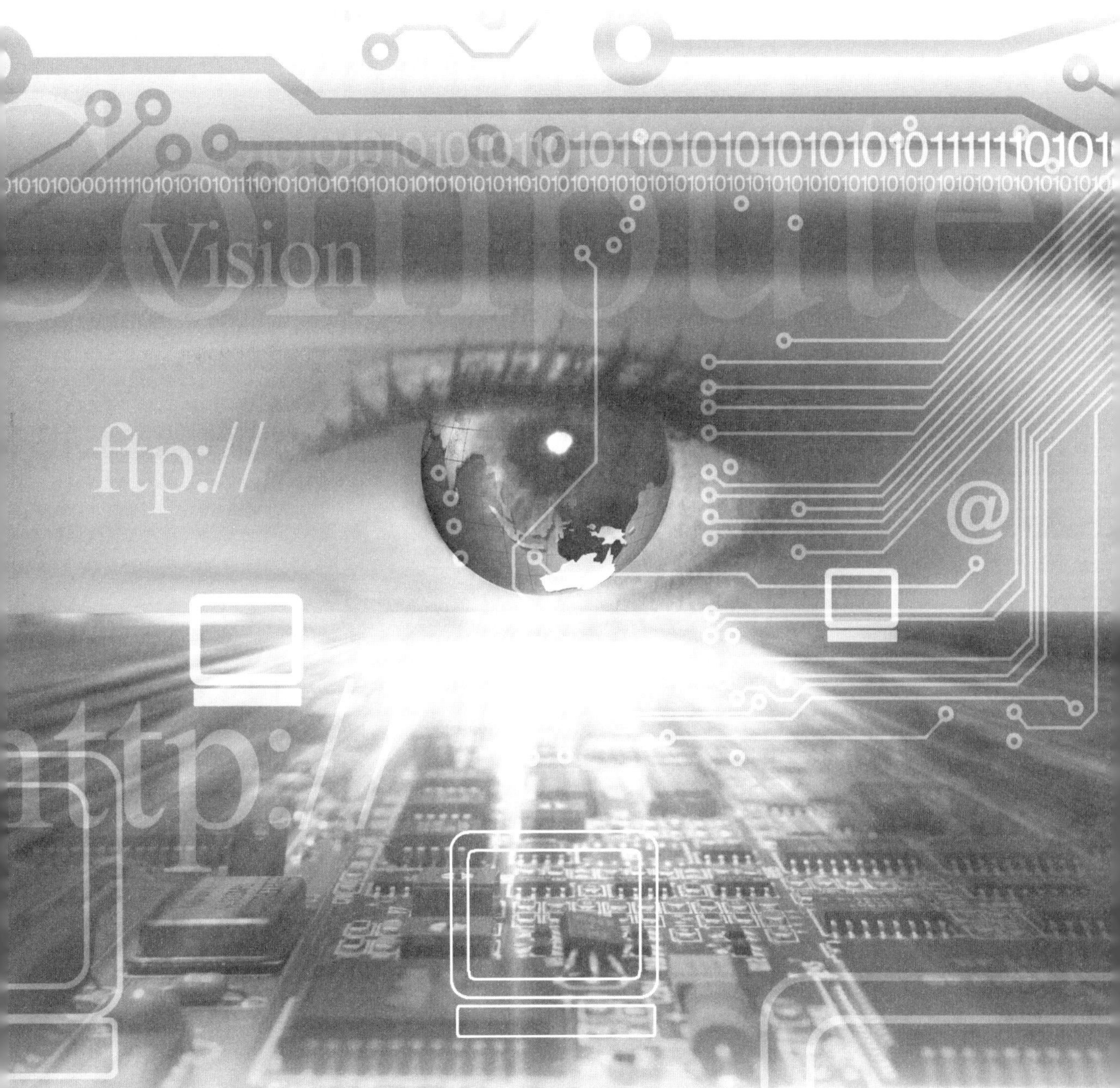

홍릉과학출판사

머리말

최근 컴퓨터 하드웨어 및 소프트웨어 기술이 발전하면서 컴퓨터 비전 기술의 활용이 일반화되고 있습니다. 과거에 공상 과학 영화에서나 볼 수 있었던 장면들이 이제는 우리 실생활에서 자연스럽게 전개되고 있습니다. 얼굴 인식, 지문 인식, 자동차 번호판 인식 등과 같은 기술은 이미 상용화되어 현장에서 널리 사용되고 있는 기술입니다. 센서 기술 역시 획기적인 발전을 거듭하면서 마이크로소프트사는 Kinect라는 저가형 깊이 정보 기반의 동작 인식 센서와 개발 도구를 공급하고 있습니다. Leap motion이라는 장비를 이용하여 손동작을 인식하고 이를 컴퓨터 제어에 활용하는 기술이 시장에 등장하고 있습니다. OpenCV라는 개방형 컴퓨터 비전 라이브러리가 일반인들에게 공개되어 컴퓨터 비전 소프트웨어 개발이 한결 편해졌습니다.

이처럼 컴퓨터 비전 기술의 개발 및 응용 환경이 좋아지면서, 일반인들의 컴퓨터 비전에 대한 이해를 도와줄 수 있는 좋은 교재가 개발되었으면 한다는 얘기를 주위에서 많이 들었습니다. 대학에서 컴퓨터 비전에 대한 연구와 강의를 20년 이상한 사람으로서 후학들을 위해 좋은 교재를 만들어야겠다는 사명감도 생겼습니다. 그런데 막상 자료를 정리하고 집필을 시작하면서는, 글 쓰는 능력이 부족한 사람이 무리한 도전을 한 것 같다는 후회가 생기고 괜히 쓸데없이 독자들에게 혼란만 주는 엉터리 같은 책을 만드는 것이 아닌가 하는 걱정이 생겼습니다. 다행이 주위의 여러 분이 도와주시고 격려해 주셔서 끝까지 마무리할 수 있게 된 것 같습니다.

컴퓨터 비전은 크게는 두 영역, 즉 영상 처리하여 특징을 추출하는 과정 그리고 추출된 특징을 사용하여 인식하는 과정으로 나누어 생각할 수 있습니다. 따라서 다루어야 할 기술 범위가 매우 광범위하여 이들 모두를 포함하는 교재를 만들려면 그 내용이 매우 방대해집니다. 본 교재는 자주 사용되는 컴퓨터 비전의 핵심적인 내용만을 비교적 이해하기 쉽도록 구성하였습니다. 본 교재는 8장으로 구성되어 있습니다. 각 장에서 관련된 OpenCV 함수에 대한 소개와 이를 이용한 프로그램을 첨부하였습니다. 독자들이 컴퓨터 비전 기술을 이용한 응용 프로그램을 작성할 때 가급적 OpenCV 함수를 사용하여 프로그램을 개발할 수 있도록 노력하였습니다.

제1장에서는 컴퓨터 비전의 개요, OpenCV 사용방법, 그리고 OpenCV를 이용한 MFC 프로그래밍 방법에 대해 설명합니다. 제2장에서는 영상이 만들어지는 원리 및 과정에 대해 설명합니다. 제3장에서는 영상을 물체 영역 단위로 분할하는 과정에 대해 설명합니다. 제4장에서는 각 물체 영역의 경계를 나타내는 에지를 검출하는 방법에 대해 설명합니다. 제5장에서는 분할된 각 영역의 특성을 나타내는 특징을 추출하는 방법과 특징을 표현하는 방법에 대해 설명합니다. 제6장에서는 스테레오 비전의 기본 개념과 스테레오 매칭을 구현하는 3개의 방법을 설명합니다. 제7장에서는 이동 물체를 탐지하고 이동 물체의 속도 정보를 추출하는 방법을 설명합니다. 제8장은 얼굴 인식의 예를 통하여 물체 인식 과정을 설명합니다.

독자들이 쉽게 내용을 이해할 수 있도록 문장 구성을 했습니다. 기본 원리를 설명하는데 필요한 수식을 제외하고는 가급적 수식을 줄이려고 했으나, 결과적으로는 많은 수식을 사용해야 했습니다. 대신에 그림과 예제를 많이 삽입하여 이해를 돕도록 했습니다. 컴퓨터 비전에 대한 관심과 수요가 고조되고 있는 현 상황에서 본 교재가 독자들의 컴퓨터 비전에 대한 이해 증진에 도움이 될 수 있기를 바랍니다. 본 교재를 출판하기 위해 힘써주신 여러 분께 감사드립니다. 특별히, 프로그래밍 작업을 도와준 박사 과정 주성일 학생과 김설호 학생에게 고마움을 표합니다. 홍릉과학출판사의 모든 직원들께도 감사를 드립니다.

2012년 11월

최형일

차례

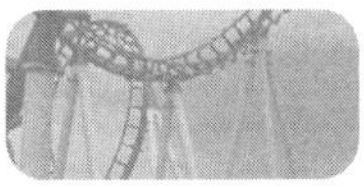

제 3 장
영상 분할 (Image Segmentation) 53

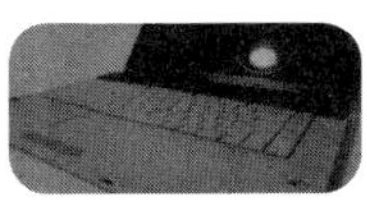

제 4 장
에지 검출 (Edge Detection) 83

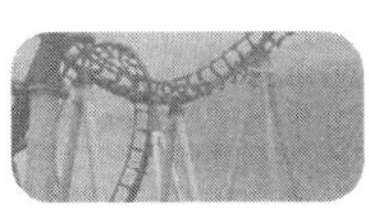

제 5 장
특징 추출 및 표현 (Feature Extraction and Representation) 107

제 6 장
스테레오 비전 (Stereo Vision) 141

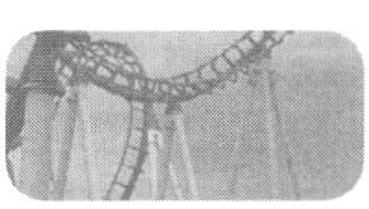

제 7 장
동작 이해 (Motion Understanding) 169

제 8 장
물체 인식 (Object Recognition) 197

제 1 장

컴퓨터 비전 기초

(Fundamentals of Computer Vision)

1.1 컴퓨터 비전이란 무엇인가

우리 인간은 눈을 이용하여 주변의 다양한 정보를 받아들여 사물을 인식하고 환경에 적응한다. 인간의 비전(human vision) 시스템은 눈을 통해 들어온 시각 정보를 분석하여 물체의 모양과 색상은 물론, 물체가 얼마나 멀리 떨어져 있는지 그리고 움직이는 물체의 이동 방향과 속도까지 감지할 수 있다. 이러한 작업들을 컴퓨터가 할 수 있다면 컴퓨터의 활용 범위는 더욱 넓어지고 다양해질 것이다. **컴퓨터 비전**(computer vision)은 카메라로부터 촬영된 영상을 컴퓨터가 분석하여 영상에 담겨있는 정보를 추출하는 작업을 말한다. 즉, 인간의 눈에 해당하는 카메라가 영상을 촬영하는 작업을, 그리고 정보를 추출하는 두뇌, 특히 시각 피질(visual cortex)의 역할을 컴퓨터가 담당한다.

먼저, 우리 인간의 눈의 기능적인 측면을 살펴보자. 물체에 반사된 빛은 수정체(lens)에 의해 모아지고 망막(retina)의 표면에 투영된다. 홍체(iris)는 수정체를 통과하는 빛의 양을 조절하고, 각막(cornea)은 수정체를 보호하는 역할을 한다. 망막에는 투영된 빛의 양을 신경 신호로 변환하는 광수용기(photoreceptor)가 있다. 망막에 분포되어 있는 광수용기는 그 개수가 1억 개 이상이며, 막대 모양의 간상체(rod)와 원뿔 형태의 원추체(cone)들로 구성된다. 간상체는 빛의 강도에 따라 반응을 달리하고, 원추체는 빛의 색상에 따라 반응을 달리한다. 즉 간상체는 밝고 어두운 정도를 나타내는 역할을 그리고 원추체는 색상을 표현하는 역할을 한다. 광수용기는 망막의 중심 부위에 밀집되어 있는데, 이 부분을 중심와(fovea)라고 부른다. 광수용기에 의해 변환된 신경 신호는 시신경 안에 있는 신경 섬유들을 통해 눈으로부터 뇌의 시각 피질로 전달된다. 시각 피질은 도착한 신경 신호를 처리하여 입력된 영상에 대한 귀중한 정보를 추출한다.

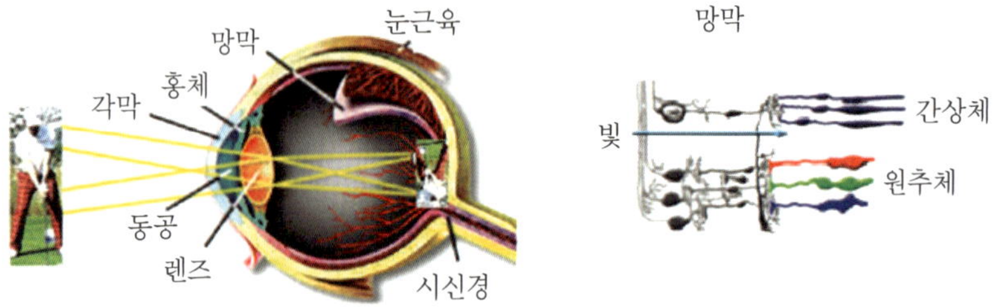

그림 1-1 인간의 비전 시스템

우리 인간은 어두운 곳에서는 물체를 볼 수가 없다. 즉 빛이 있어야 비로소 주위를 식별할 수 있다. 빛이란 무엇인가? 빛은 일종의 전자기파(electromagnetic wave)로서, 전자기파는 파장(wave length)에 따라 세분된다. 파장이 가장 긴 라디오파(1mm 이상)부터 시작하여 전자레인지에 쓰이는 마이크로파(1mm~1m), 물리 치료나 탐사 장비에 쓰이는 적외선(750nm~1mm), 우리가 평소에 빛이라고 부르는 우리 눈에 보이는 가시광선(400nm~760nm), 피부를 그을리는 주요인인 자외선(100nm~380nm), 병원에서 진단을 목적으로 쓰는 X-레이(37.5nm~0.051nm) 및 원자핵 반응에서 생성되는 감마선 등으로 전자기파를 세분할 수 있다.

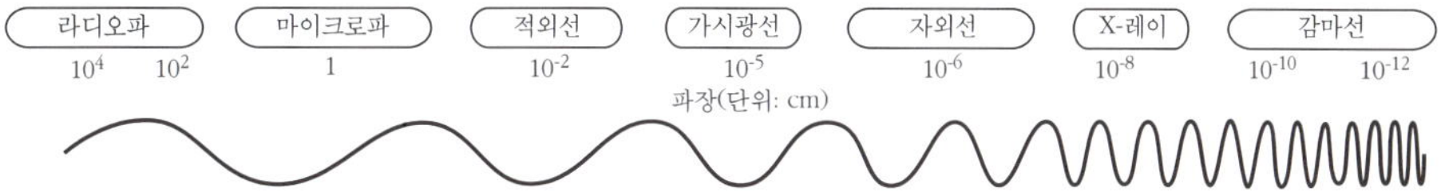

그림 1-2 전자기파의 파장

가시광선을 프리즘을 통과시키면 무지개색이 나타난다. 이처럼 가시광선(400nm~760nm)의 파장을 세분화하면 다양한 색상을 나타낼 수 있다. 우리 인간의 광수용기에는 3가지 유형의 원추체가 있고, 이들은 각각 455nm(파랑), 535nm(녹색), 570nm(빨강) 주위에서 강한 반응을 보인다고 알려졌다. 즉 각 광수용기가 수집한 특정한 파장 범위의 빛 에너지가 색상 정보의 기본 요소가 된다.

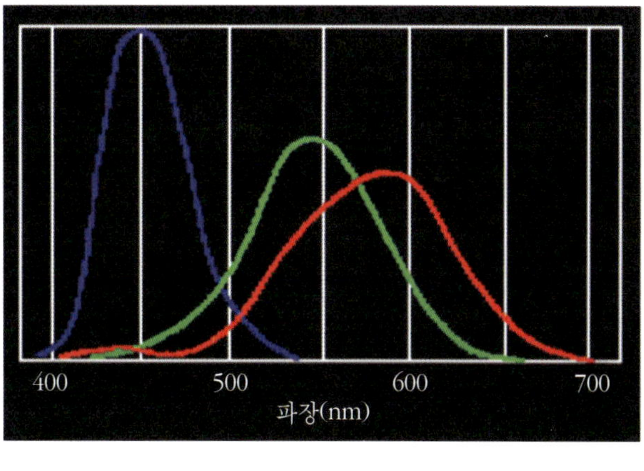

그림 1-3 3가지 유형의 원추체의 반응 범위

우리 인간의 비전 시스템은 망막에 투영된 영상 정보를 해석하기 위해 다양한 경험적 지식을 활용한다고 알려져 있다. 우리는 흔히 '마음의 눈으로 물체를 본다.' 라는 말을 하는데, 이는 영상에 대한 해석이 매우 주관적이며 주변 환경과 관찰자의 지식 정도에 따라 달라질 수 있음을 의미한다. 아래 그림에서 첫 번째 단어는 'THE' 로 해석하고 두 번째 단어는 'CAT' 으로 해석할 수 있는 이유는 우리가 이미 THE와 CAT이라는 단어를 알고 있기 때문이다.

그림 1-4 경험적 지식을 이용한 영상 해석의 예제

우리 인간은 광범위한 분야에서 매우 우수한 비전 능력을 보이고 있다. 책을 읽고, 장애물을 피해 자동차를 운전하고, 좁은 계단을 올라가고, 날아오는 공을 받는 등 다양한 환경에서 비전 시스템을 적절히 작동하여 아무런 불편 없이 생활하고 있다. 그러면 인간의 비전 시스템과 같은 성능을 갖는 범용 컴퓨터 비전 시스템을 구축하는 것이 과연 가능할까? 이에 대한 답변은 아마도 '아니요' 가 정답일 것이다. 그러나 한정된 특정분야에서는 인간의 비전 시스템을 능가하는 성능을 보이는 컴퓨터 비전 시스템을 구축하는 것이 가능하고 이미 상용화된 시스템들을 시장에서 확인할 수 있다.

컴퓨터 비전 시스템의 구축에 있어서 어려운 점은 첫째, 영상은 2D(2차원)이고 실세계는 3D(3차원)라는 점이다. 실세계의 3차원 장면 또는 물체가 2차원 영상으로 투영되면서 깊이에 대한 정보가 손실된다. 따라서 2차원적인 영상에서 실세계에 대한 정보를 추출하는 작업이 쉽지 않다. 둘째, 하나의 영상이 형성되는 과정에는 많은 외부요인들이 작용한다. 예를 들어 하나의 물체에 대한 영상은 그 물체의 표면 재질(surface material), 주변 물체의 영향, 주변의 빛, 카메라의 촬영 각도 등의 영향을 받게 된다. 이러한 모든 요소들이 영상의 명암과 색상에 영향을 미치는데 각 요소가 어느 정도 영향을 미치는지를 결정하는 일은 쉬운 일이 아니다.

셋째, 영상을 해석하는 작업은 물체에 대한 사전 지식을 필요로 한다. 대부분의 경우 영상에서 관찰될 수 있는 특징은 매우 제한적이기 때문에 부족한 부분을 채우기 위해 물체에 대한 지식 또는 가설을 활용하여 영상 해석이 이루어진다. 이처럼 물체에 대한 지식을 어떻게 표현하고 어떻게 활용할 것인가, 즉 지식 표현과 활용 문제 역시 쉬운 작업이 아니다. 끝으로 실제적이고 공학적인 문제로서, 영상은 그 데이터양이 엄청 커서 많은 저장 공간과 처리 시간이 필요하다는 점이다. 예를 들어, 동영상의 해상도가 640×480이고 초당 30 프레임 그리고 각 화소가 3바이트의 저장 공간을 필요로 하는 경우, 1초짜리 동영상을 저장하기 위해 26.4M바이트의 저장 공간이 필요하고 한 시간의 동영상을 저장하는 데에는 95G바이트의 저장 공간이 필요하다. 더욱이 간단한 에지 검출을 위해 한 화소 당 10개의 명령을 처리해야 하는 경우에는 프레임당 3백만 개 이상의 명령을 수행해야 한다.

일반적으로 컴퓨터 비전 시스템은 크게 3개의 구성 요소를 가진다. 저수준 비전 처리(low-level vision processing), 중간수준 비전 처리(intermediate-level vision processing), 고수준 비전 처리(high-level vision processing). 저수준 비전 처리 단계는 다음 단계의 작업을 위한 준비 단계로서 입력된 영상의 잡음 제거, 화질 개선 등 주로 영상 처리 작업이 이루어진다. 중간수준 비전 처리 단계에서는 영상을 물체 단위의 영역들로 분할(segmentation)하고 각 영역의 특징을 추출하는 단계이다. 이 단계에서는 에지 검출, 임계 방법에 의한 영역 분할, 분할된 영역 또는 경계선의 다양한 특징 추출 연산이 수행된다. 고주순 비전 치리 단계는 해석 단계(interpretation)로서, 미리 알고 있는 물체 또는 장면에 대한 모델 정보를 이용한다. 즉 미리 구축되어 있는 모델과 전 단계에서 추출된 특징을 비교하여 영상에 대한 해석이 이루어진다. 여기서 말하는 영상 해석이란 매우 일반적인 용어로서 주어진 문제에 따라서는 물체 인식, 이동물체 추적 또는 깊이 정보 분석 등이 될 수 있다.

그림 1-5 컴퓨터 비전 시스템의 작업 처리 단계

컴퓨터 비전의 처리 과정이 위에서 반드시 언급한 순서대로 진행되어야 하는 것은 아니다. 경우에 따라서는 모델 정보가 영역 분할 및 특징 추출 과정에 이용될 수도 있다. 즉 모델 정보를 이용하여 영역의 위치를 예상하거나 또는 추출될 특징을 예상할

수 있다. 이러한 예상을 가설 생성(hypothesis generation)이라 하고, 예상을 이용하여 영역 분할 또는 특징 추출하는 과정을 가설 검증(hypothesis verification)이라 한다. 주어진 문제에 따라서는 컴퓨터 비전의 처리 과정이 위에서 언급한 3단계를 모두 필요로 하지 않거나 또는 추가적인 단계를 필요로 할 수도 있다. 앞서 이야기한 것처럼 인간의 비전 시스템과 유사한 범용 컴퓨터 비전 시스템을 구축하기 어려운 이유가 바로 한 가지 플랫폼으로 모든 문제를 해결할 수 있는 비전 시스템을 설계하는 것이 가능하지 않기 때문이다.

1.2 컴퓨터 비전의 응용분야

초기의 컴퓨터 비전 응용분야는 매우 제한적이었으나 컴퓨터 하드웨어와 소프트웨어 기술의 발달에 따라, 이제는 컴퓨터 비전 기술이 일반인에게도 친숙하게 되었으며 방송, 영화, 의료, 산업 현장, 보안, 출판 등 매우 광범위한 분야에서 응용되고 있다.

● **문자 인식**

문자 인식은 매우 전형적인 컴퓨터 비전의 응용분야로서, 문서에서 개별 문자 영역을 추출하고 추출된 영역의 문자의 인식하거나, 자동차에 대한 영상에서 번호판 부분을 추출하고 추출된 번호판의 문자를 인식하는 시스템이 이미 상용화되어 있다. 최근에는 교통 표지판 인식 및 실내외의 선간판에 새겨진 문자를 인식하는 시도가 이루어지고 있다.

01가 3214

그림 1-6 문자 인식(번호판 인식) 예제

스마트 폰과 같은 단말기의 문자 입력 장치에 필기체 문자 인식 모듈을 장착하여 손으로 쓴 글씨가 자동으로 인식되는 시스템이 이미 상용화되어 있으며, 인식된 문자를 음성 신호로 변환하여 출력하는 예도 볼 수 있다.

● 생체 인식

생체 인식은 컴퓨터 비전분야에서 매우 활발히 연구되고 있는 기술로서 그 응용분야가 대우 다양하다. 입력된 영상에서 얼굴 영역을 확인하여 카메라의 초점 거리를 자동으로 조정하거나, 또는 얼굴, 홍체, 지문 등을 인식하여 출입 통제하거나 은행의 ATM 단말기에서 본인을 확인하는 보안 시스템에 생체 인식 기술이 적용되고 있다. 또한 얼굴 표정을 인식하여 사용자의 감정 상태에 따라 적절히 반응하는 사용자 인터액티브 시스템 등 다양한 응용분야가 계속해서 만들어 지고 있다.

생체 인식을 통해 각 개인의 ID가 확인되면, 백화점 및 쇼핑 센터 그리고 각종 서비스 기관에서 개인 취향에 맞는 맞춤형 서비스가 실시간으로 가능해지며 우리 생활의 많은 부분이 혁신적으로 변화될 것이다.

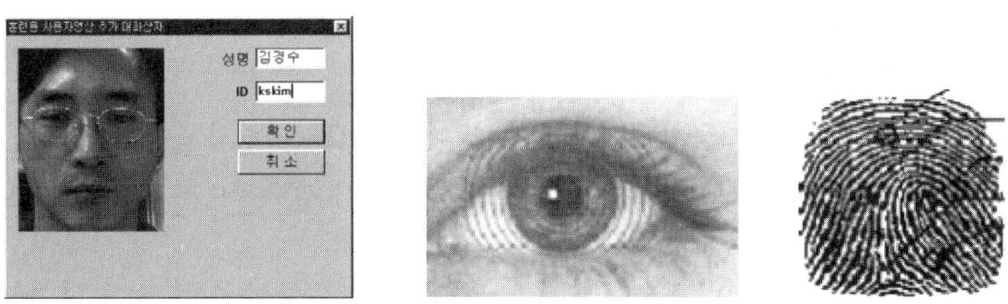

그림 1-7 생체 인식(얼굴 인식, 홍체 인식, 지문 인식) 예제

● 의료

다양한 유형의 의료 영상 분석을 위해 컴퓨터 비전 기술이 사용된다. X-선 가슴 사진 분석, CT, MRI 사진 분석, 특히 성형과 관련된 모의 시술에 컴퓨터 비전 기술이 증강현실 기술과 함께 사용될 수 있다. 염색체의 해석 및 세포의 자동 분류 등 기초 의학분야에서도 컴퓨터 비전 기술이 사용된다.

의료 장비들이 촬영한 영상을 분석하여 환자의 상태를 진단하는 과정에서 컴퓨터 비전 기술은 의사들의 판단을 돕는 중요한 역할을 할 수 있다. 의료 영상분야는 그 규모가 매우 빠른 속도로 성정하고 있으며 컴퓨터 비전의 중요한 응용분야로 자리매김하고 있다.

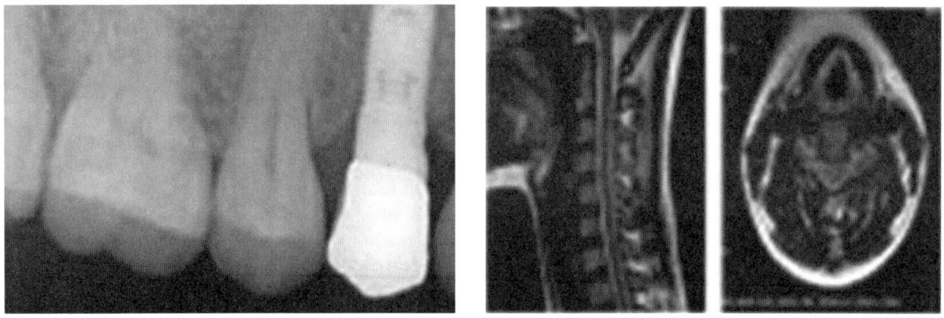

그림 1-8 의료 영상 분석(MRI 사진 분석, 모의 시술) 예제

● **제조 공정 검사**

산업체의 부품 제조 과정에서 부품의 불량 유무를 자동으로 검사를 위해 컴퓨터 비전 기술이 사용된다. 예를 들어 PCB 기판의 불량 유무 검사, 제품에 붙어진 라벨(label)의 이상 유무 등을 생각할 수 있다. 또한 부품의 자동 조립을 위해 그리고 공정 자동화를 위해 컴퓨터 비전 기술이 널리 사용되고 있다.

제품의 생산 공정이 자동화되면서 공정 전 과정을 모니터링하고 각 단계에서의 생산 과정을 검사하고 제어하는 작업에 영상 인식 기술이 필수적으로 사용되고 있으며, 그 응용 범위는 더욱 확대될 것으로 기대된다.

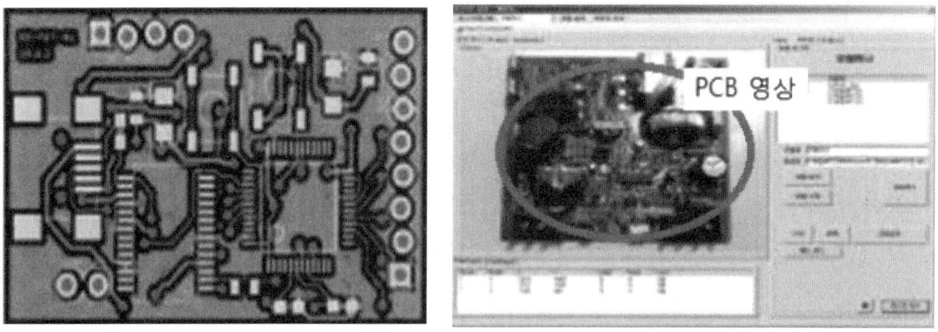

그림 1-9 부품 검사(PCB 검사) 예제

● **지능형 자동차**

자동차가 점차 지능화되면서 컴퓨터 비전 기술이 이용이 늘고 있다. 자동차의 전후방

및 측면에 카메라를 설치하여 촬영된 영상을 분석하여 횡단보도를 인식하거나, 앞 차와의 일정 간격 유지, 차선 감지, 자동 주행, 자동 주차 등을 수행하는 지능형 자동차의 구축을 위해 컴퓨터 비전 기술이 활용된다.

안전 운행이라는 측면과 운전자의 편의성 도모라는 2가지 관점에서 영상 인식 기술의 도입이 점진적으로 확대되고 있으며, 차량 흐름을 파악하여 교통 신호를 통제하는 등 교통 제어 과정에서도 컴퓨터 비전 기술은 중요한 역할을 한다.

그림 1-10 비전 기능을 갖춘 지능형 자동차

● **영화 및 엔터테인먼트**

영화 제작에 컴퓨터 비전 기술의 사용은 매우 일반화되어 있다. 대표적인 예로서 편집 과정에서 물체 인식 기술을 이용한 지능형 편집을 생각할 수 있다. 위험한 장면을 촬영하는 과정에서 배우가 장착한 와이어를 제거하기 위해 물체 인식 기술이 활용된다. 또한 특정 동작을 생각하기 위해 컴퓨터 비전 기반 모션 캡처 기술이 사용된다.

그림 1-11 영화 제작(모션 캡처) 및 게임 인터페이스(제스처 인식) 예제

게임 제작에 있어서도 사용자와 인터랙션 기능을 구현하기 위해 제스처 인식과 같은 컴퓨터 비전 기술이 사용된다. 사용자의 제스처를 인식하여 가상 물체를 제어하는 탁구, 야구 게임 등을 생각할 수 있으며, 스포츠분야에서 선수의 기량을 향상시키기 위해 컴퓨터 비전 기술을 이용한 동작 분석 등을 생각할 수 있다.

● 증강현실

컴퓨터 비전 기술과 컴퓨터 그래픽스 기술을 접목한 증강 현실 기술은 스포츠분야, 의료분야, 웹 검색분야, 방송분야 등 다양한 분야에 적용되고 있다. 운동장에 가상 광고판 설치, 공과 같은 물체를 인식하여 경기 내용을 분석하는 예를 생각할 수 있다.

인식 기술을 컴퓨터 그래픽스 기술과 접목하여 다양한 응용분야가 만들어진다. 특히 모바일 폰을 이용한 모바일 환경에서 그 응용이 점차 확대되고 있다. 모바일 폰에 장착된 카메라에서 촬영된 영상을 인식하여 얻은 정보와 맵(map) 정보를 결합하여 내비게이션분야 및 검색분야 등에서 새로운 형태의 서비스를 제공할 수 있다.

컴퓨터 비전과 인접한 학문분야로서 영상 처리, 컴퓨터 그래픽스, 패턴 인식, 인공지능 등을 생각할 수 있다. 컴퓨터 비전은 영상을 입력받아 실세계의 장면에 대한 기술(descriptions)을 출력으로 만들어낸다. 예를 들어, CCTV 영상을 입력받아 'XX시 XX분에 왼쪽 출입문으로 이동 물체 침입' 과 같은 메시지를 출력한다. 반면에 영상 처리는 입력된 영상에 적절한 연산을 수행하여 좀 더 개선된 영상을 출력으로 만들어낸다. 예를 들어, 입력된 영상의 잡음을 제거하거나, 명암 대비를 높이는 작업 등을 생각할 수 있다.

컴퓨터 그래픽스는 컴퓨터 비전과는 입출력이 반대다. 장면에 대한 기술을 입력으로 받아 이에 대한 영상을 출력으로 만든다. 패턴 인식은 입력된 데이터(영상 데이터,

그림 1-12 증강현실(스포츠 및 모바일 검색) 예제

혹은 음성 데이터)가 어느 부류(class)에 속하는 가를 결정한다. 컴퓨터 비전은 영상 처리와 패턴 인식을 혼합한 분야라고 생각할 수 있으며, 이에 더하여 지식 표현과 활용과 같은 인공 지능의 기술을 필요로 한다.

컴퓨터 비전과 인접분야의 기술들을 접목한 다양한 응용분야들을 생각할 수 있다. 대표적인 예로서, 증강현실(augmented reality)은 컴퓨터 비전 기술을 컴퓨터 그래픽스에 접목하여 보다 높은 현실감을 구현한다. 로보틱스(robotics)는 컴퓨터 비전 기술을 기계 제어 기술과 접목하여 '보고 움직이는 로봇'을 구현한다.

1.3 OpenCV 소개

OpenCV는 실시간 컴퓨터 비전을 돕기 위한 공개용 라이브러리로 컴퓨터 비전 연구의 발전과 보급을 위하여 1999년 인텔에서 처음으로 시작되었다. 2000년 CVPR에 알파 버전이 발표되었고 매년 베타 버전이 업그레이드되어 2006년 1.0버전이 공식적으로 발표되었다. 2011년 8월에는 2.3.1버전이 발표되었으며 500개 이상의 알고리즘들을 제공해준다. 현재 총 다운로드 445만 건, 매 달 수만 건이 다운로드되는 많은 사람들이 이용하는 라이브러리가 되었다. 주된 개발을 맡았던 인텔은 프로젝트에서 떠난 상태이며 지금은 Willow Garage에 의해 지원되고 있다. OpenCV는 오픈소스 BSD 라이선스 하에서 자유롭게 사용할 수 있으며 크로스-플랫폼을 지원한다. OpenCV에서 사용되는 헤더파일의 종류와 기능은 다음과 같다.

cv.h	영상 처리와 비전 알고리즘
ml.h	통계적 분류 및 군집화
highgui.h	GUI, 영상/비디오 입출력 관련
cxcore.h	기본 구조와 알고리즘, XML, 그리기 기능
cvaux.h	HMM과 스테레오 비전 관련 기능

OpenCV로 유명한 국내 커뮤니티로는 OpenCV KOREA(www.opencv.co.kr)가 있으며 레퍼런스 문서는 OpenCV가 설치된 디렉터리의 doc 폴더 안에 존재한다.

OpenCV 다운로드

OpenCV의 최신 설치파일은 소스포지(http://sourceforge.net/projects/opencvlibrary/)에서 다운로드받을 수 있다. OpenCV-2.3.1-win-superpack.exe 파일을 다운로드한다.

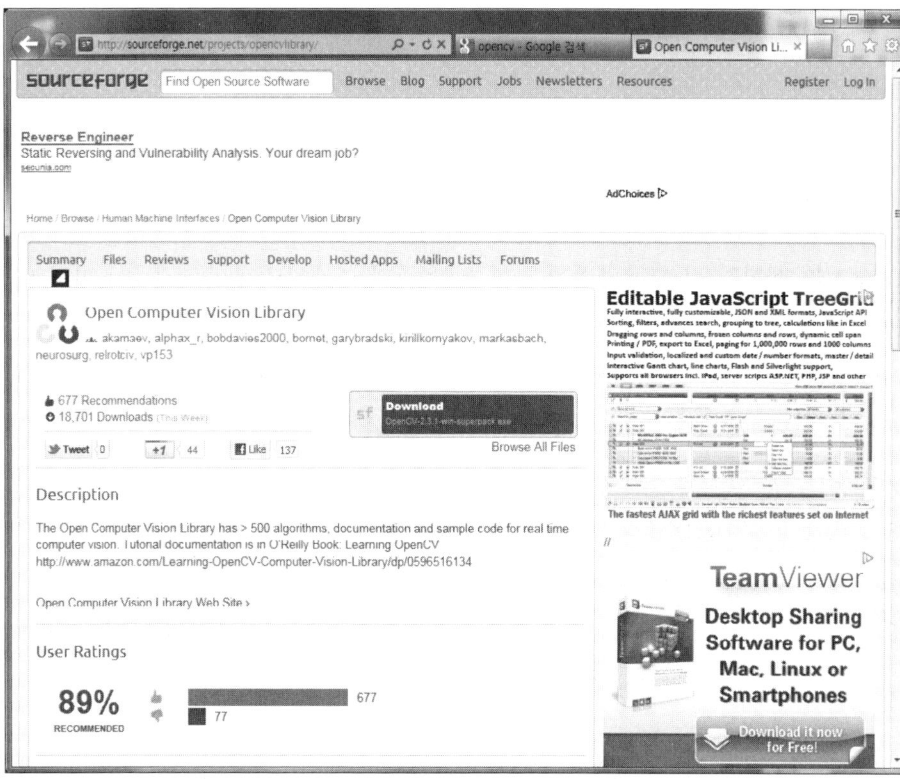

그림 1-13 OpenCV를 다운로드 받을 수 있는 사이트

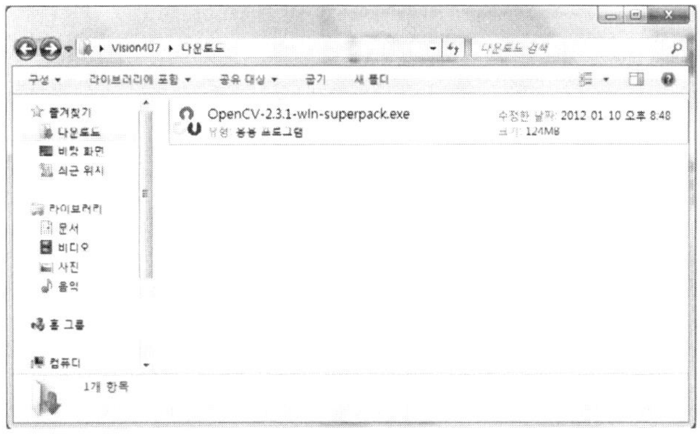

그림 1-14 다운로드받은 파일

OpenCV 압축 해제

다운로드한 설치파일을 실행하면 압축을 해제할 폴더를 지정하게 되는데 이 책에서는 C 드라이브를 기준으로 설치한다. 그림 1-15처럼 C 드라이브로 경로를 설정해주고 Extract 버튼을 누르면 그림 1-16처럼 압축해제가 진행된다. 압축 해제가 완료된 후에는 그림 1-17과 같이 C:\opencv 폴더가 생성되고 그 안에 모든 파일들이 존재하게 된다.

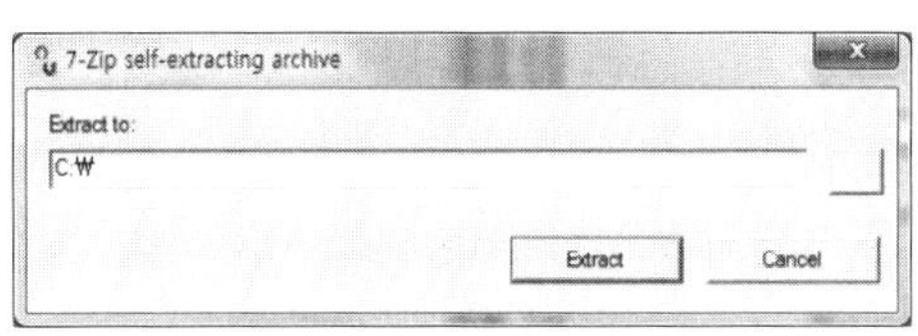

그림 1-15 압축 해제 경로 설정 창

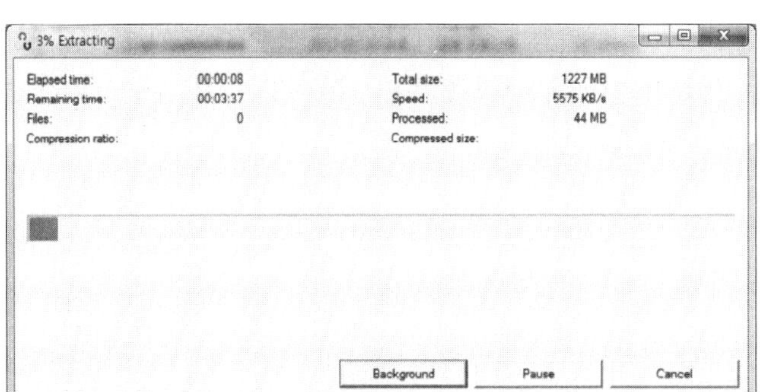

그림 1-16 압축 해제 중인 화면

그림 1-17 압축 해제가 완료된 화면

OpenCV DLL 환경 설정

위와 같이 OpenCV의 설치를 마친 후에는 OpenCV를 편하게 사용하기 위한 각종 dll파일들이 설치되는데 이를 사용하기 위한 환경 설정들을 해주어야 한다. 일반적으로 윈도즈 프로그램이 실행될 때 dll파일을 찾아오는 순서는 프로그램이 포함된 디렉터리, 프로그램의 현재 디렉터리, 윈도즈의 시스템 디렉터리, 윈도즈 디렉터리, PATH 환경변수가 지정하는 모든 디렉터리 순서이다. 가장 쉬운 방법은 C:\opencv\build\ x86\vc9\bin 폴더 안에 존재하는 모든 dll파일들을 C:\Windows\System32 폴더에 복사하는 것이다. 두 번째 방법은 환경변수를 설정하는 방법이다. 우선 [Win] + [Pause/Break] 버튼을(혹은 [컴퓨터]에서 마우스 우 클릭 후 [속성]을 선택) 누르면 그림 1-18의 시스템 창이 열린다. 시스템 창에서 [고급 시스템 설정]을 누르면 [시스템 속성] 창이 나온다. [시스템 속성] - [고급] - [환경변수]를 클릭한다. 환경변수 버튼을 누르면 그림 1-20과 같은 환경변수 창이 나오게 된다. 사용자 변수에 PATH항목이 있을 경우 [편집]을 클릭하고 없을 경우 [새로 만들기]를 클릭한다.

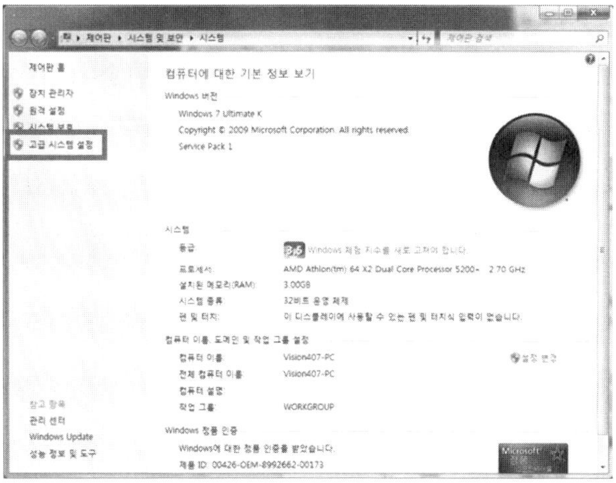

그림 1-18 시스템 창

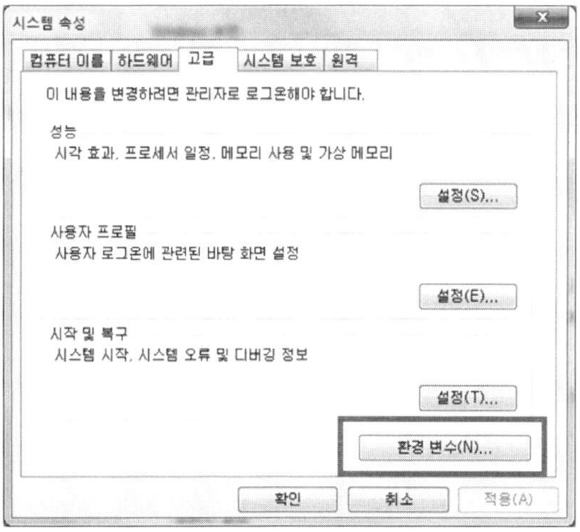

그림 1-19 시스템 속성 창

그림 1-21과 같은 사용자 변수 설정 창이 나오면 변수값 항목에 OpenCV에서 사용하는 dll파일들이 들어있는 폴더인 C:\opencv\build\x86\vc9\bin 경로를 추가해 준 후 확인을 누른다. 환경변수값의 적용을 위해서는 시스템 재부팅이 필요하다.

비주얼 스튜디오 디렉터리 설정

이제 비주얼 스튜디오의 설정을 진행할 차례이다. 비주얼 스튜디오 2008을 실행한다. [도구] - [옵션] - [프로젝트 및 솔루션] - [VC++ 디렉터리] - [다음 파일의 디렉터리 표시]에서 [포함 파일]을 선택 한 후 c:\opencv\build\include 을 입력해준다. 그 후 [라이브러리 파일]을 선택하고 c:\opencv\build\x86\vc9\lib를 입력해준다. 각각 헤더 파일과 라이브러리 파일을 사용하기 위한 절차이다.

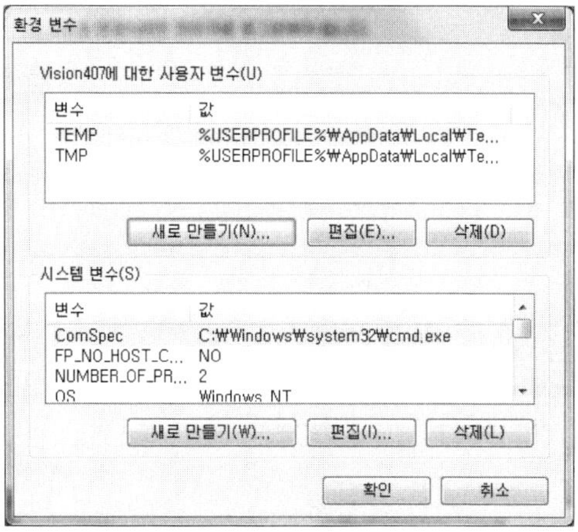

그림 1-20 환경변수 창

그림 1-21 사용자변수 설정 창

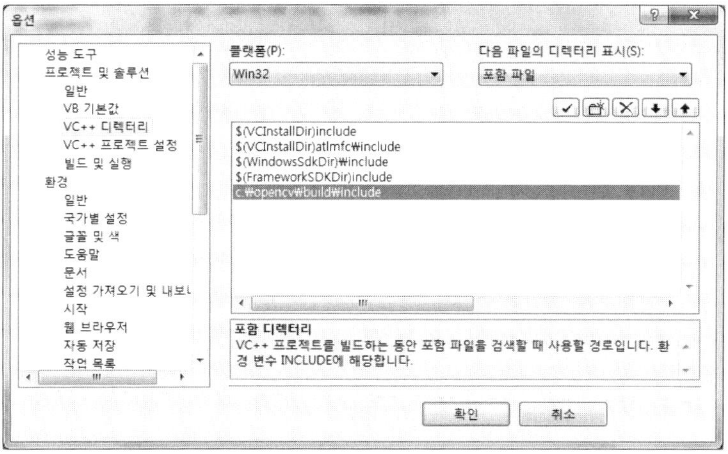

그림 1-22 포함 파일 디렉터리 설정 화면

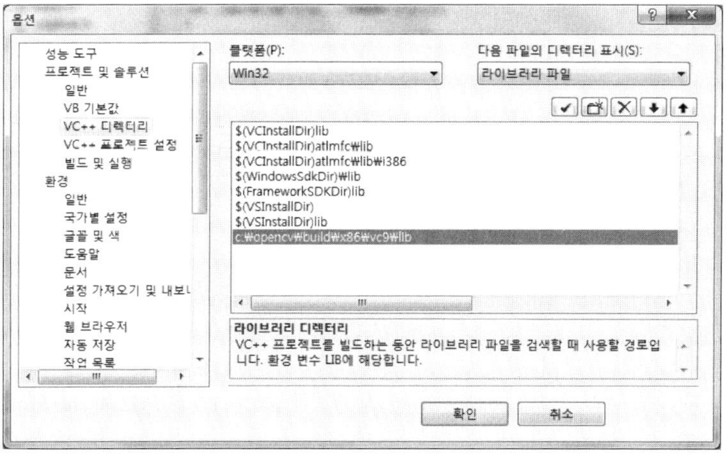

그림 1-23 라이브러리 파일 디렉터리 설정 화면

비주얼 스튜디오 프로젝트 설정

다음의 과정은 프로젝트를 새로 생성할 때마다 진행해야 하는 과정이다. 비주얼 스튜디오의 [프로젝트] - [속성] - [구성 속성] - [링커] - [입력] - [추가 종속성] 항목에 다음의 목록을 추가해준다.

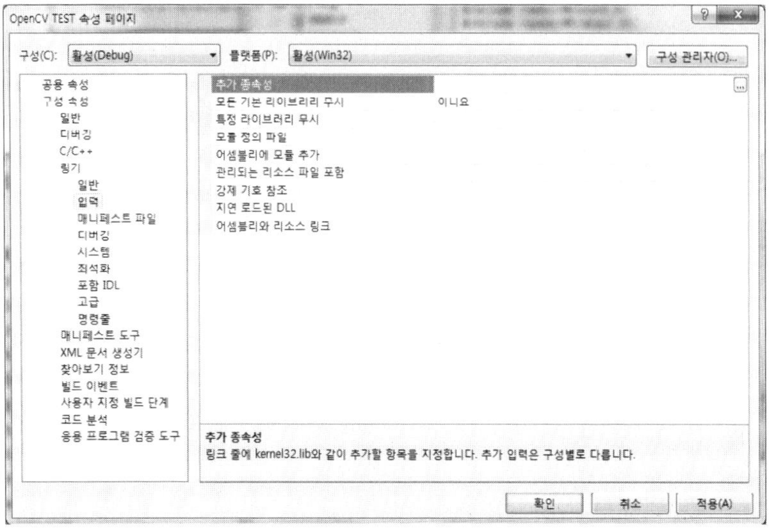

그림 1-24 추가 종속성 설정 화면

```
opencv_calib3d231d.lib
opencv_contrib231d.lib
opencv_core231d.lib
opencv_features2d231d.lib
opencv_flann231d.lib
opencv_gpu231d.lib
opencv_haartraining_engined.lib
opencv_highgui231d.lib
opencv_imgproc231d.lib
opencv_legacy231d.lib
opencv_ml231d.lib
opencv_objdetect231d.lib
opencv_ts231d.lib
opencv_video231d.lib
```

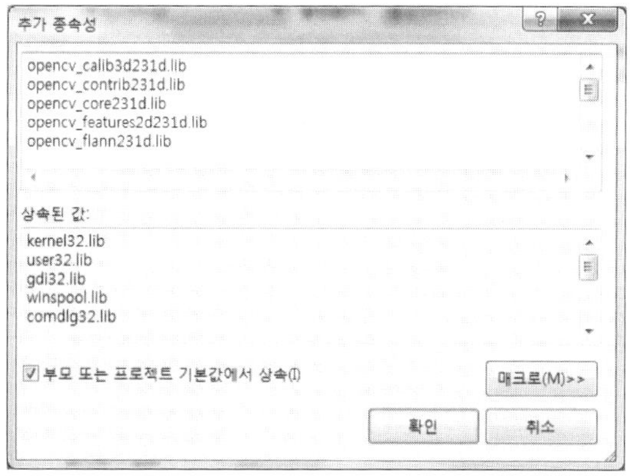

그림 1-25 추가 종속성 입력 화면

1.4 OpenCV를 이용한 MFC 프로그래밍

프로젝트 생성

지금까지는 OpenCV와 비주얼 스튜디오를 편하게 사용하기 위한 환경 설정에 대한 설명이 중심이었다. 이번 절에서는 실질적인 OpenCV의 기능을 알아볼 수 있는 소스 코드를 작성해보도록 하겠다. MFC 프로젝트는 크게 단일 문서, 다중 문서, 대화 상자 기반 이렇게 3개의 프로젝트로 나누어진다. 각각의 프로젝트는 장단점이 존재한다. 본 교재에서는 비교적 쉽게 접근할 수 있는 대화 상자 기반의 MFC 프로젝트로 진행을 한다. 구현하는 과정은 비주얼 스튜디오와 OpenCV를 처음 접하는 사람이라도 최대한 쉽게 따라할 수 있도록 설명한다. 프로젝트 생성 후에는 추가 종속성을 설정하는 부분을 잊으면 안 된다.

① 비주얼 스튜디오 2008을 실행한 뒤 [파일] - [새로 만들기] - [프로젝트] - [Visual C++] - [MFC] - [MFC 응용 프로그램]을 선택하고 그림 1-26과 같이 이름에 OpenCV Test를 입력하고 위치는 C:\Projects로 입력한 뒤 확인 버튼을 클릭한다.

② 확인 버튼을 누르면 그림 1-27의 MFC 응용 프로그램 마법사 창이 나온다. 다음 버튼을 누른다.

③ 그림 1-28처럼 대화 상자 기반에 라디오 버튼을 체크해주고 마침 버튼을 누른다.

④ 이제 대화 상자 기반의 MFC 프로젝트 생성이 완료되었다. 결과는 그림 1-29와 같다.

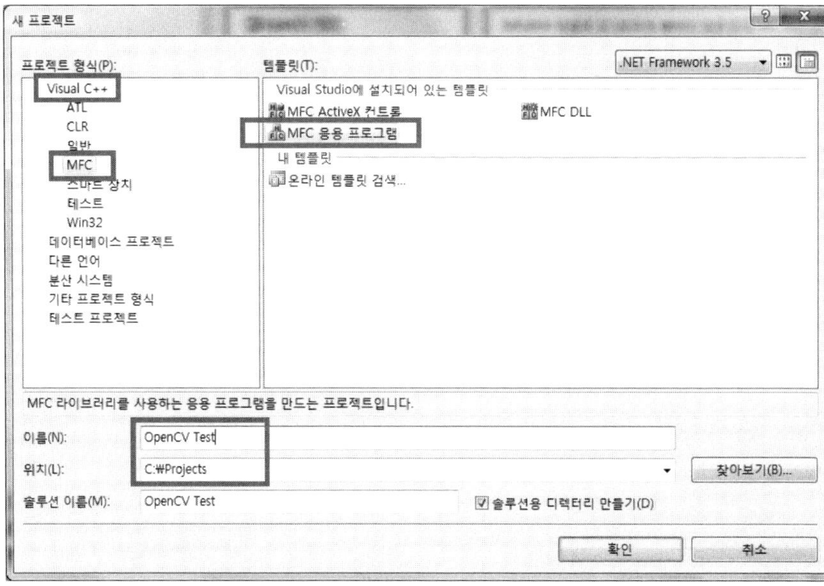

그림 1-26 프로젝트 생성 창

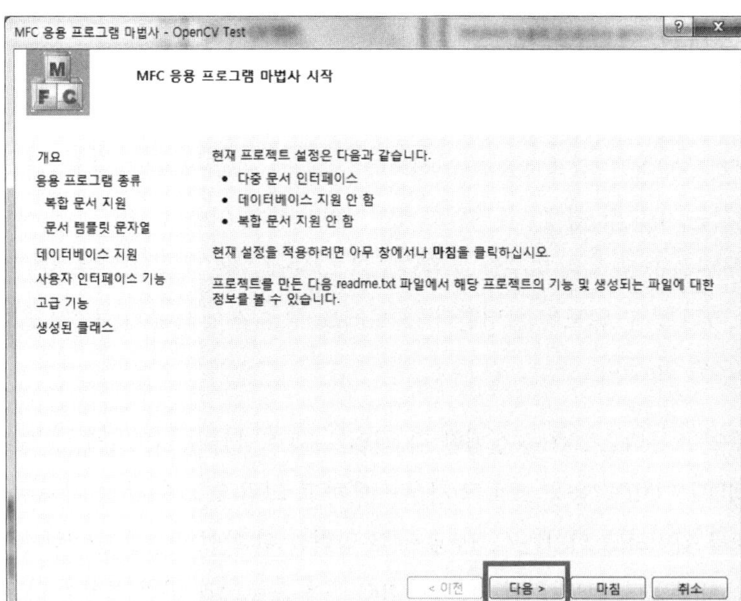

그림 1-27 MFC 응용 프로그램 마법사 창

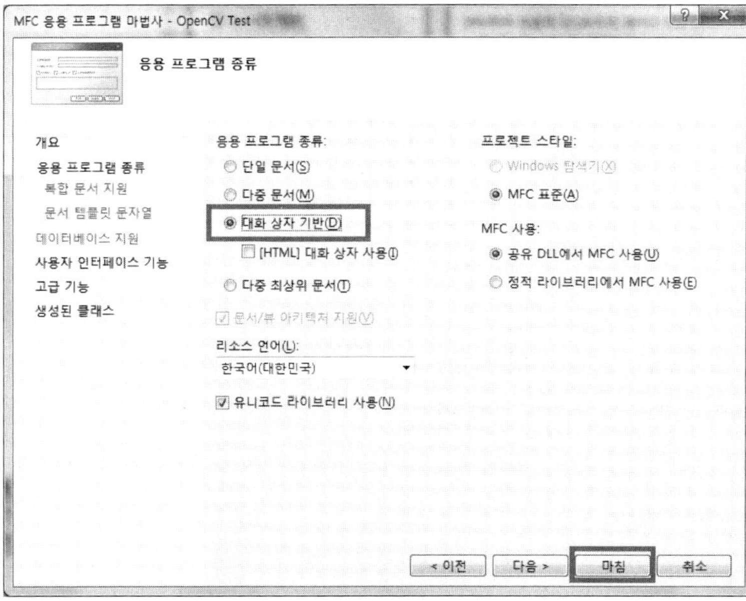

그림 1-28 대화 상자 기반으로 생성

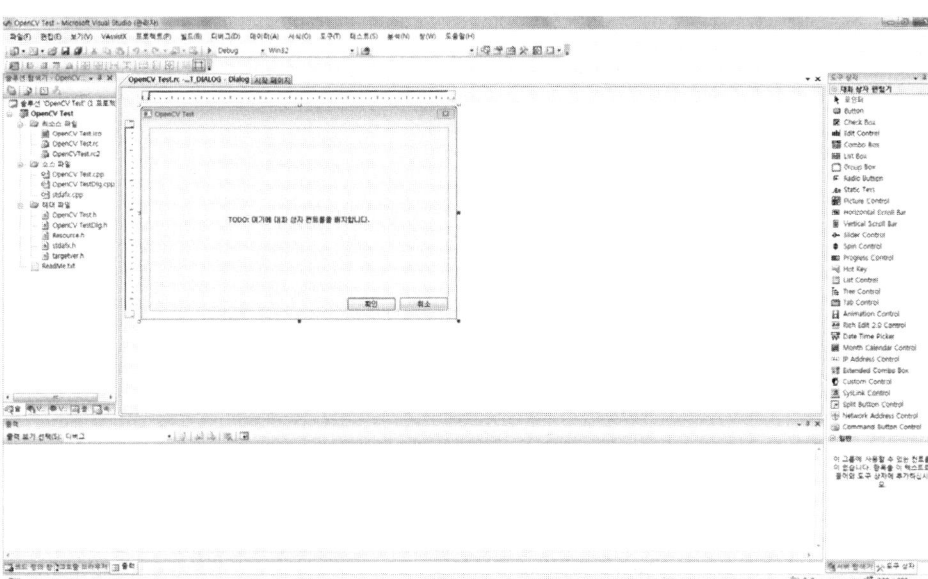

그림 1-29 다이얼로그 기반 프로젝트 생성 완료

생성된 프로젝트는 다이얼로그 창과 버튼 2개만 존재할 뿐 특별한 기능이 없다. OpenCV의 기능을 확인해 보기 위하여 버튼을 누르면 이미지를 불러오는 기능을 수행할 수 있도록 코드를 작성해 보도록 하겠다. 다시 말하지만 프로젝트를 생성한 후에는 추가 종속성을 꼭 입력해주어야 한다.

이미지를 보여주는 소스 작성하기

① 만들어진 다이얼로그의 확인, 취소 버튼과 텍스트 영역을 삭제한다. 버튼이나 텍스트 영역을 클릭한 뒤 키보드의 [Delete]키를 누르면 쉽게 삭제할 수 있다.

② 다이얼로그의 모서리 부분에 마우스를 대고 드래그하여 적당한 크기로 줄인다.

③ 도구 상자에서 버튼을 선택하고 다이얼로그 창에 클릭하면 버튼이 새로 추가된다(그림 1-30).

④ 새로 생성된 버튼을 클릭하면 속성 메뉴가 뜨고, 속성 메뉴의 Caption에는 "Show Image"를 입력하고 ID에는 "IDC_BTN_SHOW_IMG"라고 입력한다(그림 1-31).

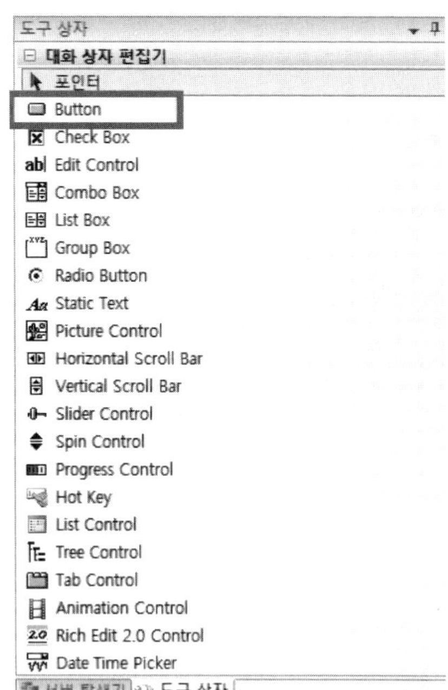

그림 1-30 도구 상자의 버튼

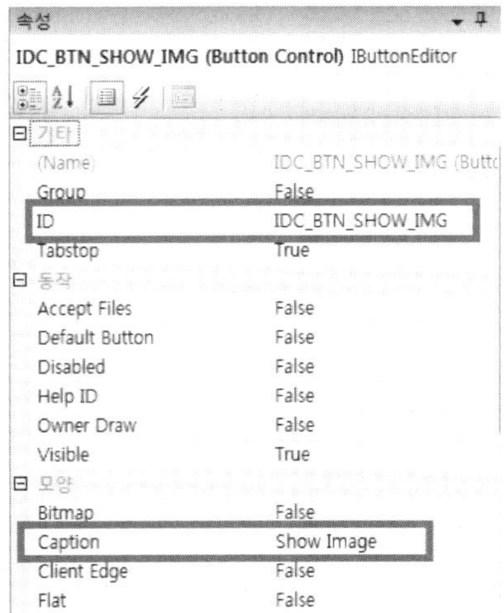

그림 1-31 버튼 설정

이제 프로그램의 외형이 완성되었다. 이제 본격적인 소스 코드를 입력해야 한다. 먼저 OpenCV TestDlg.cpp 파일의 맨 앞에 OpenCV 헤더를 사용하겠다는 선언을 해야 한다. 지금 작성하는 프로그램에서 사용되는 헤더파일은 cv.h와 highgui.h이다.

⑤ 솔루션 탐색기에서 OpenCV TestDlg.cpp 파일을 더블클릭한다(그림 1-32).

⑥ 열려진 OpenCV TestDlg.cpp 파일의 맨 앞부분에 그림 1-33과 같이 헤더파일을 추가해준다.

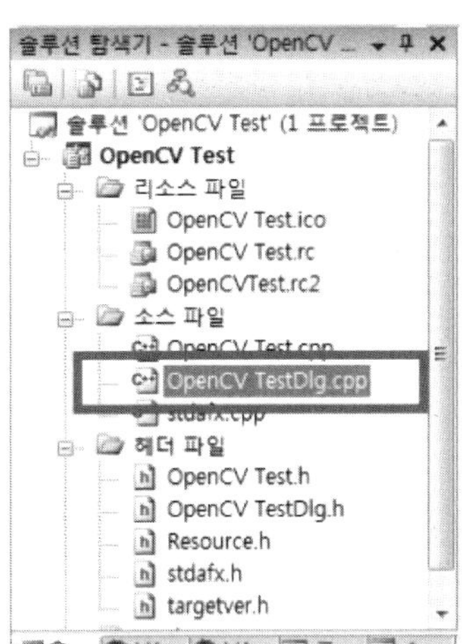

그림 1-32 솔루션 탐색기에서 cpp파일 선택

```
// OpenCV TestDlg.cpp : 구현 파일
//

#include "stdafx.h"
#include "OpenCV Test.h"
#include "OpenCV TestDlg.h"
#include <opencv\cv.h>
#include <opencv\highgui.h>

#ifdef _DEBUG
#define new DEBUG_NEW
#endif
```

그림 1-33 헤더파일 추가

⑦ Show Image 버튼을 더블클릭하여 OnBnClickedBtnShowImg()를 생성한다(그림 1-34).

⑧ OnBnClickedBtnShowImg() 내부에 그림 1-35의 소스 코드를 입력한다. 소스 코드의 내용에 대한 부분은 잠시 후 뒤에서 설명한다.

⑨ 프로젝트를 폴더 안에 opencv.jpg라는 형식으로 이미지 파일을 복사한다(그림 1-36).

⑩ [Ctrl] + [F5]를 눌러서 프로그램을 실행한 뒤 Show Image 버튼을 누르면 그림 1-37처럼 이미지가 잘 출력되는 것을 확인할 수 있다.

```
void COpenCVTestDlg::OnBnClickedBtnShowImg()
{
    // TODO: 여기에 컨트롤 알림 처리기 코드를 추가합니다.

}
```

그림 1-34 OnBnClickedBtnShowImg()가 생성된 모습

```
void COpenCVTestDlg::OnBnClickedBtnShowImg()
{
    // TODO: 여기에 컨트롤 알림 처리기 코드를 추가합니다.
    IplImage* image = cvLoadImage("opencv.jpg", -1);
    cvShowImage("input image", image);
    cvWaitKey(0);
    cvReleaseImage(&image);
}
```

그림 1-35 이미지를 보여주는 소스 코드

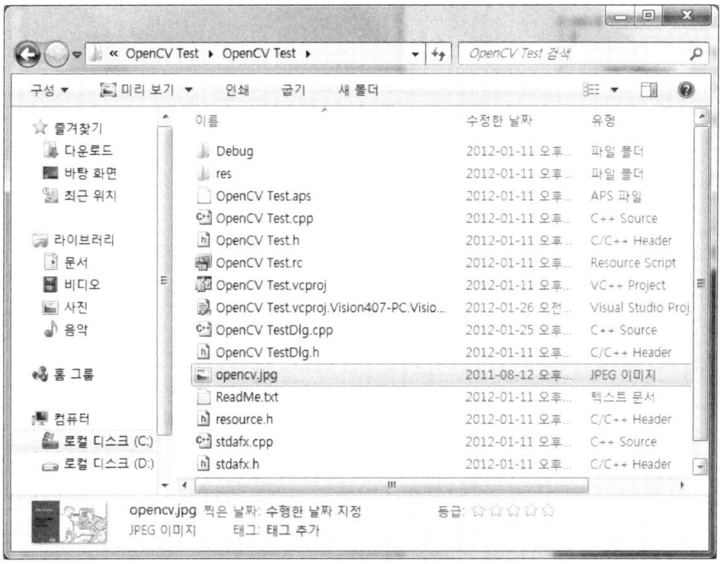

그림 1-36 Opencv.jpg 복사하기

그림 1-37 출력된 이미지

이제 코드의 내용을 살펴보도록 하자.

```
IplImage* image = cvLoadImage("opencv.jpg", -1);
cvShowImage("input image", image);
cvWaitKey(0);
cvReleaseImage(&image);
```

① IplImage* image = cvLoadImage("opencv.jpg", −1);

제일 먼저 IplImage를 볼 수 있다. 이는 OpenCV에서 사용하는 이미지 구조체이다. 이미지의 사이즈, 채널, 가로, 세로 크기 등 이미지를 표현하는 다양한 정보들을 모아놓았다. IplImage* image로 image 구조체를 만들고 그 구조체에 cvLoadImage 함수를 통해 이미지를 할당하게 된다. cvLoadImage의 첫 번째 인수는 이미지파일의 경로이고 두 번째 인수는 색상 정보로써 1, 0, −1 값을 사용할 수 있으며 1 : 3채널, 0 : 회색조, −1 : 파일 속성에 해당한다. 즉 첫 번째 줄의 경우 프로젝트 폴더 내에 존재하는 opencv.jpg라는 파일을 IplImage 구조체인 image 구조체에 파일 속성에 맞도록 할당하는 단계이다.

② cvShowImage("input image", image);

두 번째 줄은 이미지를 화면에 출력해주는 코드이다. cvShowImage의 첫 번째 인수는 윈도의 이름이며 두 번째 인수는 출력해줄 IplImage의 구조체 변수이다. input image라는 윈도의 이름으로 image 구조체를 출력하라는 뜻이다.

③ cvWaitKey(0);

세 번째 줄은 키 입력을 받게끔 대기시간을 가지도록 하는 함수이다. 0이 디폴트 값이며 0을 입력하게 되면 키 입력이 들어올 때까지 cvShowImage로 열어놓은 윈도창을 닫지 않고 열어놓는다. 0 이외의 숫자를 입력하게 되면 설정한 숫자만큼 대기하게 되며 이 단위는 1/1,000sec이다.

④ cvReleaseImage(&image);

네 번째 줄은 앞서 할당했던 IplImage 구조체에 대한 메모리 반환을 하는 부분으로 이 부분을 빼 먹고 프로그램을 작성하게 된다면 메모리 누수 현상으로 인해 프로그램 실행 중 메모리 점유율이 점점 올라가게 되고 심한 경우 프로그램이 다운되는 등 프로그램의 신뢰성과 안정성을 잃게 된다.

캠 영상을 보여주는 소스 작성하기

앞서 이미지를 보여 주는 간단한 MFC 응용 프로그램을 작성해보았다. 이번에는 컴퓨터에 캠을 연결하고 캠을 작동시켜 영상을 받아오는 소스 코드를 작성해보도록 하겠다. 비주얼 스튜디오를 열고 새 프로젝트를 생성한다. 그림 1-38과 같이 프로젝트의 이름은 OpenCV Cam Test로 설정한다. 그 후 그림 1-39와 같이 대화 상자 기반으로 프로젝트를 설정하고 마침을 눌러 OpenCV Cam Test 프로젝트를 생성한다. 프로젝트를 설정하고 난 후에는 잊지 말고 꼭 프로젝트의 추가 종속성에 lib파일들을 추가해주도록 한다.

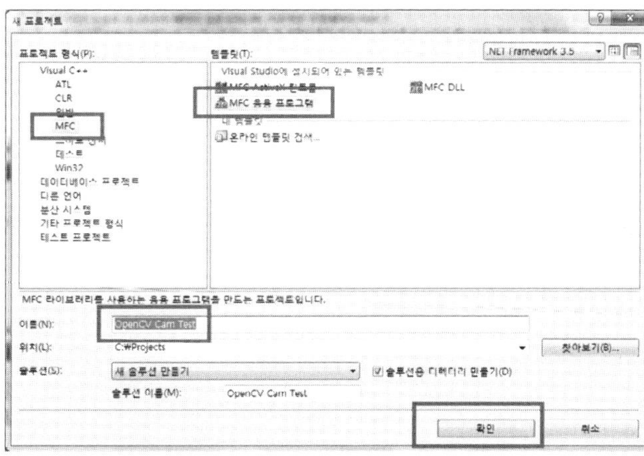

그림 1-38 프로젝트 생성

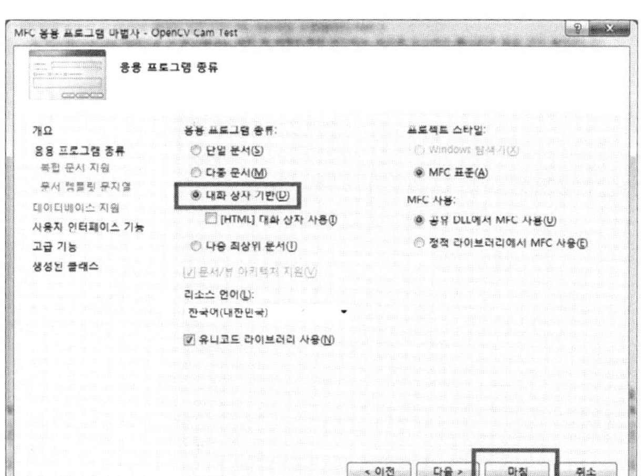

그림 1-39 대화 상자 기반으로 생성

이미지를 보여주는 소스 코드를 작성할 때와 마찬가지로 다이얼로그 창에 기본으로 작성되어 있는 버튼과 텍스트 영역을 삭제하고 다이얼로그 창의 크기를 적절하게 조절해준 뒤 그림 1-41과 같이 버튼을 새로 하나 추가한다. 생성한 버튼의 Caption은 "Cam On"으로 설정하고 ID는 "IDC_BTN_CAM_ON"으로 설정한다. 역시 동일하게 그림 1-40처럼 헤더파일을 선언해주고 버튼을 더블클릭한 뒤 아래 그림 1-42의 소스 코드를 작성한다. 모두 작성한 후 [Ctrl] + [F5]로 프로그램을 실행하고 Cam On 버튼을 클릭하게 되면 그림 1-43과 같이 캠 영상이 잘 보이는 것을 확인할 수 있다.

```
// OpenCV Cam TestDlg.cpp : 구현 파일
//

#include "stdafx.h"
#include "OpenCV Cam Test.h"
#include "OpenCV Cam TestDlg.h"
#include <opencv\cv.h>
#include <opencv\highgui.h>
```

그림 1-40 헤더파일 선언

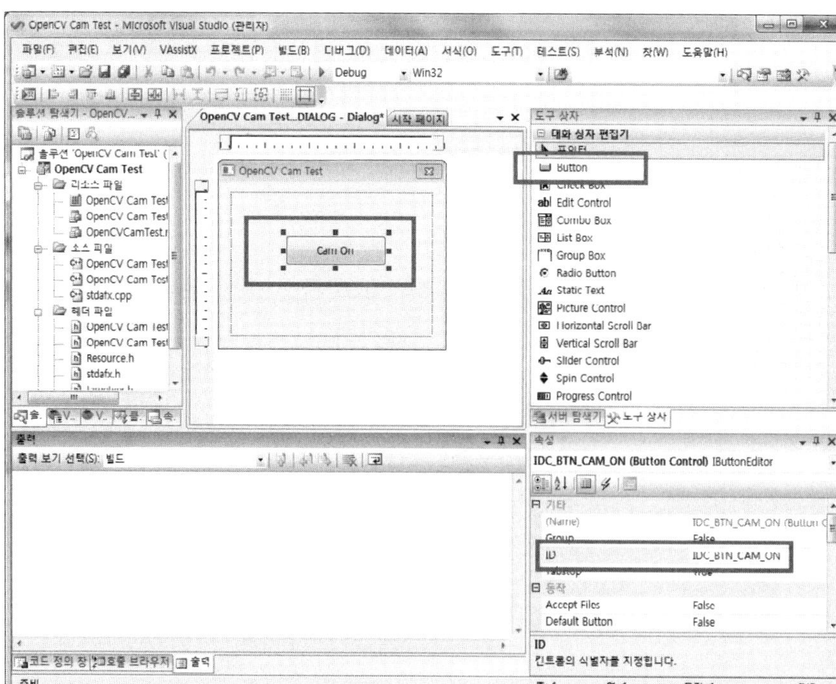

그림 1-41 버튼 설정

```
void COpenCVCamTestDlg::OnBnClickedBtnCamOn( )
{
    // TODO: 여기에 컨트롤 알림 처리기 코드를 추가합니다.
    CvCapture* capture = cvCaptureFromCAM(0);
    char c;
    IplImage* image;

    while(1)
    {
        cvGrabFrame(capture);
        image = cvRetrieveFrame(capture);
        cvShowImage("CAM", image);
        c = cvWaitKey(33);
        if(c == 0x1b) break;
    }

    cvReleaseCapture(&capture);
    cvDestroyAllWindows( );
}
```

그림 1-42 캠 영상을 보여주는 소스 코드

그림 1-43 OpenCV Cam Test 프로그램 실행 화면

이제 소스 코드를 살펴보도록 하겠다.

① CvCapture* capture = cvCaptureFromCAM(0);

맨 먼저 CvCapture는 캠이나 동영상 파일로부터 프레임을 읽어오기 위한 정보를 가지고 있는 구조체이다. CvCapture* capture로 구조체를 선언하고 cvCaptureFromCAM(0) 함수를 호출하여 캠의 정보를 구조체에 할당해준다. 이때 cvCaptureFromAVI 등을 사용하면 캠 영상이 아닌 동영상파일도 읽어올 수 있다.

② char c;

char c는 뒤의 while문 안에서 break 포인트를 지정하기 위한 변수이다.

③ IplImage* image;

IplImage 구조체에 대한 선언이다.

④ while(1)

이제 while문 안쪽을 살펴보자. 동영상은 여러 장의 이미지로 이루어져 있다. cvGrabFrame은 capture 구조체로부터 한 프레임을 가져온다. 즉 캠이 읽은 영상에서 한 프레임을 가져오는 역할을 한다. 그 후 cvRetrieveFrame(capture) 부분에서 받아온 프레임을 IplImage 구조체에 할당하게 되고 cvShowImage로 캠 영상을 모니터에 출력해주게 된다. char c는 특정 버튼을 누르면 캠 영상의 출력을 정지하는 역할을 한다. 0×1b는 ESC 버튼을 말한다.

⑤ cvReleaseCapture(&capture); cvReleaseImage(&image);

while문이 종료된 후에는 이미지와 마찬가지로 메모리를 반환해주는 과정이 필요하다. cvReleaseCapture와 cvDestroyAllWindows 등을 사용할 수 있으며 메모리 반환 부분은 잊지 말고 꼭 해주어야 한다.

```
CvCapture* capture = cvCaptureFromCAM(0);
char c;
IplImage* image;

while(1)
{
        cvGrabFrame(capture);
        image = cvRetrieveFrame(capture);
        cvShowImage( "CAM" , image);
        c = cvWaitKey(33);
        if(c == 0x1b) break;
}

cvReleaseCapture(&capture);
cvReleaseImage(&image);
```

OpenCV를 사용하면 앞에서와 같이 단 몇 줄의 소스 코드로 이미지와 캠 영상을 쉽게 불러올 수 있게 된다. OpenCV가 없다면 jpg파일의 헤더를 일일이 읽어서 어떤 속성의 이미지파일인지, 사이즈는 어떠한지, 컬러인지, 그레이인지, 이미지를 띄워줄 윈도 창의 크기를 설정한다던지, 어떻게 창을 띄울 것인지, 캠이 연결되어 있는지, 동영상이 제대로 읽혀왔는지 등의 수많은 작업들을 사용자가 직접 진행해야 한다. 따라서 이미지 창을 여는 소스 코드를 작업하다가 프로젝트 진행조차 하지 못하지 않았을까 하는 생각도 든다.

연습문제

1. 컴퓨터 비전이란 무엇을 말하는지 설명하시오.
2. 망막에 분포되어 있는 간상체와 원추제의 기능에 대하여 설명하시오.
3. 범용 컴퓨터 비전 시스템의 구축이 쉽지 않은 이유 3가지를 설명하시오.
4. 컴퓨터 비전 시스템의 3가지 구성 요소를 설명하시오.
5. 컴퓨터 비전의 응용분야를 나열하고 각 분야에서 컴퓨터 비전 기술이 어떻게 사용되는지를 설명하시오.
6. 컴퓨터 비전과 컴퓨터 그래픽스를 입출력 측면에서 비교하여 설명하시오.
7. 미래의 컴퓨터 비전 기술이 우리 인간의 생활을 어떻게 변화시킬지에 대하여 나름대로 상상하여 보고 이를 정리하여 기술하시오.
8. OpenCV 라이브러리를 이용하여 캠으로 입력된 본인의 얼굴을 화면에 출력하는 프로그램을 작성하시오.

제2장

영상 형성

(Image Formation)

2.1 영상 형성의 기하 구조

영상은 밝기의 변화를 나타내는 2차원 패턴이다. 물론 홀로그램(hologram)과 같은 3차원 영상도 있지만 본 교재에서는 2차원 영상에 국한한다. 영상은 어떻게 만들어지는가? 광학 시스템에서 영상이 만들어지는 과정은 2가지 측면에서 설명될 수 있다. 첫째, 실세계의 공간상의 한 점이 영상의 한 화소로 어떻게 투영되는가를 말하는 기하학적인 대응 관계에 대한 설명이고, 둘째 영상의 한 화소의 밝기를 결정하는 요소들이 무엇인가에 대한 설명이다.

영상 평면(image plane) 앞의 일정한 거리에 있는 핀 홀(pin hole)을 생각하자. 핀 홀을 통해 들어오는 빛만이 영상 평면에 도달될 수 있도록 주위가 검은 상자로 둘러싸여 있다고 가정하자. 빛은 직진하기 때문에 영상 평면의 한 점은 핀 홀을 통해 들어오는 빛에 의해 만들어진 특정 방향에 대응된다. 이와 같은 투영 방법을 원근 투영(perspective projection)이라 한다. 원근 투영의 의미는 멀리 있는 물체는 작게 보이고, 가까이 있는 물체는 크게 보인다는 의미이다. 영상 평면은 핀 홀의 뒤에 위치하고 만들어진 영상은 위아래가 뒤집힌 형태가 될 것이다.

편의상 영상 평면이 핀 홀의 앞에 위치시켜 투영된 영상이 위아래가 뒤집혀지지 않은 형태가 되도록 하자. 이제 핀 홀에서 영상 평면에 수직인 광학축(optical axis)을 정의하자. 광학축과 영상 평면이 만나는 점을 원점으로 하고 광학축을 Z축으로 하는 직교 좌표계(cartesian coordinate)를 정의한다. 방향의 선택에 있어 핀 홀에서 물체를 향하는 방향을 Z의 양의 방향으로 정의하고, 핀 홀에서 영상 평면까지의 거리는 초점 거리 f로 한다. 투영된 영상의 크기는 삼각형의 닮은꼴의 원리를 이용하여 계산될 수 있다. 그림에서 투영된 물체의 높이 y와 폭 x는 (식 2-1)에 의해 구해진다.

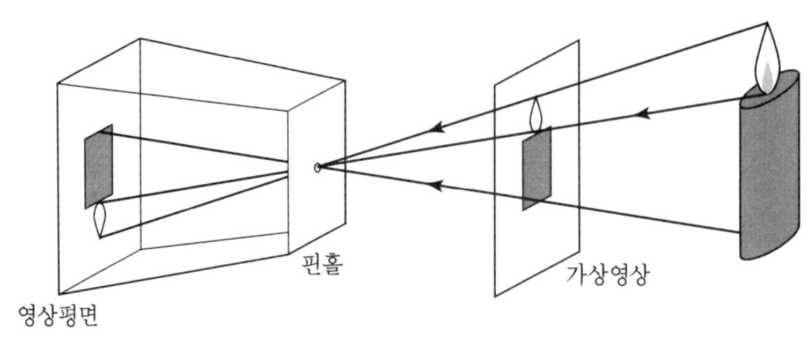

그림 2-1 핀 홀 카메라의 원리

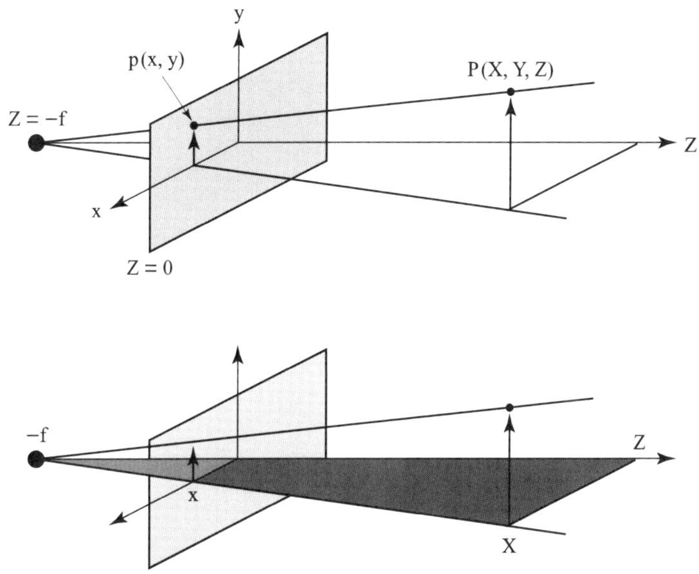

그림 2-2 원근 투영의 기하 구조

$$f + Z : X = f : x \qquad f + Z : Y = f : y$$

$$x = \frac{f \cdot X}{f + Z} \qquad y = \frac{f \cdot Y}{f + Z} \qquad \text{(식 2-1)}$$

이제 실세계의 한 점과 영상 평면의 한 화소 간의 대응 관계는 구해졌다. 다음으로 살펴볼 문제는 화소의 밝기 값이 어떻게 결정되는가 하는 문제이다. 광원에서 나온 빛이 물체의 표면에 반사되어 카메라의 센서에 투사된다. 물체 표면에서 방출되는 빛 에너지의 크기를 방사도(radiance)라고 하는데, 이는 광원의 세기, 물체 표면과 광원 간의 각도 그리고 물체 표면 재질에 의하여 결정된다. 반면에 영상 표면에 입사되는 빛 에너지의 크기를 조사도(irradiiance)라고 하는데, 이는 방사도와 카메라 광학 시스템에 의하여 결정된다.

렌즈의 중심을 통과하는 빛은 굴절되지 않으나 다른 빛들은 굴절된다. 만약 렌즈에서 물체까지의 거리와 렌즈에서 영상 평면까지의 거리가 소위 말하는 렌즈 방정식을 만족하면, 물체점에 대한 영상은 초점이 잘 맞은 한 점으로 투영된다.

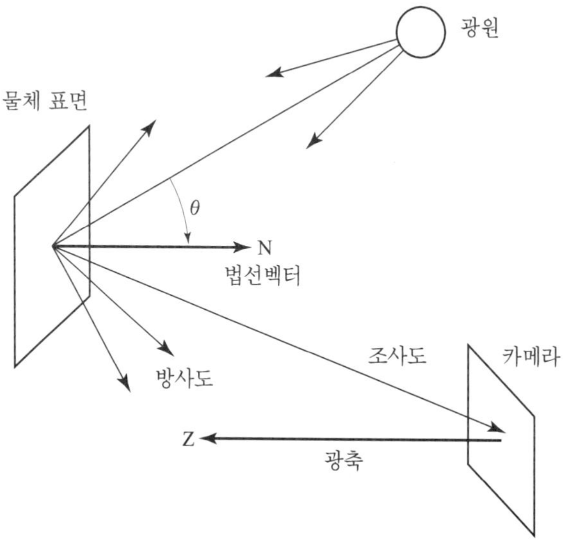

그림 2-3 방사도(radiance)와 조사도(irradiance)의 관계

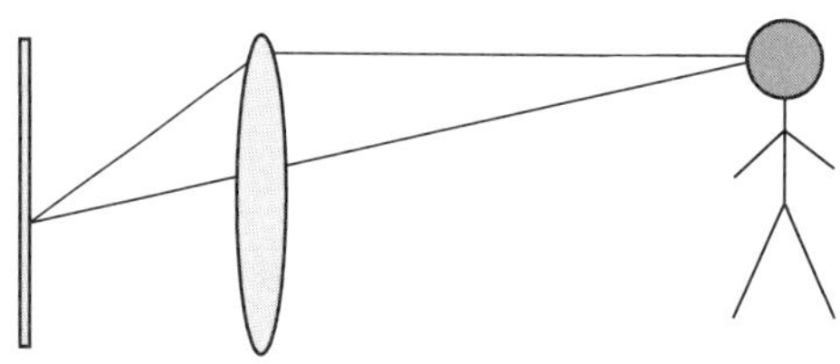

그림 2-4 렌즈 방정식을 만족하는 경우

$$\frac{1}{z_o} + \frac{1}{z_i} = \frac{1}{f} \qquad \text{(식 2-2)}$$

렌즈 방정식에서 z_o는 렌즈에서 물체점까지의 거리, z_i는 렌즈에서 영상 평면까지의 거리, 그리고 f는 초점 거리로서 렌즈에 의해 결정되는 상수이다. 만약 물체가 렌즈 방정식을 만족하는 못하는 거리에 있으면, 물체 점은 영상에서 한 점이 아닌 작은 원의 형태로 투영될 것이다. 물체가 렌즈에서 무한히 먼 거리에 위치하면($z_o \rightarrow \infty$) 초점 거리 f는 렌즈에서 영상 평면까지의 거리 z_i와 같게 된다. 일반적으로 z_i와 f는 z_o에 비해 상대적으로 매우 작은 값을 가지므로 우리는 편의상 렌즈의 초점 거리 f를

렌즈에서 영상 평면까지의 거리로 취급한다.

영상 평면에 상이 선명하게 만들어지지 못하는 다른 이유로는 렌즈 이탈(lens aberration) 현상을 생각할 수 있다. 렌즈 이탈 현상은 크게 2가지 이유, 즉 렌즈의 구면 수차(spherical aberration)와 색 수차(chromatic aberration)에 의하여 만들어진다. 이상적인 렌즈의 경우에 광학축에 평행인 광선들은 렌즈를 통과한 후 한 점에 모여야 하지만 실제로는 그렇지 못하고, 렌즈 중심에서 좀 더 멀리 떨어진 광선이 좀 더 짧은 초점 거리를 그리고 렌즈 중심에 가까운 광선은 좀 더 긴 초점 거리를 만든다. 이로 인하여 생기는 해상도 저하 현상을 구면 수차라고 한다.

렌즈의 초점 거리는 빛의 굴절 정도에 의하여 결정된다. 빛의 굴절 정도는 파장에 따라 차이가 있으며, 청색의 굴절 정도가 가장 심하며 적색의 굴절 정도가 가장 약하다. 이처럼 빛의 파장 성분들에 의하여 만들어지는 해상도 저하 현상을 색 수차라고 한다. 렌즈 이탈 현상을 방지하기 위해 일반적으로 사용하는 방법은 여러 개의 렌즈를

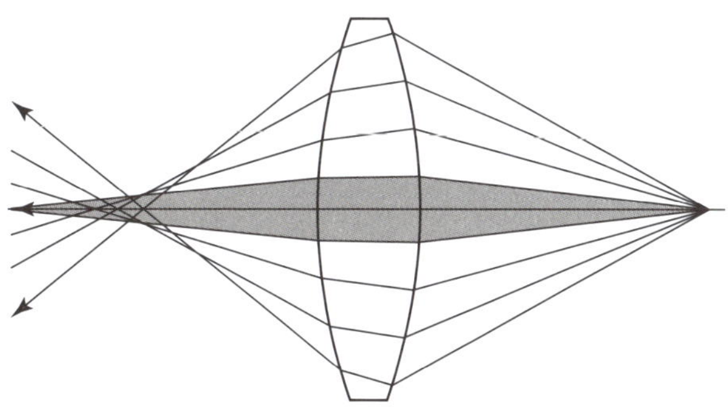

그림 2-5 구면 수차의 예제

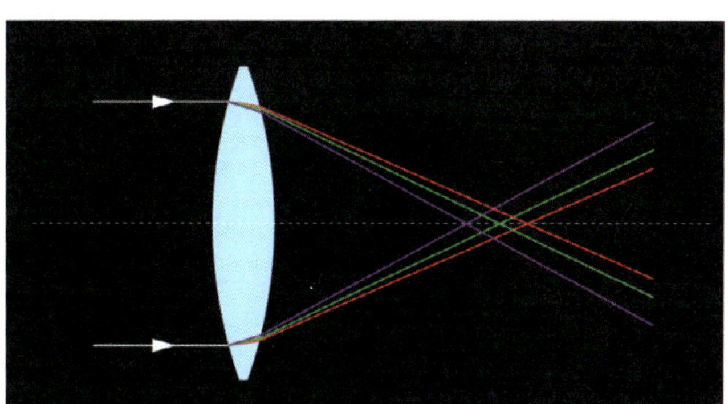

그림 2-6 색 수차의 예제

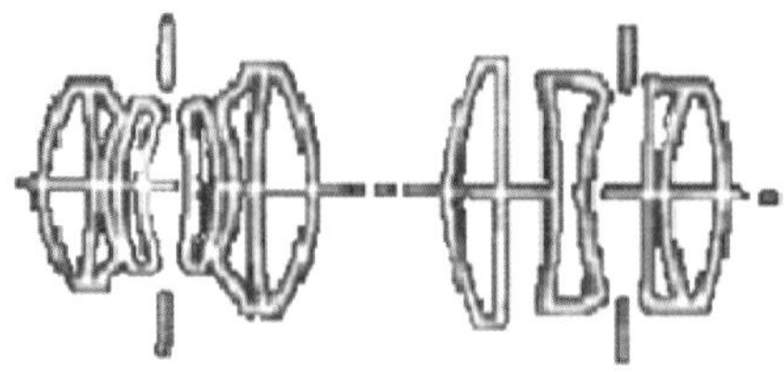

그림 2-7 렌즈 이탈 현상을 방지하기 위한 렌즈 시스템

결합하고 거울을 부착한 렌즈 시스템을 사용하는 방법이다.

2.2 디지털 영상

디지털 카메라는 빛 에너지를 전기적인 신호로 변환하여 영상을 프레임(배열) 형태로 저장한다. 일반적으로 많이 사용되는 CCD 카메라에는 축전기(condenser)들이 상호 연결되어 배열 형태의 회로를 갖고 있으며, 각 축전기는 자신 주변에 투영된 빛 에너지를 전기적인 에너지의 형태로 바꾸어 저장한다. CCD 카메라에는 시프트 레지스터(shift register)가 축전기와 결합되어 있어 변환된 전기 신호들을 프레임의 형태로 버퍼(buffer)에 전달하는 역할을 한다.

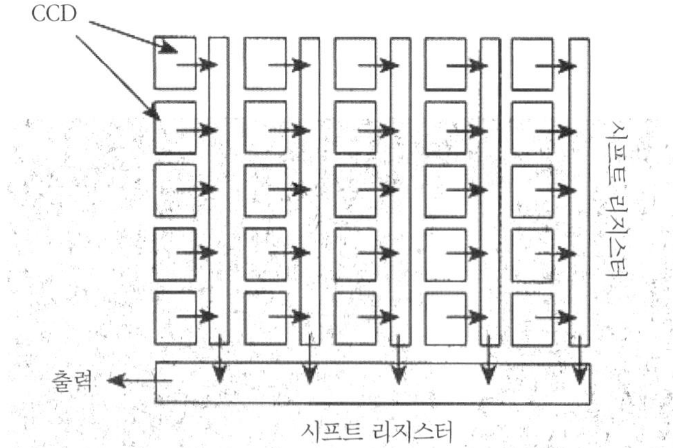

그림 2-8 CCD 카메라의 구조

센서를 통해 만들어진 영상은 함수 $f(x)$로 표현되면 $x = (x, y, t)$에서 특정 값을 가진다. 여기서 x와 y는 공간변수이고, t는 시간변수이다. 영상을 획득하는 시간 t가 특별한 의미를 갖지 않는다면 이 시간변수는 무시되고 $x = (x, y)$로 표시한다. 함수 $f(x)$는 영상이 흑과 백만을 나타내는 이진 영상(binary image)인 경우는 이진값을 갖고 명암 영상(gray image)인 경우는 명암값, 그리고 컬러 영상에 대하여는 벡터값을 가진다. 예를 들어 컬러 영상에 대하여 $f(x)$는 다음과 같다.

$$f(x) = (f_r(x), f_g(x), f_b(x)) \quad \text{(식 2-3)}$$

영상은 컴퓨터에서 처리되기 위해 이산적인 형태(discrete form)로 바뀌며 화소(pixel)라고 불리는 작은 영상 요소들의 배열 $\{f_{ij}\}$로 표현된다. 일반적으로 영상은 규칙적인 공간 간격에서의 샘플링(sampling)을 통해 밝기 값의 분포를 나타낸다. 영상이 샘플링될 때, 각 화소 값 역시 특정한 범위의 정수 값만 가질 수 있도록 양자화(quantization)된다. 즉 샘플링은 배열 $\{f_{ij}\}$에서 i와 j의 값의 범위를 결정하고, 양자화는 f_{ij}의 값의 범위를 결정한다. 샘플링이 촘촘히 될수록 i와 j는 넓은 범위의 값을 갖게 되고, 양자화 레벨이 클수록 f_{ij}는 좀 더 다양한 값을 가질 수 있다(그림 2-9)는 빨강 점 위치에서 샘플링한 영상을 보여준다. 샘플링을 촘촘히 한 경우와 듬성듬성한 경우에 영상의 공간 해상도의 변화를 확인할 수 있다. 마찬가지로 양자화의 정도가 밝

그림 2-9 샘플링 간격의 변화에 따른 공간 해상도의 변화

그림 2-10 양자화 정도의 변화에 따른 밝기 해상도의 변화

기 해상도에 영향을 주는 것을 다음 그림 2-10에서 확인할 수 있다. 각 색상 성분이 4개의 레벨로 양자화되는 경우와 16개의 레벨로 양자화되는 경우의 화질을 차이를 선명하게 볼 수 있다.

일반적으로 각 화소의 좌표값과 밝기 값은 정수로 표현한다. 샘플링을 촘촘히 할수록 공간 해상도는 증가하고 더 많은 레벨 수를 갖는 양자화를 할수록 밝기 해상도는 증가하지만, 영상 저장을 위해 더 많은 기억 장소가 필요하고 영상 처리 시간 역시 증가한다. 따라서 해상도와 비용(저장 공간 및 처리 시간)간에 적절한 균형을 이루는 노력이 필요하다.

배열 $\{f_{ij}\}$의 각 요소를 공간상의 한 점으로 생각할 수 있지만, 일반적으로 각 요소를 영상을 분할하는 한정된 크기의 화소(pixel; picture cell)로 보는 것이 좀 더 적합하다. 영상 평면이 화소들에 의해 나누어지는 형태를 모자이크(tesselation)이라 부르며 평면에서 만들어질 수 있는 모자이크 형태를 다음 그림에서 보여준다.

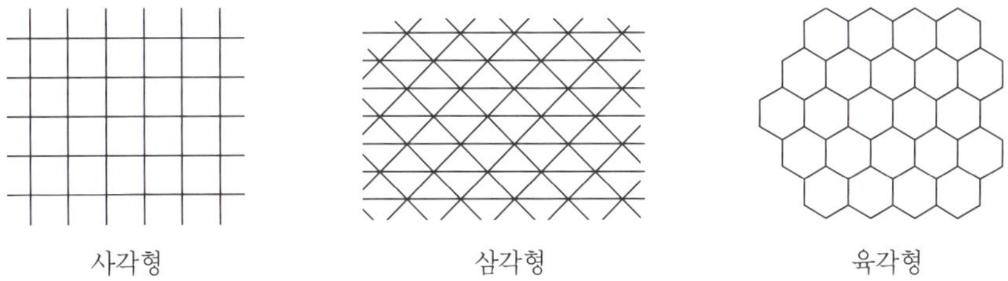

그림 2-11 모자이크 형태

사각형 형태의 모자이크가 컴퓨터 비전에서 일반적으로 사용되지만, 이 구조는 연결성 모순(connectivity paradox)으로 알려진 문제를 가진다. 사각형 모자이크에 한 화소가 주어지면 그 화소와 연결된 다른 화소들을 어떻게 정의할 것인가? 이를 위한 2가지 방법이 4-연결성과 8-연결성이며 아래 그림과 같다.

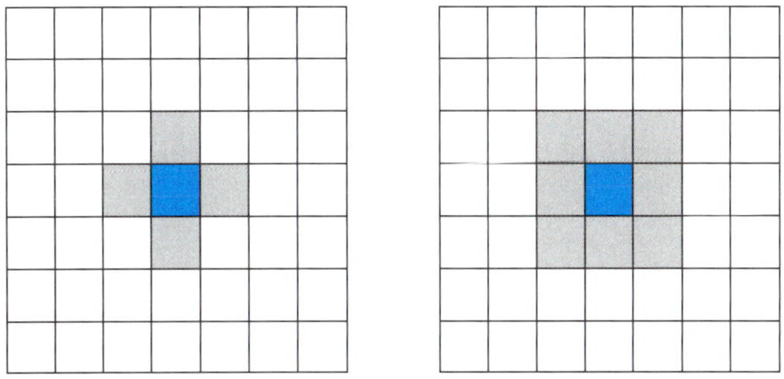

그림 2-12 4-연결성과 8-연결성

그림 2-12에서 4-연결 이웃 화소들은 변을 통하여 이웃한 화소들을 말하고, 8-연결 이웃 화소들은 변 또는 꼭짓점을 통하여 이웃한 화소들을 말한다. 그러나 사각형 모자이크는 다음과 같은 문제를 가지고 있다. 그림 2-13에서 4-연결성을 사용하면 이 그림은 4개의 연결된 조각과 하나의 구멍(hole) 그리고 배경으로 구성된다. 반면에 8-연결성을 사용하면 하나의 연결된 조각과 하나의 배경으로 구성된 그림이 된다. 즉 구멍이 없어진다. 이러한 모순은 앞으로 소개될 여러 알고리즘에서 기하학적인 문제를 일으킨다. 따라서 전경(foreground)은 8-연결성을 그리고 배경(background)은 4-연결성을 적용하는 것이 일반적인 통례이다. 이처럼 전경과 배경에 연결성 정의를 달리하면 다음 그림은 1개의 조각, 1개의 배경 그리고 1개의 구멍으로 구성된 그림이 된다.

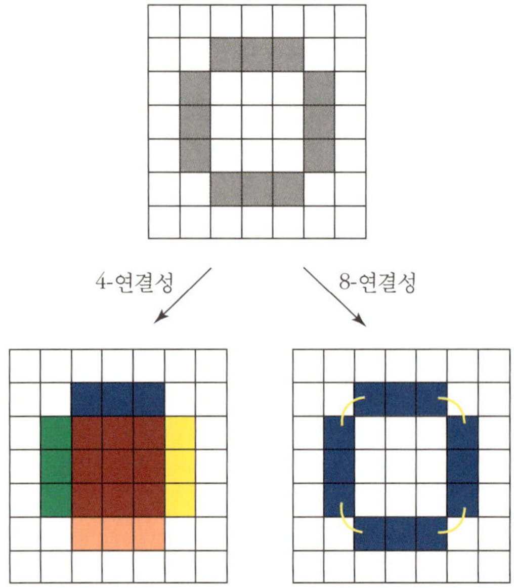

그림 2-13 연결성 모순의 예제

영상에서 두 화소 간의 거리는 앞으로 다룰 여러 알고리즘에서 사용되는 중요한 측정치이다. 일반적으로 거리 척도는 다음과 같은 3개의 조건을 만족하여야 한다.

(1) $D(x, y) \geqq 0$

(2) $D(x, y) = D(y, x)$

(3) $D(x, z) \leqq D(x, y) + D(y, z)$

첫 번째 조건은 거리 척도는 항상 양의 값을 가져야 한다는 조건이고, 두 번째 조건은 대칭 조건이며, 세 번째 조건은 삼각형의 두 변의 합의 길이가 다른 한 변의 길이와 같거나 커야한다는 조건이다. 화소 간의 간격이 균일한 정방형 모자이크에서 두 화소 $x = (x_1, y_1)$와 $y = (x_2, y_2)$ 간의 거리 측정 방법은 일반적으로 다음과 같은 3가지 방법이 흔히 사용된다.

(1) 유클리디안 거리(euclidean): $D_e(x, y) = \sqrt{(x_1 - x_2)^2 + (y_1 - y_2)^2}$

(2) 도시 블록 거리(city block): $D_e = |x_1 - x_2| + |y_1 - y_2|$

(3) 장기판 거리(chessboard): $D_{cb}(x, y) = \max\{|x_1 - x_2|, |y_1 - y_2|\}$

2.3 컬러 모델

명암 영상의 경우에는 각 화소 값이 밝기 정도를 나타내는 하나의 값으로 표현되지만 컬러 영상의 경우에는 각 화소 값이 벡터값으로 표현된다. 컬러를 표현하는 다양한 방법들이 있는데, 컴퓨터 그래픽스에서는 RGB 컬러 모델을 주로 사용하고, 컴퓨터 비전에서는 HSI 컬러 모델을, 출판 및 인쇄분야에서는 CMY 컬러 모델을, 영상 압축분야에서는 YCbCr 컬러 모델을, 그리고 YIQ 또는 YUV 컬러 모델은 방송분야에서 주로 사용된다.

RGB 컬러 모델은 빛의 삼원색인 빨강(red), 초록(green), 파랑(blue)으로 구성된다. 각 요소가 적절히 더해져서 하나의 컬러를 생성한다. 아래 그림과 같은 3차원 좌표계에서 각 축은 빨강, 초록, 파란색을 나타낸다. 정육면체는 가능한 모든 색을 나타내며, 3차원 좌표(1,1,1)에 해당되는 점은 3가지 색이 최대로 더해지는 흰색을 나타낸다. 원점에서 (1,1,1) 을 연결하는 대각선 위의 점들은 3가지 색들이 같은 비율로 더해진 점들로서 명암값을 나타낸다.

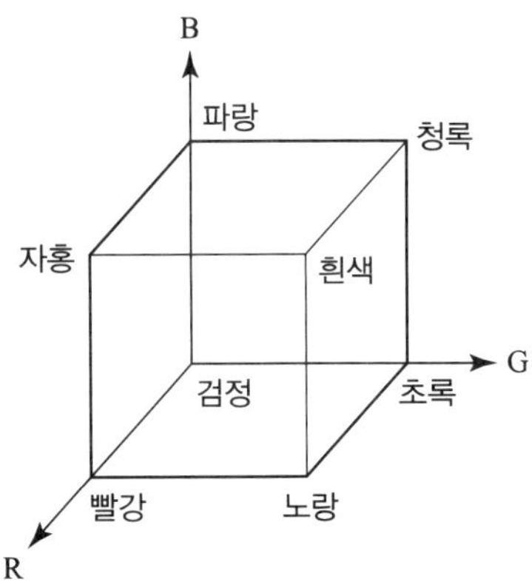

그림 2-14 RGB 컬러 모델

CMY 컬러 모델은 청록색(cyan), 자홍색(magenta), 노란색(yellow)으로 구성된다. 컬러 모니터에서는 검은색 모니터 바탕 위에 빛의 삼원색인 빨강, 초록, 파랑 빛을 더하여 원하는 컬러를 만들어내지만, 프린터와 같은 인쇄 시스템에서는 흰색 종이에 잉크나 토너를 칠하여 컬러를 만들어낸다. 태양 빛 또는 형광등과 같은 광원은 모든 색 성분을 포함하고 있다. 광원에서 나온 빛은 종이에 반사되어 우리 눈에 들어오게 되는데, 종이가 모든 빛을 반사하면 흰색으로 모든 빛을 흡수하면 검은색으로 보인다. 즉 광원이 갖고 있는 특정 색 성분이 종이에 흡수되고 나머지 성분이 우리 눈이 보이게 된다.

CMY 컬러 모델은 흰색으로부터 색을 빼는 개념을 사용한다. 청록색, 자홍색, 노란색 잉크를 흰색 종이에 칠하면 이들은 각각 보색 성분의 빛을 흡수하게 된다. 예를 들어 청록색 잉크를 흰색 종이에 칠하면 청록색의 보색인 빨간색 빛이 흡수되어, 즉 흰색에서 빨간색을 뺀 청록색으로 보인다. 청록색, 자홍색, 노란색 잉크를 모두 칠하면 빨간색, 초록색, 파란색 빛을 모두 흡수하므로 검정색이 되고, 청록색과 자홍색 잉크를 칠하면 빨간색과 초록색 빛을 흡수하므로 파란색이 된다. RGB와 CMY는 서로 보색 관계에 있기 때문에 두 모델 사이의 변환은 다음과 같다.

RGB → CMY	CMY → RGB
C = 1.0 − R	R = 1.0 − C
M = 1.0 − G	G = 1.0 − M
Y = 1.0 − B	B = 1.0 − Y

HSI 컬러 모델은 색상(hue), 채도(saturation), 명도(intensity)로 구성된다. 색상은 그 색의 원색을 나타낸다. 채도는 색의 순수도를 나타내며, 원색에 어느 정도의 흰색이 혼합되었는지를 나타낸다. 예를 들어 빨강의 채도는 분홍의 채도보다 높다. 명도는 밝기를 나타낸다. HSI 컬러 모델은 색의 변환을 쉽게 해준다. 예를 들어 빨간색을 분홍색으로 변환하기 위해서는 채도만 조절하면 된다. 또한 어두운 색을 밝게 하려면 명도를 높여주면 된다. HSI 모델은 색상과 명도가 분리되어 있으므로, 명암값만을 처리하거나 또는 색상과 명암을 분리해서 처리하는 영상 처리 및 컴퓨터 비전분야에서 주로 사용된다.

HSI 컬러 모델은 그림 2-15와 같이 원뿔 모양의 좌표계로 표현된다. 색상은 원뿔 둘레를 따라 0°에서 360°의 범위를 갖는 각도로 표현된다. 예를 들어 0°는 빨간색 120°는 초록색 그리고 240°는 파란색을 나타낸다. 채도는 원뿔 중심에서의 수평 거리로 표현되고 0에서 1까지의 값을 가진다. 원뿔 중심에서의 채도는 0으로 흰색 성분이 100% 포함되어 있음을 나타내고, 원뿔 가장자리에서의 채도는 1이며 흰색이 전혀 포함되지 않은 순수한 원색을 나타낸다. 명도는 수직축으로 표현되며 0에서 1 사이의

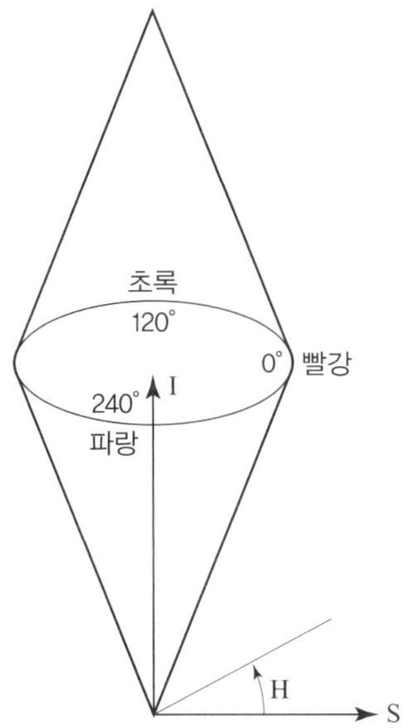

그림 2-15 HSI 컬러 모델

값을 가진다. 수직축의 하단은 명도 0으로 검은색을 나타내고 수직축의 상단은 명도 1로서 흰색을 나타낸다. RGB 컬러 모델에서 HSI 컬러 모델로의 변환은 다음 식에 의하여 수행된다.

$$H = \cos^{-1}\left(\frac{\frac{1}{2}((R-G)+(R-B)}{\sqrt{(R-G)^2+(R-B)(G-B)}}\right)$$

$$S = 1-\frac{3\cdot\min(R, G, B)}{(R+G+B)}$$

$$I = \frac{(R+G+B)}{3}$$

2.4 OpenCV 함수를 이용한 컬러 모델 변환

1. cvCvtColor() 함수에 대한 설명

- cvCvtColor() 함수는 하나의 컬러 공간을 다른 컬러 공간으로 변환해주는 함수이다.

컬러를 컴퓨터로 표현하기 위하여 많은 표준 컬러 모델들이 만들어져 왔고 현재도 만들어지고 있다. 컴퓨터 모니터는 RGB 컬러 모델을 기본으로 사용한다. RGB 컬러 모델의 각 채널은 0부터 255 사이의 값을 가질 수 있다. RGB 컬러 모델은 Red(빨강), Green(초록), Blue(파랑)의 색을 조합해서 명도를 조절하는 가산 혼합 방식을 사용한다. 예를 들어 R이 255이고 G와 B가 0일 경우에는 매우 강한 빨간색이 표현된다. 이는 그림 2-16에서 확인할 수 있다. 좌측은 R 값이 255일 때, 200일 때, 150일 때 (G와 B는 0)의 컬러를 나타내며 가운데는 G 값이 255일 때, 200일 때, 150일 때 (R과 B는 0)의 컬러 우측은 B 값이 255일 때, 200일 때, 150일 때 (R과 G는 0)의 컬러를 나타낸다.

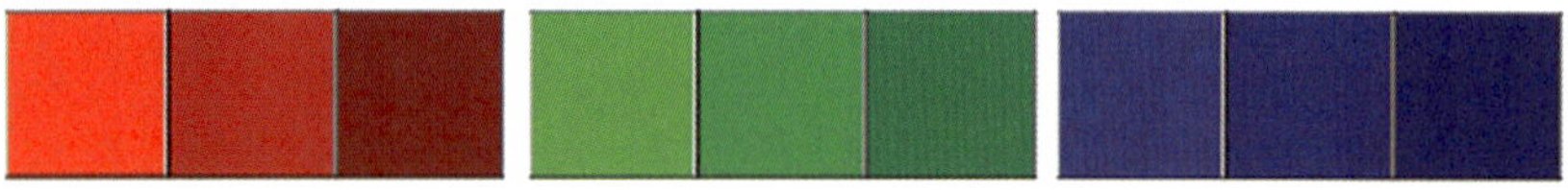

그림 2-16 컬러 값에 따른 색상의 차이

위와 같은 RGB 컬러 모델에서 명암을 조절하려면 3가지의 채널을 모두 조절해야 하는 단점이 있다. 좀 더 편하게 영상의 명암을 조절하기 위해서는 컬러 모델을 변환하면 된다. HSV 컬러 모델은 Hue(색상), Saturation(채도), Value or Brightness(밝기)로 구성된다. 이 중에서 V에 해당하는 값만 조절해주면 쉽게 명암을 조절할 수 있다. OpenCV에서는 컬러 모델을 바꿔주는 함수를 제공하고 있으며 상황에 따라 RGB 컬러 모델을 다른 컬러 모델로 변화하여 사용할 수 있는 cvCvtColor() 함수를 제공한다.

파라미터 :

void cvCvtColor(const CvArr* src, CvArr* dst, int code);		
첫 번째 인자	src	원본 컬러 이미지
두 번째 인자	dst	바뀐 컬러 모델로 저장될 이미지
세 번째 인자	code	어느 컬러 모델로 바꿀 것인가에 대한 속성값
세 번째 인자의 속성값 종류 CV_BGR2GRAY : BGR 영상을 GRAY 컬러 모델로 변경 CV_BGR2YCrCb : BGR 영상을 YCrCb 컬러 모델로 변경 CV_BGR2HLS : BGR 영상을 HLS 컬러 모델로 변경 CV_BGR2HSV : BGR 영상을 HSV 컬러 모델로 변경 CV_BGR2Lab : BGR 영상을 Lab 컬러 모델로 변경 CV_BGR2Luv : BGR 영상을 Luv 컬러 모델로 변경		

2. cvCvtPixToPlane() 함수에 대한 설명

- cvCvtPixToPlane() 함수는 원본 이미지를 각각의 채널로 나누는 함수이다.

컴퓨터는 0~255의 값을 가지는 R, G, B 3가지의 채널을 합쳐서 이미지를 표현한다. OpenCV는 IplImage로 이미지를 저장하여 사용한다. 이미지를 구성하는 0~255의 R, G, B 값들은 IplImage를 구성하는 배열에 저장된다. 일상생활에서 RGB TV, RGB 모니터 등의 단어를 들어보았듯이 일반적으로 RGB라는 단어를 사용하기 때문에 배열에 저장되는 채널의 값도 R, G, B 순서로 저장되어있을 것이라고 생각할 수 있지만 OpenCV는 아래의 그림처럼 B, G, R 순서로 배열에 채널값을 저장한다.

그림 2-17 OpenCV의 이미지 배열

어떠한 채널의 값을 변경하거나 필터링해야 하는 경우가 있을 수 있다. cvCvtPixToPlane() 함수는 합쳐져 있는 이미지를 각각의 채널로(예를 들어, R, G, B 채널) 나누어주는 역할을 한다. 이 함수의 인자로 사용되는 dst0은 첫 번째 채널(B 채널), dst1은 두 번째 채널(G 채널), dst2는 세 번째 채널(R 채널)에 해당하게 된다. dst3은 Alpha 채널을 말한다. Alpha 채널은 투명도를 나타낸다. 일반적으로 3채널을 사용하고 흑백이나 이진 이미지는 1채널을 사용한다.

void cvCvtPixToPlane(IplImage* src, IplImage* dst0, IplImage* dst1, IplImage* dst2, IplImage* dst3);		
첫 번째 인자	src	원본 컬러 이미지
두 번째 인자	dst0	첫 번째 채널이 저장될 이미지
세 번째 인자	dst1	두 번째 채널이 저장될 이미지
네 번째 인자	dst2	세 번째 채널이 저장될 이미지
다섯 번째 인자	dst3	네 번째 채널이 저장될 이미지

3. cvCvtPlaneToPix() 함수에 대한 설명

- cvCvtPlaneToPix() 함수는 3개의 각각의 채널을 하나의 컬러 이미지로 합치는 함수이다.

cvCvtpixToPlane() 함수를 사용하여 채널별로 분리하고 여러 가지 작업을 거친 후에는 다시 하나의 이미지로 합쳐주는 과정을 거쳐야 한다. 이렇게 여러 가지 채널을 하나로 합쳐주는 작업을 담당하는 함수가 cvCvtPlaneToPix() 함수이다. src0, src1, src2, src3의 채널을 합쳐서 dst 이미지를 만들게 된다.

void cvCvtPlaneToPix(IplImage* src0, IplImage* src1, IplImage* src2, IplImage* src3, IplImage* dst);		
첫 번째 인자	src0	첫 번째 채널 이미지
두 번째 인자	src1	두 번째 채널 이미지
세 번째 인자	src2	세 번째 채널 이미지
네 번째 인자	src3	네 번째 채널 이미지
다섯 번째 인자	dst	각 채널을 합쳐서 만들어지는 이미지

4. 프로그램 실습

앞서 알아본 3가지의 함수를 사용하여 프로그램을 작성해보자. 프로그램은 간단하다. 우선 소화기 이미지 입력받고 이를 HSV 컬러 모델로 변환한다. 그리고 변환된 HSV 컬러 모델 이미지를 H, S, V 각각의 채널로 분할한다. 그 후에는 분할된 각각의 채널을 다시 합쳐서 변환 전과 변환 후의 이미지가 같은지 비교한다.

convert.cpp

```
IplImage* input;
IplImage* hsv;
IplImage* h;
IplImage* s;
IplImage* v;
IplImage* output;

input = cvLoadImage("extinguisher.jpg", CV_LOAD_IMAGE_COLOR);
hsv = cvCreateImage(cvGetSize(input), IPL_DEPTH_8U, 3);
h = cvCreateImage(cvGetSize(input), IPL_DEPTH_8U, 1);
```

```
11 s = cvCreateImage(cvGetSize(input), IPL_DEPTH_8U, 1);
12 v = cvCreateImage(cvGetSize(input), IPL_DEPTH_8U, 1);
13 output = cvCreateImage(cvGetSize(input), IPL_DEPTH_8U, 3);
14
15 cvCvtColor(input, hsv, CV_BGR2HSV); //input 이미지를 BGR에서 HSV로 변환
16
17 cvCvtPixToPlane(hsv, h, s, v, NULL); //HSV를 각각의 채널로 분할
18
19 cvCvtPlaneToPix(h, s, v, NULL, output); //H, S, V 각 채널을 하나로 병합
20
21 cvShowImage("h channel", h);
22 cvShowImage("s channel", s);
23 cvShowImage("v channel", v);
24 cvShowImage("hsv image", hsv);
25 cvShowImage("output image", output);
26
27 cvWaitKey(0);
28
29 cvReleaseImage(&input);
30 cvReleaseImage(&hsv);
31 cvReleaseImage(&h);
32 cvReleaseImage(&s);
33 cvReleaseImage(&v);
34 cvReleaseImage(&output);
```

1번 줄은 입력 이미지에 대한 부분으로 IplImage형 포인터 input을 선언하고 8번 줄에서 cvLoadImage() 함수를 사용하여 'extinguisher.jpg' 파일을 읽어온다.

2~6번 줄은 각각의 채널 이미지와 출력 이미지에 해당하며 역시 IplImage형 포인터를 선언하였다. 선언한 뒤에는 cvCreateImage() 함수를 통하여 IplImage 구조체의 메모리를 생성하여 포인터를 넘겨준다. 이때 이미지의 속성을 설정해주어야 한다. 속성 설정은 cvCreateImage() 함수에서 설정한다. 첫 번째 인자는 이미지의 가로, 세로 크기를 의미한다. cvGetSize() 함수로 입력 이미지와 같은 크기의 공간을 설정한다. 두 번째 인자는 이미지의 Depth를 의미한다. 일반적으로 이미지의 한 채널은 '0~255'의 값으로 표현하며 1byte, 즉 8bit에 해당한다. 또한 '0~255'의 값으로 표현하기 때문에 음수를 표현하지 않는 unsigned형이 된다. 따라서 이를 의미하는 IPL_DEPTH_8U를 사용한다. 세 번째 인자는 채널의 수를 말한다. 9, 13번 줄은 세 번째 인자로 '3'을 입력하고 10, 11, 12번 줄은 세 번째 인자로 '1'을 입력하고 있다. 9번, 13번 줄의 이미

지는 3채널 구성되기 때문에 '3' 을 입력하고 10, 11, 12번 줄의 영상은 각각의 분할된 채널을 저장할 공간이기 때문에 인자 값으로 '1' 로 입력한다.

실제 컬러 모델 변환에 사용되는 부분은 15번 줄이다. cvCvtColor() 함수의 첫 번째 인자로 입력 영상을 넣고, 두 번째 인자로 hsv로 변환된 이미지를 담을 빈 이미지, 세 번째 인자로 어떤 컬러 모델에서 어떤 컬러 모델로 변환할 것인지를 설정한다.

17번 줄의 cvCvtPixToPlane() 함수는 HSV 컬러 모델로 변환된 이미지를 각각의 H, S, V채널로 분할한다. 첫 번째 인자로 HSV 이미지를 입력하고 두 번째, 세 번째, 네 번째 인자로 H, S, V의 빈 이미지를 입력하고 다섯 번째 인자인 Alpha 값은 사용하지 않으므로 NULL을 입력한다.

19번 줄의 cvCvtPlaneToPix() 함수는 분할된 채널을 다시 하나의 이미지로 합치는 역할을 한다. 분할 전과 분할 후의 비교를 위해 네 번째 인자로 비어 있는 output 이미지를 사용하였다. 그 이후에는 cvShowImage() 함수를 통하여 출력되는 이미지들을 눈으로 확인할 수 있다.

HSV 컬러 모델로 변환된 이미지의 색상이 이상하다고 생각하는 독자가 있을 수 있다. 당연하지만 HSV로 변환된 이미지를 RGB 출력 형식으로 출력했기 때문이다. 또한 이와 마찬가지로 그림 2-19의 채널별로 분할된 이미지가 그레이 이미지로 보이는 이유도 각 채널이 0~255의 값을 가지기 때문이다. 그림 2-20의 결과에서 보듯이 두 이미지가 같음을 확인할 수 있다. 이러한 컬러 모델의 변환과 분할을 통하여 여러 가지 상황에 알맞은 처리가 가능하다.

(a) 원본 이미지

(b) HSV 컬러 모델로 변환된 이미지

그림 2-18 컬러 모델 변환 예제

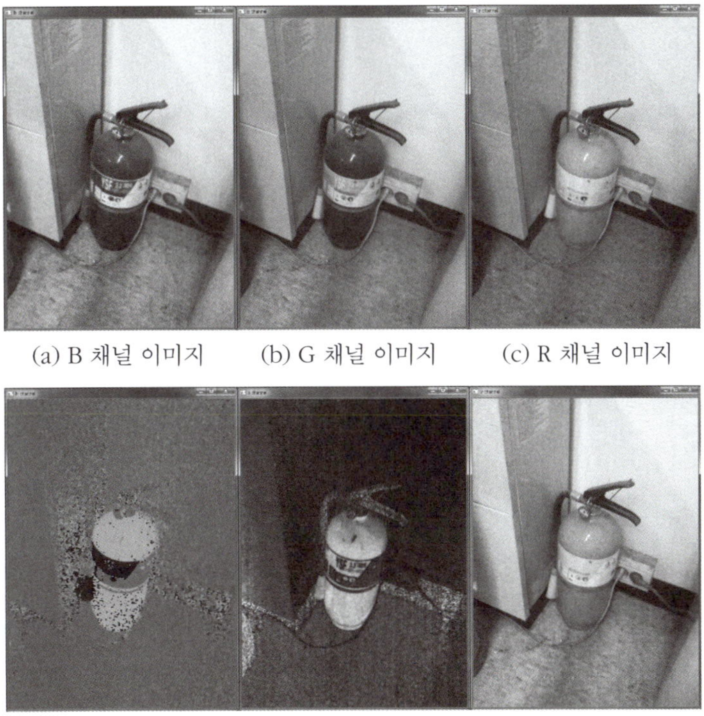

(a) B 채널 이미지 (b) G 채널 이미지 (c) R 채널 이미지

(d) H 채널 이미지 (e) S 채널 이미지 (f) V 채널 이미지

그림 2-19 채널별로 분할된 이미지

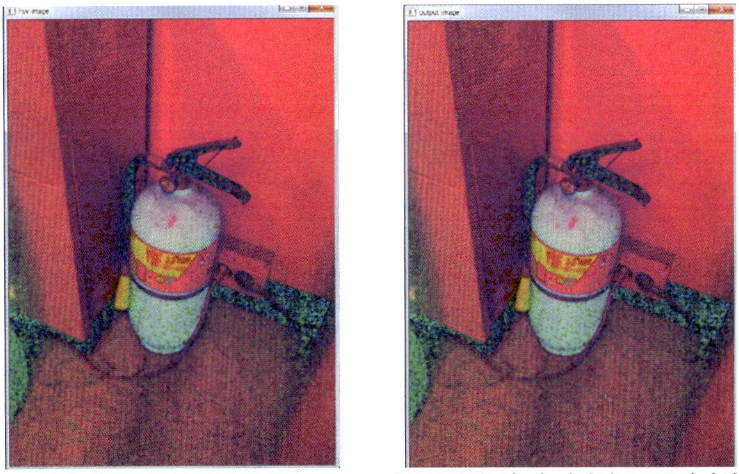

(a) 분할 전의 HSV 이미지 (b) 분할한 뒤 재 병합한 HSV 이미지

그림 2-20 분할 전후의 HSV 이미지

연습문제

1. 원근 투영의 원리에 대하여 설명하시오.
2. 방사도와 조사도에 대하여 설명하시오.
3. 일반적으로 렌즈에서 영상 평면까지의 거리를 초점 거리로 사용하는 이유를 렌즈 방정식을 이용하여 설명하시오.
4. 렌즈 이탈 현상은 크게 2가지 이유, 즉 렌즈의 구면 수차(spherical aberration)와 색 수차(chromatic aberration)에 의하여 만들어진다. 구면 수차와 색 수차에 대하여 설명하시오.
5. 샘플링과 공간 해상도와의 관계에 대하여 설명하시오.
6. 양자화와 밝기 해상도와의 관계에 대하여 설명하시오.
7. 연결된 화소의 정의에 사용되는 4-연결성과 8-연결성에 대하여 설명하시오.
8. 거리 척도가 만족해야 하는 3가지 조건에 대하여 기술하시오.
9. RGB 컬러 모델과 CMY 컬러 모델의 차이에 대하여 설명하시오.
10. HSI 컬러 모델에 대하여 설명하시오.
11. OpenCV 함수를 이용하여 입력된 RGB 영상을 HSI 영상으로 변환하는 프로그램을 작성하시오.

제3장

영상 분할

(Image Segmentation)

3.1 히스토그램 작성 및 평활화(Equalization)

입력 영상에서 원하는 물체를 찾거나 인식하기 위해서는 먼저 물체를 배경으로부터 분리하는 작업을 수행해야 한다. 이는 영상 분할(image segmentation)이라는 매우 큰 주제에 속하는 문제로서, 입력 영상을 그 영상의 구성 요소들의 집합으로 분리하는 과정이다. 포괄적인 의미에서 분할은 명암값, 색상, 질감, 운동 특성 등 공통 특성을 갖는 화소들의 집단을 만드는 과정을 말하며, 전체 영상을 다음과 같은 조건이 만족되도록 구성 요소들의 집합으로 나누는 과정이다.

(1) $\bigcup_k P_k =$ 전체 영상
(2) $P_i \cap P_j = \phi, \;\; i \neq j$
(3) P_i의 모든 화소들은 공통 특성을 가진다.
(4) P_i의 모든 화소들은 하나의 연결된 성분(connected component)을 형성한다.

분할은 어찌 보면 의사 결정 과정 또는 분류 과정으로 해석할 수 있다. 즉 각 화소가 어떤 구성 요소(물체 또는 배경)에 속하는 가를 판단하는 과정으로서 물체 인식을 위해 매우 중요한 첫 번째 단계이다. 대부분의 컴퓨터 비전 시스템은 영상 분할을 먼저 수행하고 분할된 각 영역에 대한 인식 작업을 수행한다. 이러한 처리 과정이 우리 인간이 물체를 인식하는 과정과 일치하는 지는 의문이다. 물체에 대한 사전 지식을 이용하지 않고는 완벽한 분할 작업을 하는 것이 불가능하다는 것이 일반적으로 받아들어지는 통념이기 때문이다. 즉 인식하는 과정에서 분할이 이루어진다는 개념이다. 어찌 보면 분할과 인식의 문제는 닭이 먼저냐 달걀이 먼저냐 하는 문제와 같다. 영상 분할 작업을 위해 다양한 방법들이 문헌에 제시되어 있다. 제3장에서는 임계 방법을 이용한 영상 분할 방법을 소개한다.

임계 방법을 이용한 영상 분할 방법을 본격적으로 설명하기에 앞서 먼저 히스토그램에 대한 설명을 한다. 히스토그램(histogram)은 영상 전체에 있어 화소 값이 어떻게 분포되어 있는가를 보여주는 그래프다. 가로축은 화소 값을 나타내고 세로축은 각 화소 값의 빈도수를 나타낸다. 히스토그램을 통해 영상의 명암 대비(contrast) 및 명암 분포에 대한 정보를 얻을 수 있다. 그림 3-1은 간단한 5×5 8비트 영상에 대한 히스토그램을 보여준다.

히스토그램을 통해 주어진 영상의 화소 값들이 어떻게 분포되어 있는지를 알 수 있다. 어두운 영상은 화소 값 분포가 왼쪽으로 편중된 히스토그램을 가지고 밝은 영상은 화소 값 분포가 오른쪽으로 편중된 히스토그램을 가진다. 한쪽으로 편중된 히스토

40	40	40	40	40
50	50	50	60	60
60	60	60	60	60
60	70	70	70	80
70	80	90	100	100

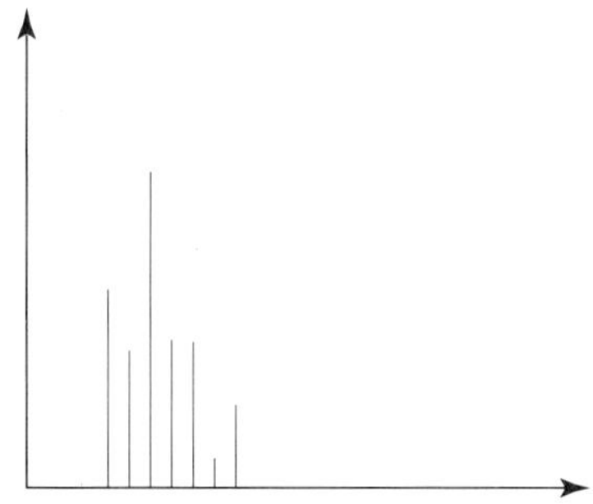

그림 3-1 5×5 8비트 영상에 대한 히스토그램

그램을 갖는 영상은 낮은 명암 대비를 갖고, 반면에 비교적 균일한 히스토그램을 갖는 영상은 상대적으로 높은 명암 대비를 가진다.

히스토그램 평활화(equalization)는 영상의 명암 대비를 높이기 위해 화소 값 분포를 재분배하는 작업을 수행한다. 히스토그램 평활화의 궁극적인 목표는 균일한 분포를 갖는 히스토그램을 생성하는 것이다. 그러나 실제에 있어서 히스토그램 평활화가 완전히 균일한 분포를 갖는 히스토그램을 만들지는 못한다. 주어진 영상의 히스토그램이 마루(peak)와 골(valley)을 갖는 경우에, 평활화 작업은 마루는 낮추고 골을 높이는 방향으로 화소 값을 재분배하여 상대적으로 균일한 히스토그램을 생성한다. 즉 마루에 속하는 화소 값은 주변의 화소 값들로 재분배되어 이 부근에서는 히스토그램의 높이가 상대적으로 낮아지고, 골 주변의 화소 값들은 하나의 화소 값으로 모아져서 이 부근에서는 히스토그램의 높이가 상대적으로 높아진다.

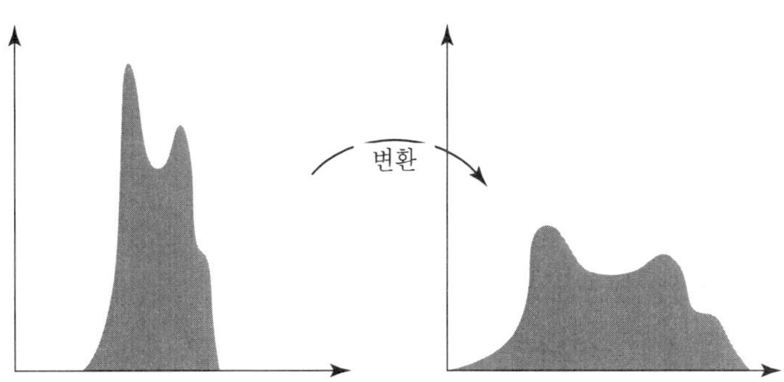

그림 3-2 히스토그램 평활화의 원리

히스토그램 평활화는 다음과 같은 3단계 작업을 통해 수행된다.

(1) 입력 영상의 히스토그램을 생성한다.
(2) 생성된 히스토그램으로 누적 히스토그램을 만들고 이를 정규화한다.
(3) 정규화된 화소 값으로 출력 영상을 생성한다.

첫 번째 단계는 입력 영상에서 각 화소 값의 빈도수를 셈으로서 수행된다. 이 단계에서는 히스토그램을 구현하기 위해 0으로 초기화된 배열을 이용할 수 있다. 화소 값이 8비트로 표현되는 경우, 배열의 크기는 256이 될 것이다. 영상을 읽어가면서 각 화소의 화소 값에 해당되는 배열 요소의 값을 증가시키면 된다. 두 번째 단계에서는 히스토그램의 누적 합을 저장할 또 하나의 배열이 필요하다. 즉 이 배열 요소 1은 히스토그램 0과 1의 누적 합을, 배열 요소 2는 히스토그램 0에서 2까지의 누적 합을, 그리고 배열 요소 255는 히스토그램 0에서 255까지 누적 합을 저장한다. 누적 합 배열의 각 요소에 상수를 곱하여 정규화한다. 곱해질 상수는 최대 명암값을 전체 화소 수로 나눈 값으로서, 8비트 5×5 영상인 경우 상숫값은 255/(5×5)가 된다. 상수를 곱하여 정규화한 값이 정수가 되도록 반올림하거나 소수점 이하 자리를 버린다. 세 번째 단계에서는 정규화한 배열을 룩업 테이블(look-up table)로 사용하여 입력 영상을 변형한다. 즉 입력 영상의 i-번째 화소 값은 정규화한 배열의 i-번째 화소 값으로 치환된다.

명암값	누적값	정규화 값
40	5	51
50	8	81
60	16	163
70	19	193
80	22	224
90	23	234
100	24	255

51	51	51	51	51
81	81	81	163	163
163	163	163	163	163
163	193	193	193	234
224	224	234	255	255

그림 3-3 히스토그램 평활화 과정

히스토그램 평활화를 수행하면 특히 어두운 부분의 세세한 변화가 뚜렷이 나타나서 전체적으로 명암 대비가 높아진다. 그림 3-4는 입력 영상에 대해 히스토그램 평활화를 수행하여 얻어진 결과 영상을 보여준다. 벽의 무늬 패턴이 뚜렷이 나타남을 확인할 수 있다.

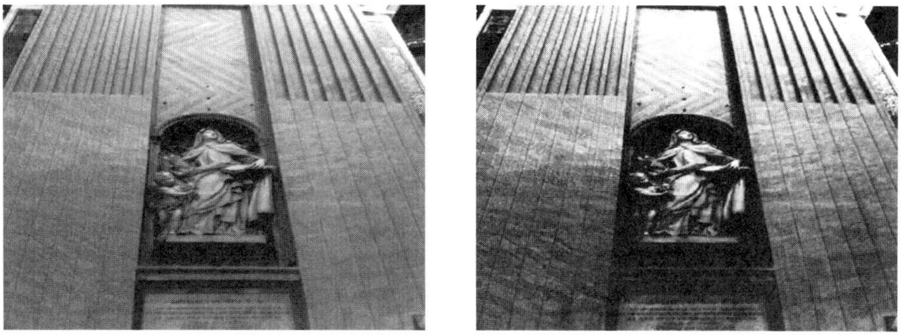

그림 3-4 히스토그램이 평활화된 영상

히스토그램 평활화 과정은 위에서 설명한 것처럼 비교적 단순한 처리 과정을 통해 구현될 수 있다. 그러나 이러한 처리 과정의 이론적 근거를 설명하기 위해서는 약간의 수학 지식이 필요하다. 특히 확률 이론과 변환 함수에 대한 설명이 필요하다. 히스토그램을 화소 값을 확률변수(random variable)로 하는 확률 밀도 함수(probability density function)로 생각하자. 입력 영상의 화소 값을 r이라 하고, 결과 영상의 화소 값을 s라 하자. 히스토그램 평활화 과정은 입력 영상의 화소 값 r에 변환 함수 $T(r)$을 적용하여 결과 영상 화소 값 s을 만드는 과정인데, $s = T(r)$, 이때 s의 확률 밀도 함수(즉 히스토그램)가 균일한 분포를 갖도록 적절한 $T(r)$을 구하는 과정으로 해석할 수 있다. 편의상 r과 s는 0 에서 1 사이의 값을 갖도록 정규화되었다고 가정하면, 변환 함수 $T(r)$은 다음의 두 조건을 만족해야 한다.

(1) $T(r)$는 단일 값을 갖는(single valued) 단조 증가(monotonic increasing) 함수다.

(2) $0 \leq T(r) \leq 1 \quad \text{for} \quad 0 \leq r \leq 1$

첫 번째 조건에서 단일 값 조건은 입력 영상의 하나의 화소 값에 대한 결과 영상의 화소 값이 하나가 되어야 하며 단조 증가 조건은 역변환이 가능해야 한다는 조건이다. 즉 하나의 s 값에 대하여도 하나의 r 값이 존재해야 한다는 조건이다. 두 번째 조건은

r과 s가 0과 1 사이의 값으로 정규화된다는 조건이다. 이와 같은 조건을 만족하면서 동시에 확률변수 s가 균일한 분포를 갖도록 하는 $T(r)$을 만드는 문제를 생각하자. 기본적인 확률 이론으로부터 두 확률변수 r과 s 사이에는 다음과 같은 관계가 성립한다.

$$p_s(s) = p_r(r) \left| \frac{dr}{ds} \right| \qquad \text{(식 3-1)}$$

이제 변환 함수 $T(r)$을 다음과 같이 r의 확률 분포 함수(즉 r의 확률 밀도 함수의 누적)로 정의하면,

$$s = T(r) = \int_0^r p_r(w)dw \qquad \text{(식 3-2)}$$

위 식의 s에 대한 r의 미분은

$$\frac{ds}{dr} = \frac{d}{dr}T(r) = \frac{d}{dr}\left[\int_0^r p_r(w)dw\right] = p_r \qquad \text{(식 3-3)}$$

따라서 위 (식 3-3)을 (식 3-1)에 대입하면 우리가 원하는

$$p_s(s) = p_r(r)\left|\frac{dr}{ds}\right| = p_r\left|\frac{1}{p_r(r)}\right| = 1$$

균일한 확률 밀도 함수(히스토그램)를 갖는 s을 만들게 된다. 앞에서 설명한 히스토그램의 누적 합을 구하고 이를 정규화하는 과정이 바로 변환 함수 $T(r)$을 만드는 과정으로 해석할 수 있다.

OpenCV를 이용한 히스토그램 평활화

cvEqualizeHist() 함수에 대한 설명

- cvEqualizeHist() 함수는 그레이 스케일 이미지의 히스토그램을 평활화한다.

이 함수는 명도를 일정하게 바꾸며 이미지상의 명암 대비를 상승시키는 효과를 가진다. 입력되는 이미지는 반드시 8비트의 1채널 이미지로 설정해야 한다. 따라서 컬러 이미지에 대하여 이 함수를 사용하기 위해서는 cvCvtPixToPlane() 함수를 통해 컬러 공간을 나눠주고 나눠진 각각에 대하여 cvEqualizeHist()로 평활화한 뒤 다시 cvCvtPlaneToPix()함수를 사용하여 합쳐준다.

파라미터 :

void cvEqualizeHist(const CvArr* src, CvArr* dst);		
첫 번째 인자	src	원본 영상
두 번째 인자	dst	평활화된 영상이 저장될 이미지

Equalization.cpp

```
IplImage* input = cvLoadImage(“extinguisher.jpg”, CV_LOAD_IMAGE_COLOR);
IplImage* b = cvCreateImage(cvGetSize(input), 8, 1);
IplImage* g = cvCreateImage(cvGetSize(input), 8, 1);
IplImage* r = cvCreateImage(cvGetSize(input), 8, 1);
IplImage* equalize = cvCreateImage(cvGetSize(input), 8, 3);

cvCvtPixToPlane(input, b, g, r, NULL);
cvEqualizeHist(b, b);
cvEqualizeHist(g, g);
cvEqualizeHist(r, r);
cvCvtPlaneToPix(b, g, r, NULL, equalize);

cvShowImage(“input”, input);
cvShowImage(“equalize”, equalize);
cvSaveImage(“equalize.jpg”, equalize, 0);
cvWaitKey(0);

cvReleaseImage(&input);
cvReleaseImage(&b);
cvReleaseImage(&g);
cvReleaseImage(&r);
cvReleaseImage(&equalize);
```

(a) 평활화 전 이미지　　　(b) 평활화 후의 이미지

그림 3-5 평활화 예제

위의 소화기 영상을 살펴보자. 좌측의 평활화 전의 영상은 다소 밝지만 평활화 후에는 영상의 밝기가 조절되었다. 또한 색상의 대비는 향상된 것을 확인할 수 있다. 히스토그램을 통해 살펴보면 뭉쳐져 있던 픽셀분포를 넓게 펼쳐주는 것을 확인할 수 있다.

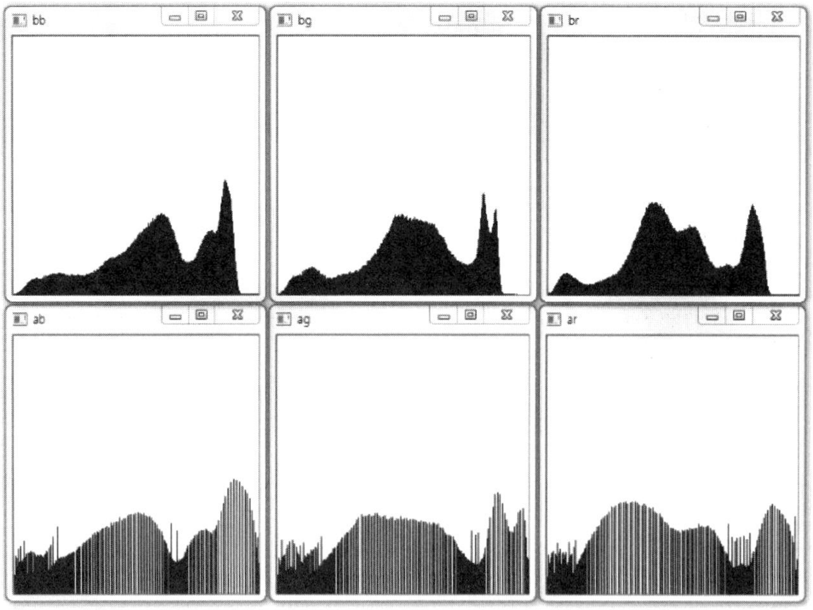

(a) B 채널　　　(b) G 채널　　　(c) R 채널

그림 3-6 각각의 채널에 대한 평활화 전 히스토그램(위)과 평활화 후의 히스토그램(아래)

3.2 임계 방법(Thresholding)을 이용한 영역 분할

물체에 속한 화소들의 그룹을 만들기 위해 일반적으로 사용하는데 전제는 공간적 인접성과 명암의 유사성이다. 문제 영역에 관한 특정한 사전 지식이 주어지지 않은 상황에서는 같은 물체에 속한 화소들은 공간적으로 인접해 있고 서로 비슷한 명암값(또는 색상)을 가진다고 가정할 수 있다. 물론 이러한 가정이 모든 상황에 만족되는 것은 아니다. 일반적인 접근 방법은 먼저 공간적 인접성과 명암의 유사성에 근거하여 화소들의 그룹을 만들고, 만들어진 그룹을 문제 영역에 관한 지식을 이용하여 정제하는 방법이다.

임계 방법은 특정 임계값을 사용하여 주어진 입력 영상을 물체 영역과 배경 영역으로 분리하는 방법이다. 물체 영역과 배경 영역의 분리를 효과적으로 하기 위해서는 물체와 배경이 충분한 명암 대조를 이루고 있어야 한다. 배경 영역은 어두운 화소 값을 갖고 물체 영역은 밝은 화소 값은 가진다고 가정하여 화소 값 $f(x, y)$이 특정 임계값 T보다 클 경우는 물체 영역에 속하는 화소로, 반대로 화소 값 $f(x, y)$이 T보다 작은 경우에는 배경에 속하는 화소로 결정한다. 임계 방법에 의하여 만들어지는 영상은 이진 영상(binary image)이 된다.

$$B(x, y) = \begin{cases} 1, & \text{if } f(x, y) > T \\ 0, & \text{i f} f(x, y) < T \end{cases} \qquad (\text{식 } 3\text{-}4)$$

찾고자 하는 물체의 화소 값이 특정 범위, 예를 들어 T_1에서 T_2 사이 값을 갖는 경우 또는 물체에 속하는 화소 값들의 집합 Z이 주어지는 경우에는 임계 작업은 다음과 같이 수행된다.

$$B(x, y) = \begin{cases} 1, & \text{if } T_1 \leqq f(x, y) \leqq T_2 \\ 0, & otherwise \end{cases} \qquad (\text{식 } 3\text{-}5)$$

$$B(x, y) = \begin{cases} 1, & \text{if } f(x, y) \in Z \\ 0, & otherwise \end{cases} \qquad (\text{식 } 3\text{-}6)$$

적절한 임계값을 찾는 것은 매우 중요하고도 어려운 문제이다. 그림 3-7은 임계값을 171로 했을 경우와 202로 했을 경우 만들어지는 영상을 보여준다.

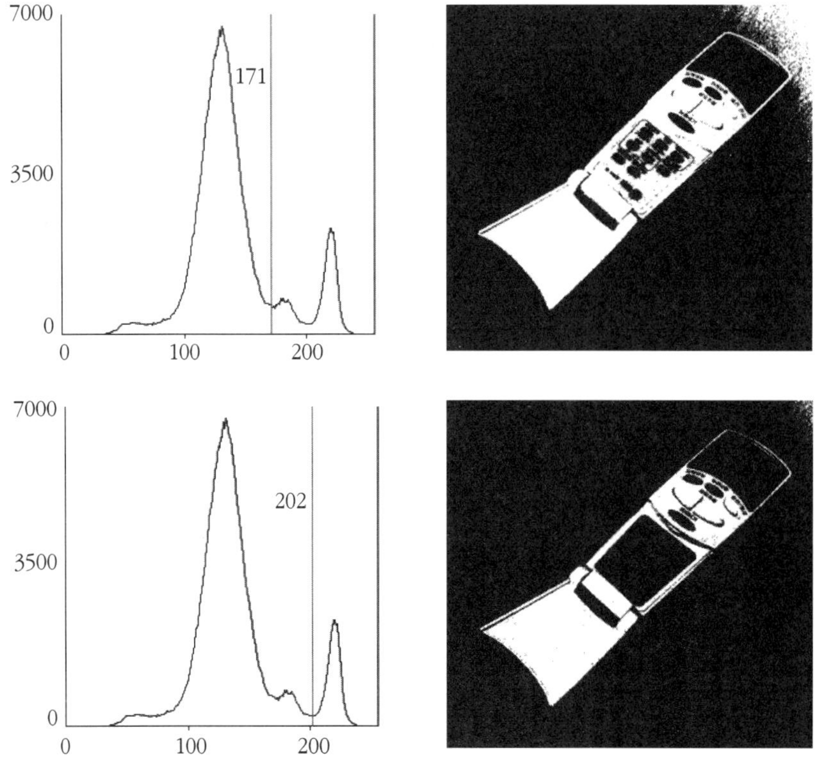

그림 3-7 임계값 변화에 따른 결과 영상의 차이

임계값 T는 일반적으로 히스토그램 분석에 의해 결정된다. 히스토그램이 그림 3-8과 같이 2개의 모드(mode)를 갖는 경우에는 2개의 마루(peak)를 분리하는 골(valley)을 찾아 이를 임계값으로 한다. 이상적인(ideal) 경우에는 마루와 골을 찾는 것이 쉽지만, 히스토그램이 완만하지 않으면 마루와 골을 찾는 작업은 그리 쉽지 않다. 히

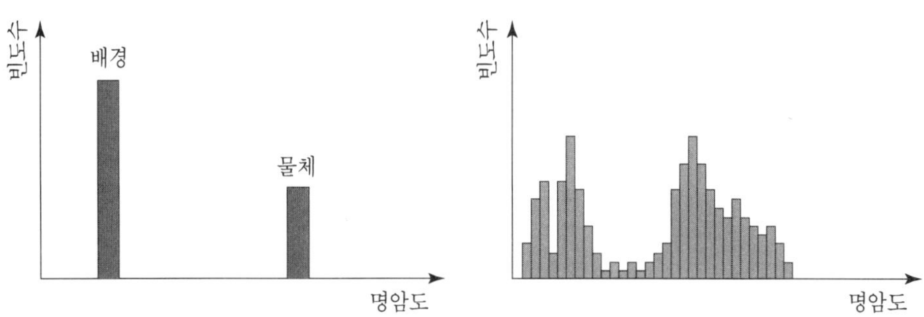

그림 3-8 2개의 모드를 갖는 히스토그램

스토그램을 스무딩(smoothing) 해서 골을 찾는 것이 일반적인 방법이지만 이것만으로는 정확한 골을 찾는 것을 보장할 수 없다.

2개의 모드를 갖는 히스토그램을 처리하는 가장 좋은 방법은 히스토그램이 2개의 정규 분포(normal distribution)의 합으로 구성된 합성 정규 분포(composite normal distribution)를 가진다고 가정하고 각 정규 분포의 매개변수(normal parameters)들로부터 골을 찾는 방법이다. 즉 히스토그램이 2개의 정규 확률 분포 (μ_1, σ_1)과 (μ_2, σ_2)의 합으로 구성된다고 가정하고 이 두 정규 분포가 만나는 교점을 임계값 T로 결정하는 방법이다. 두 정규 분포가 만나는 교점 T를 찾는 문제는 수학적으로 EM(expectation-maximization) 기법을 이용하여 풀 수 있다.

이상적인 임계값을 찾기 위한 많은 방법들이 문헌에 소개되어 있다. 한 가지 방법은 그룹-내 분산(within group variance) 또는 그룹-간 분산(between group variance)을 이용하는 방법이다. 이 방법은 임의의 임계값 T에 의해 히스토그램을 두 그룹 G_1과 G_2으로 나눌 때, 각 그룹에 속하는 화소 값들의 분산을 구하고 이들로부터 그룹-내 분산 $\sigma^2_{within}(T)$이 최소가 되는 T^*을 임계값으로 정하는 방법이다.

$$\sigma^2_{within}(T) = n_1(T)\,\sigma^2_1(T) + n_2(T)\,\sigma^2_2(T) \qquad \text{(식 3-7)}$$

$n_1(T)$ = T에 의해 결정된 G_1의 화소 수

$n_2(T)$ = T에 의해 결정된 G_2의 화소 수

$$T^* = \operatorname{argmin}\left[\,\sigma^2_{within}(T)\,\right] \qquad \text{(식 3-8)}$$

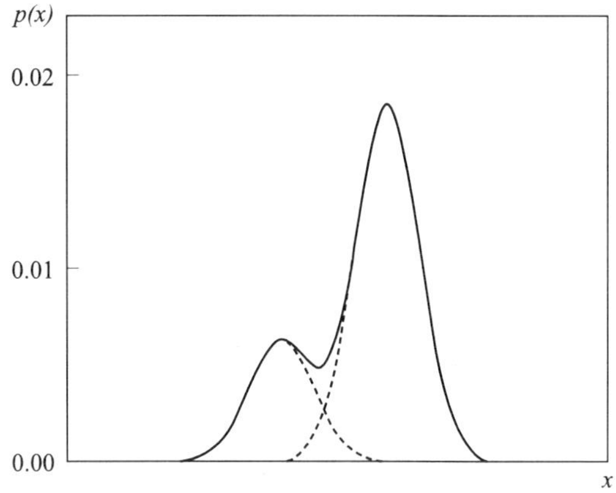

그림 3-9 2개의 정규 분포를 갖는 히스토그램

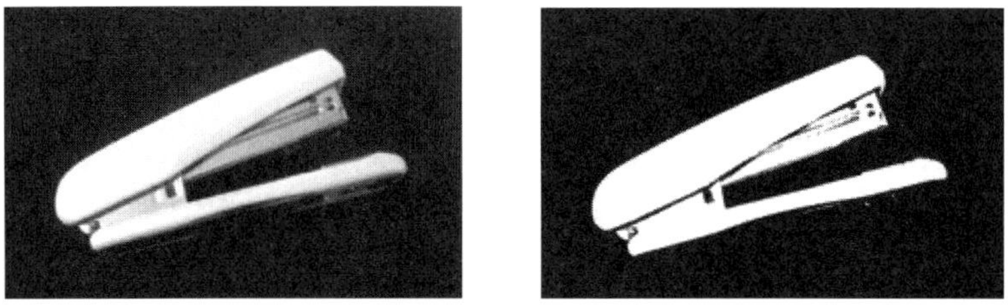

그림 3-10 그룹-내 분산을 이용한 임계화

그룹-내 분산은 각 그룹 분산의 평균으로 정의된다. 따라서 그룹-내 분산이 최소가 되는 적절한 T 값이 결국 각 그룹의 분산을 최소화시킨다. 즉 2개의 모드를 가장 명확히 정의하는 T 값이 된다. 그룹-내 분산이 최소가 되는 경우에 그룹-간 분산 $\sigma^2_{between}(T)$이 최대가 된다. 따라서 다음과 같이 그룹-간 분산이 최대가 되는 T을 임계값으로 정하면 된다.

$$\begin{aligned}\sigma^2_{between}(T) &= \sigma^2 - \sigma^2_{within} \\ &= n_1(T)n_2(T)\,[\,\mu_1(T) - \mu_2(T)]^2\end{aligned} \qquad \text{(식 3-9)}$$

$$T^* = \operatorname{argmax}_T \left[\, \sigma^2_{between}(T) \,\right] \qquad \text{(식 3-10)}$$

그림 3-10은 위에서 설명한 방법에 의해 임계값을 찾아 이진화한 영상을 보여준다.

히스토그램에서 임계값을 결정하는 다른 방법은 인접한 두 마루와 그 사이의 골에 대해 마루 크기(peakiness)를 계산하고 이를 활용하는 방법이다. 마루 크기를 사용하여 임계값을 정하는 여러 방법이 있는데, 비교적 효율적인 방법은 다음과 같다.

(1) 히스토그램에서 적어도 T_{adj} 만큼 거리가 떨어진 2개의 로컬 최대치(local maxima)를 찾는다. 찾은 로컬 최대치의 화소 값을 Z_i와 Z_j라 하자.

(2) Z_i와 Z_j 사이의 로컬 최소치(local minimum)를 찾는다. 찾은 로컬 최소치의 화소 값을 Z_k라 하자.

(3) 마루 크기를 계산한다.

$$Peakiness(Z_i, Z_k, Z_j) = \frac{\min(H(Z_i), H(Z_j))}{H(Z_i)}$$

$H(Z_i)$는 화소 값 Z_i에서 히스토그램 빈도수를 나타낸다.

(4) 가장 큰 마루 크기를 갖는 (Z_i, Z_k, Z_j) 조합을 찾아 Z_k을 임계값으로 한다.

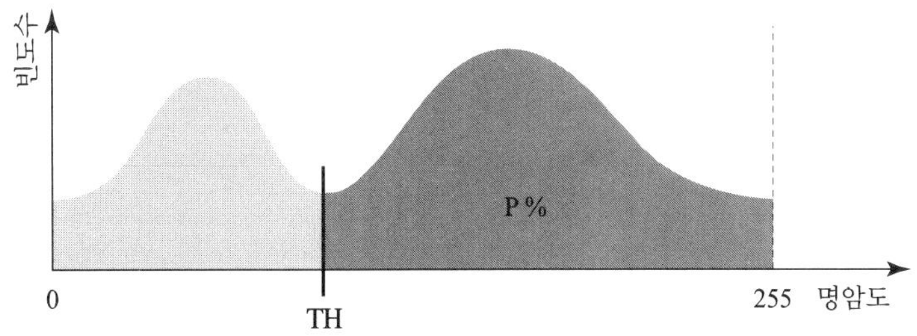

그림 3-11 P-타일 임계 방법

이 방법에서 T_{adj}는 두 물체의 화소 값은 어느 정도 차이를 가져야 하는 조건을 나타낸다. 마루 크기를 계산하기 전에 먼저 히스토그램을 스무딩하여 로컬 최대치의 개수를 줄이는 작업이 필요할 수 있다. 이 방법은 서로 다른 화소 값을 갖는 여러 물체를 찾기 위해서도 사용될 수 있다. 만약 n개의 물체를 찾는 경우에는 위의 방법을 사용하여 n개의 임계값, T_1, ..., T_n을 찾으면 된다. T_1은 어두운 배경과 조금 더 밝은 물체를 분리하는데 사용하고, T_2는 첫 번째 물체와 그 보다 좀 더 밝은 다음 물체를 분리하는데 사용한다.

적적한 임계값을 찾기 위해 문제 영역에 관한 지식을 사용할 수 있다. 예들 들어 P-타일(p-tile) 방법에서는 임계값을 결정하기 위해 찾고자 하는 물체의 크기에 대한 사전 지식을 이용한다. 주어진 영상에서 물체에 해당되는 부분이 영상의 약 p% 영역을 차지함을 미리 알고 있다고 가정하자. 이러한 상황에서는 입력 영상의 히스토그램을 분석하여 그림 3-11에서와 같이 높은 화소 값을 갖는 p% 이상의 화소들을 물체에 속하는 화소들로 분류한다.

히스토그램을 이용하여 영상 분할을 하는 접근 방법은 영상이 비교적 단순하고 조명이 영상 전체에 균일하게 비춰지는 경우에는 유용하나, 영상이 복잡하고 조명의 밝기가 영상 내에서 같지 않은 경우에는 좋은 결과를 기대할 수 없다. 또한 히스토그램 자체가 1차원적인 전역적인 정보를 나타내기 때문에 2차원적인 영상이 가진 공간적인 정보를 활용할 수 없다. 즉 명암의 공간적 분포가 전혀 다른 영상들이 같은 히스토그램을 가질 수 있다.

OpenCV를 이용한 이진화

cvThreshold() 함수에 대한 설명

- 그레이 영상을 임계값을 사용하여 2가지 값으로 표현한다.

이진화를 통하여 영상의 잡음을 없앨 수 있다. 또한 영상이 단순화되기 때문에 물체와 배경 영역으로 구분하여 물체 영역에 대하여 특징 추출 등 다양한 작업이 가능해진다.

void cvThreshold(const CvArr* src, CvArr* dst, double threshold, double maxValue, int thresholdType);		
첫 번째 인자	src	원본 영상
두 번째 인자	dst	평활화된 영상이 저장 될 이미지
세 번째 인자	threshold	임계값
네 번째 인자	maxVal	THRESH_BINARY와 THRESH_BINARY_INV 타입을 사용할 때의 최댓값
다섯 번째 인자	thresholdType	이진화 타입
다섯 번째 인자의 속성값 종류 THRESH_BINARY : src(x,y)가 threshold 보다 크면 maxVal, 아니면 0 THRESH_BINARY_INV : src(x,y)가 threshold 보다 크면 0, 아니면 maxVal THRESH_TRUNC : src(x,y)가 threshold 보다 크면 threshold로, 아니면 src(x,y) THRESH_TOZERO : src(x,y)가 threshold 보다 크면 src(x,y)로, 아니면 0 THRESH_TOZERO_INV : src(x,y)가 threshold 보다 크면 0으로, 아니면 src(x,y) THRESH_OTSU : Otsu알고리즘을 사용한 이진화, 8비트 이미지에서만 사용 가능		

Threshold.cpp

```
IplImage* input = cvLoadImage("extinguisher.jpg", CV_LOAD_IMAGE_COLOR);
IplImage* gray = cvCreateImage(cvGetSize(input), 8, 1);
IplImage* thresholded = cvCreateImage(cvGetSize(input), 8, 1);

cvCvtColor(input, gray, CV_BGR2GRAY);

cvThreshold(gray, thresholded, 50, 255, CV_THRESH_BINARY);

cvShowImage("gray", gray);
cvShowImage("thresholded", thresholded);
cvWaitKey(0);

cvReleaseImage(&input);
cvReleaseImage(&gray);
cvReleaseImage(&thresholded);
```

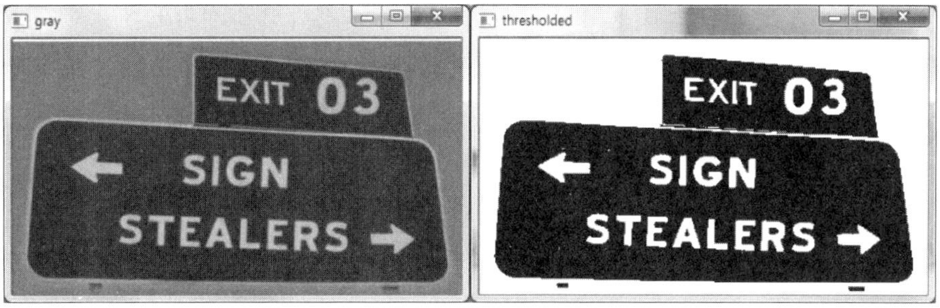

(a) 이진화 전 이미지 (b) 이진화 후 이미지

그림 3-12 영상 이진화 예제

3.3 형태 연산자를 이용한 영역 정제

히스토그램을 이용하여 영역 분할을 수행하면 매우 작은 영역들이 많이 만들어질 수 있다. 따라서 이 영역들을 정제(refine)하거나 또는 재구성하는 방법이 필요하다. 이를 위해 여러 유형의 형태 연산자(morphological operator)를 사용할 수 있다. 대표적인 연산자로서 인접한 작은 영역들을 합치거나 영역 안에 형성된 작은 홀(hole)을 채우기 위한 팽창 연산자(dilation operator)와 작은 영역들을 제거하거나 삐쭉 튀어나온 자잘한 가지 형태의 영역을 제거하기 위한 침식 연산자(erosion operator)가 있다.

팽창 연산은 0의 값을 갖는 화소의 이웃 화소가 1의 값을 갖는 경우 그 화소의 화소 값을 1로 바꾸고, 침식 연산은 1의 값을 갖는 화소의 이웃 화소가 0의 값을 갖는 경우 그 화소의 화소 값을 0으로 바꾼다. 이웃 화소를 정의하기 위해 소위 말하는 구조 요소(structuring element)를 사용한다. 구조 요소는 임의의 형태와 임의의 크기가 될 수 있으며, 일반적으로 사용되는 구조 요소는 그림 3-13과 같이 정사각형, 십자, 또는 디스크 형태가 사용된다.

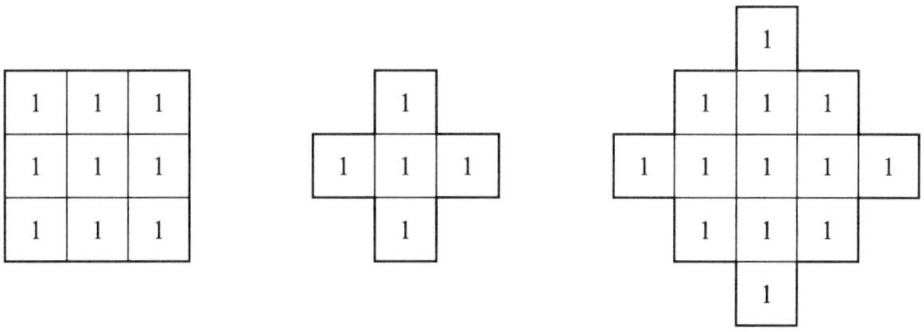

그림 3-13 형태 연산에 사용되는 구조 요소

팽창 연산은 구조 요소 *S*을 가지고 이진 영상을 스캔하면서 적어도 *S*의 한 화소가 이진 영상의 물체 영역 *B*(화소 값이 1인 영역)에 걸치게 될 때, 구조 요소의 원점에 위치하는 화소 값을 1로 변환한다.

$$B \oplus S = \begin{cases} 1 & \text{if } S \;\; \textit{hits} \; B \\ 0 & \textit{otherwise} \end{cases} \qquad \text{(식 3-11)}$$

그림 3-14는 십자형의 구조 요소로 팽창 연산을 수행한 결과를 보여준다. 물체가 팽창되어 그 크기가 커졌음을 알 수 있다. 팽창 연산을 여러 번 반복하여 수행하면 그 효과는 더욱 커진다.

침식 연산은 구조 요소 *S*을 가지고 이진 영상을 스캔하면서 *S*의 모든 화소가 이진 영상의 물체 영역 *B*(화소 값이 1인 영역)에 포함될 때, 구조 요소 *S*의 원점에 위치하는 화소 값을 1로 하고 그 외의 경우는 화소 값을 0으로 변환한다.

$$B \ominus S = \begin{cases} 1 & \text{if } S \in B \\ 0 & \textit{otherwise} \end{cases} \qquad \text{(식 3-12)}$$

그림 3-14에서 십자형 구조 요소로 침식 연산을 수행하여 물체의 크기가 줄어들었음을 알 수 있다. 침식 연산을 여러 번 반복하여 수행하면 그 효과는 더욱 커진다.

팽창 연산과 침식 연산의 결과는 구조 요소의 형태와 크기에 의해 다양한 형태를 갖게 되며, 또 이들 두 연산을 적절히 결합하여 이진 영상의 구조를 정제하는 다양한 연산자를 개발할 수 있다. 팽창 연산 후에 침식 연산을 수행하는 연산자를 닫침 연산자(closing operator)라 하고, 침식 연산을 먼저 수행한 후 팽창 연산을 수행하는 연산자를 열림 연산자(opening operator)라 한다.

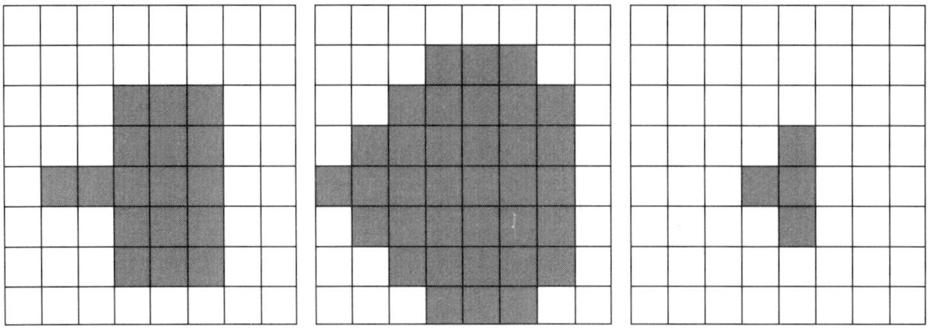

그림 3-14 십자형 구조 요소를 이용한 팽창 연산과 침식 연산

그림 3-15 닫힘 연산의 수행 결과

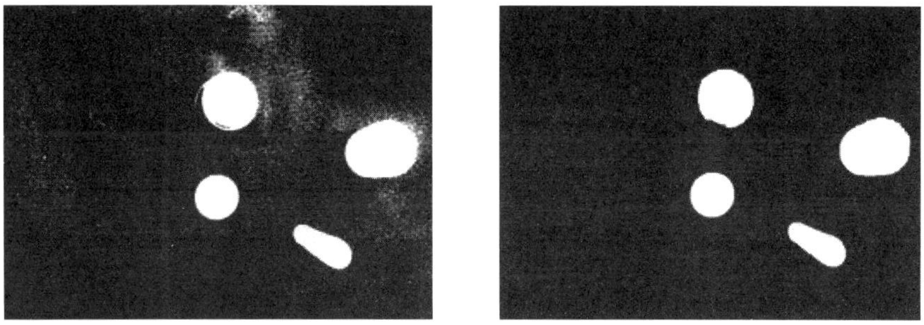

그림 3-16 열림 연산의 수행 결과

$$B \bullet S = (B \oplus S) \ominus S \quad (식\ 3\text{-}13)$$

$$B \circ S = (B \ominus S) \oplus S \quad (식\ 3\text{-}14)$$

닫침 연산은 물체의 원형은 유지하면서 물체 내의 빈 홀을 채우거나 매우 인접한 끊어진 물체들을 연결하는 효과를 갖고, 열림 연산은 매우 작은 물체를 제거하거나 물체의 원형은 유지하면서 삐쭉 튀어나온 자잘한 가지 형태를 제거하는 효과를 가진다. 그림 3-15와 그림 3-16은 닫침 연산과 열림 연산을 수행한 결과를 보여준다. 닫침 연상에 의해 작은 홀들이 제거되었고, 열림 연산에 의해 작은 물체 영역들이 제거되었음을 확인할 수 있다.

형태 연산자는 물체의 경계를 추출하기 위해 사용될 수 있다. 먼저 이진 영상에 침식 연산을 수행하고 얻어진 결과 영상을 원래의 이진 영상에서 빼면 물체의 경계 부분만 남게 된다. 그림 3-17은 이처럼 연산을 수행하여 물체의 경계를 추출한 결과를 보여준다.

$$\beta(B) = B - (B \ominus S) \quad (식\ 3\text{-}15)$$

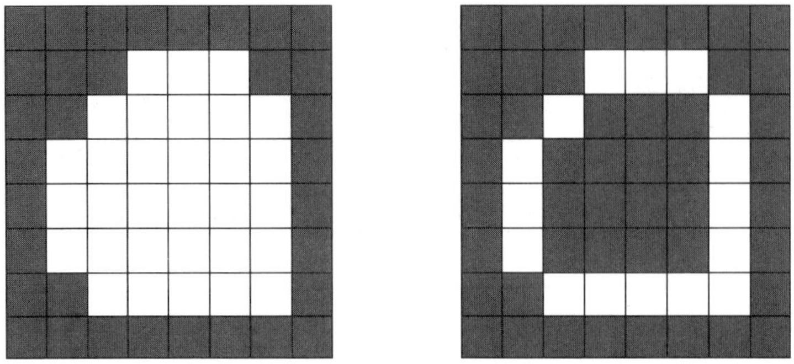

그림 3-17 형태 연산을 이용한 경계 추출

OpenCV를 이용한 형태 연산

cvErode()에 대한 설명

- 침식 연산을 수행한다. 검은색이 배경이고 흰색이 물체일 때, 물체 영역이 침식되는 효과를 가져온다.

void cvErode(const CvArr* src, CvArr* dst, IplConvKernel* element=NULL, int iterations=1);		
첫 번째 인자	src	원본 영상
두 번째 인자	dst	영상이 저장될 이미지

cvDilate()에 대한 설명

- 팽창 연산을 수행한다. 검은색이 배경이고 흰색이 물체일 때, 물체 영역이 팽창되는 효과를 가져온다.

void cvDilate(const CvArr* src, CvArr* dst, IplConvKernel* element=NULL, int iterations=1);		
첫 번째 인자	src	원본 영상
두 번째 인자	dst	영상이 저장될 이미지

위의 2가지 함수는 서로 반대되는 기능을 수행한다. 컬러 이미지를 입력으로 사용하게 되면 각각의 채널에 대해서 기능이 수행되며 반복횟수를 지정할 수 있다. 반복횟수에 따라 결과는 달라지며 다음 그림에서 확인할 수 있다.

Erode.cpp

```
IplImage* input = cvLoadImage("plate.jpg", CV_LOAD_IMAGE_COLOR);

cvErode(input, input, NULL, 3);

cvShowImage("input", input);
cvWaitKey(0);

cvReleaseImage(&input);

```

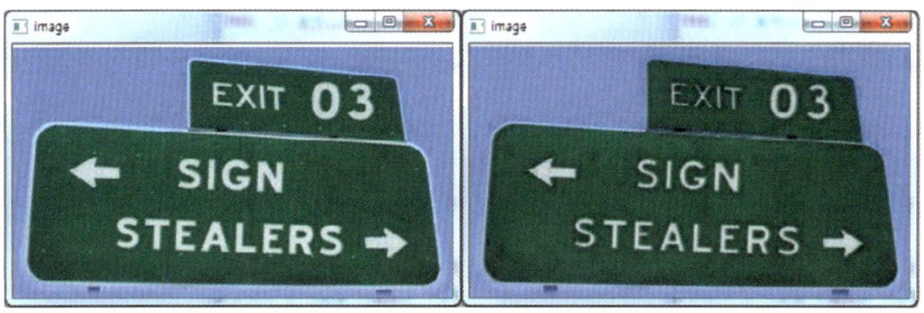

(a) 침식 1회 (b) 침식 2회

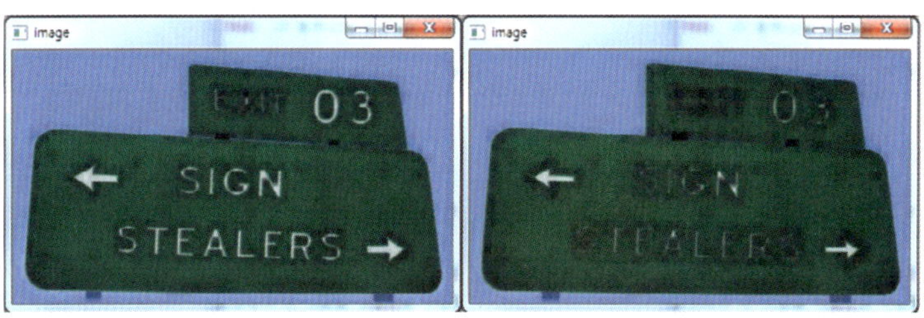

(c) 침식 3회 (d) 침식 4회

그림 3-18 침식 연산 예제

Dilate.cpp

```
IplImage* input = cvLoadImage("plate.jpg", CV_LOAD_IMAGE_COLOR);

cvDilate(input, input, NULL, 3);

cvShowImage("input", input);
cvWaitKey(0);

cvReleaseImage(&input);

```

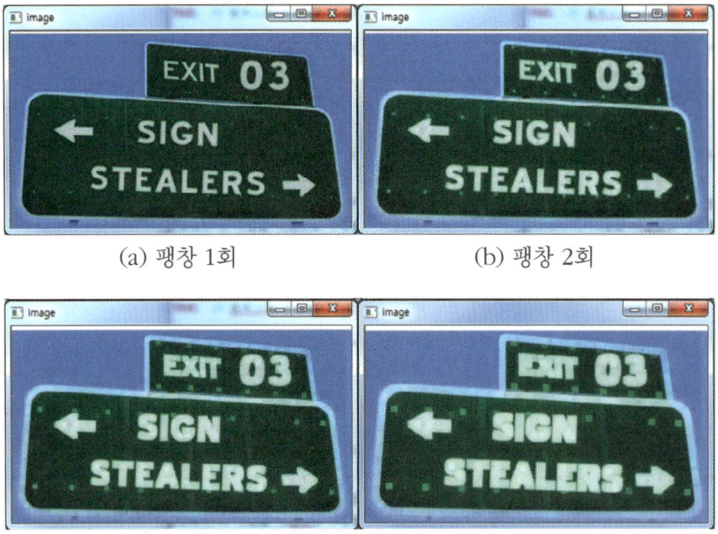

(a) 팽창 1회 (b) 팽창 2회

(c) 팽창 3회 (d) 팽창 4회

그림 3-19 팽창 연산 예제

3.4 영역 레이블링

영상 분할이 이우어지면 배경 영역과 물체 영역이 분리된다. 영상에 하나의 물체가 있는 경우에는 하나의 연결된 영역(connected region)이 만들어져 큰 문제가 없지만, 여러 물체가 있는 경우에는 여러 개의 연결된 영역이 만들어질 수 있다. 따라서 각 연

1	1	1	0	1	1	0	0
0	1	1	0	1	1	0	0
0	0	1	1	1	0	0	0
0	0	0	0	0	0	0	0
0	0	1	1	1	1	0	0
0	0	0	0	1	0	0	0
1	1	1	0	0	0	1	1
0	1	0	0	0	0	1	0

1	1	1	0	1	1	0	0
0	1	1	0	1	1	0	0
0	0	1	1	1	0	0	0
0	0	0	0	0	0	0	0
0	0	2	2	2	2	0	0
0	0	0	0	2	0	0	0
3	3	3	0	0	0	4	4
0	3	0	0	0	0	4	0

그림 3-20 영역 레이블링의 예제

결된 영역을 하나의 단위로 추출하여 그 특성을 파악하기 위해서는, 각 연결된 영역에 고유의 레이블을 할당하는 영역 레이블링(labeling) 작업을 수행하여 같은 레이블을 갖는 화소들로 구성된 영역을 하나의 물체 단위로 다루어야 한다.

영역 레이블링 알고리즘은 각 화소를 방문하면서 작업이 진행되므로 시간이 매우 많이 걸리는 작업이다. 각 화소를 방문하면서 하나의 연결된 영역에 속하는 화소들에게 같은 레이블을 할당한다. 물론 서로 다른 연결된 영역에 속하는 화소들에게는 다른 레이블이 할당된다. 영역 레이블링을 위한 여러 방법들이 문헌에 소개되어 있는데, 가장 간단한 방법은 2-패스 순차 레이블링(2-pass sequential labeling) 방법이다.

2-패스 순차 레이블링 알고리즘은 두 단계로 진행된다. 첫 번째 단계에서는 영상을 위에서 아래로 왼쪽에서 오른쪽으로 스캔하면 1의 값을 갖는 화소를 찾는다. 1의 값을 갖는 화소를 만나면, 연결성을 4-연결성으로 가정하여, 왼쪽 화소와 위쪽 화소의 레이블을 확인한다.

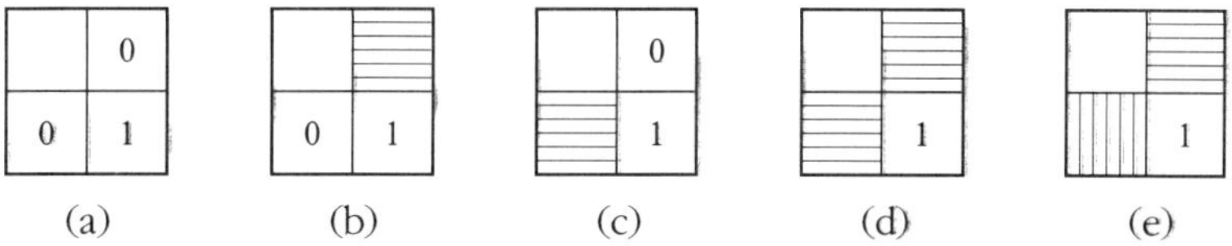

그림 3-21 4-연결성에 의한 레이블 할당 과정

(a)와 같이 왼쪽과 위쪽 화소에 레이블이 할당되지 않은 경우에는 새로운 레이블을 할당한다. (b)와 같이 위쪽 화소에만 레이블이 할당된 경우에는 위쪽 화소에 할당된 레이블을 할당한다. (c)와 같이 왼쪽 화소에만 레이블이 할당된 경우에는 왼쪽 화소에 할당된 레이블을 할당한다. (d)와 같이 왼쪽과 위쪽 화소에 같은 레이블이 할당되어 있는 경우에는 같은 레이블을 할당한다. 그러나 (e)와 같이 왼쪽과 위쪽 화소에 레이블이 할당되어 있으나 이들이 서로 다른 경우에는 왼쪽 화소에 할당된 레이블을 할당하고 등가 테이블(equivalence table)에 왼쪽 화소에 할당된 레이블과 위쪽 화소에 할당된 레이블이 같은 레이블임을 표시한다.

등가 테이블을 그림 3-22와 같이 구성되며, 예를 들어 레이블 {1, 2, 7}은 같은 레이블임을 나타낸다. 두 번째 단계에서는 영상을 다시 스캔하면서 등가 테이블을 참조하여 레이블을 재조정한다. 즉 그림 3-22의 예에서 2번과 7번 레이블이 할당된 화소에는 1번 레이블을 할당한다.

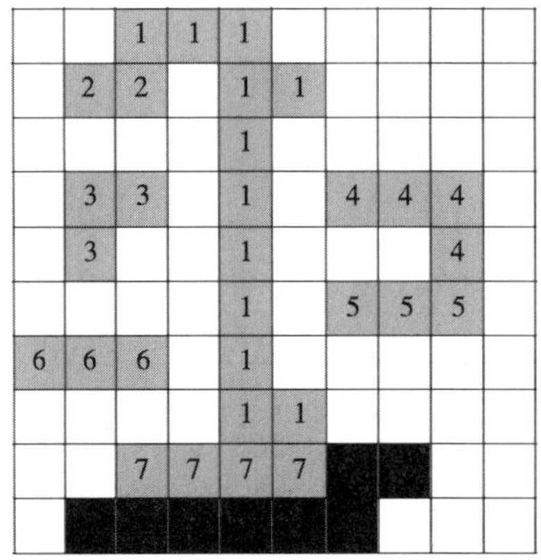

그림 3-22 2-패스 순차 레이블링 알고리즘의 처리 과정 및 등가 테이블

OpenCV를 이용한 레이블링

우선 OpenCV 내부에는 레이블링을 수행하는 함수가 없다. OpenCV Wiki에서 레이블링을 위한 라이브러리 제공하고 있다. (http://opencv.willowgarage.com/wiki/cvBlobsLib) 주소에서 압축된 소스파일을 다운로드받을 수 있다. 압축을 해제하고 빌드하면 lib파일을 얻을 수 있다. 얻어진 lib파일을 프로젝트에 추가하고 Cblob 클래스와 CBlobResult 클래스 등을 사용하여 쉽게 레이블링을 진행할 수 있다. 레이블링에 사용된 알고리즘은 F.Chang 등이 제안한 "A linear-time component labeling algorithm using contour tracing technique"를 기초로 하고 있다. CBlobResult는 레이블 세트를 저장하고, CBlob은 단일 레이블을 저장한다. 레퍼런스 문서 역시 위의 주소에서 다운로드받을 수 있다.

Labeling.cpp

```
IplImage* inputImage = cvLoadImage("label.jpg", 1);
IplImage* grayImage = cvCreateImage(cvGetSize(inputImage), 8, 1);
IplImage* thresholdImage = cvCreateImage(cvGetSize(inputImage), 8, 1);

cvCvtColor(inputImage, grayImage, CV_BGR2GRAY);
cvThreshold(grayImage, thresholdImage, 50, 255, CV_THRESH_BINARY);

CBlobResult blobs;
CBlob currentBlob;
```

```
10 CvPoint point1, point2;
11 char text[70];
12 CvFont font;
13 cvInitFont(&font, CV_FONT_HERSHEY_SIMPLEX, 0.2, 0.2, 0, 0.5, CV_AA);
14
15 blobs = CBlobResult(thresholdImage, NULL, 255);
16
17 cvMerge(thresholdImage, thresholdImage, thresholdImage, NULL, inputImage);
18
19 for(int i = 0, i 〈 blobs.GetNumBlobs(); i++)
20 {
21 currentBlob = blobs.GetBlob(i);
22 point1.x = currentBlob.MinX();
23 point1.y = currentBlob.MinY();
24 point2.x = currentBlob.MaxX();
25 point2.y = currentBlob.MaxY();
26
27 cvRectangle(inputImage, point1, point2, CV_RGB(255, 0, 0), 2, 8, 0);
28 sprintf(text, “[%d]Label”, (int)currentBlob.GetID());
29 cvPutText(inputImage, text, cvPoint(point1.x, point1.y ? 5),
30 &font, cvScalar(255, 0, 0));
31 }
32
33 cvShowImage(“input”, inputImage);
34 cvWaitKey(0);
35
36 cvReleaseImage(&inputImage);
37 cvReleaseImage(&grayImage);
38 cvReleaseImage(&thresholdImage);
39
```

5번 줄에서 컬러 이미지를 그레이 이미지로 변환한다. 6번 줄에서 이진화를 진행한다. 8, 9번 줄에서 CBlobResult와 CBlob 클래스의 인스턴스를 선언한다. 10번 줄은 레이블 객체의 위치가 저장될 부분이며, 11번 줄은 화면에 출력할 텍스트, 12, 13번 줄은 텍스트의 폰트를 설정하기 위한 부분이다. 15번 줄에서 레이블링 결과를 blobs에 저장하게 된다. CBlobResult()의 1번 인자는 이진화된 이미지로 8비트 1채널 이미지이다. 2번 인자는 마스크로 NULL을 사용한다. 3번 인자는 이진화 이미지에서 배경에 해당하는 값을 입력한다. 17번 줄은 이미지에 빨간색 사각형을 입력하기

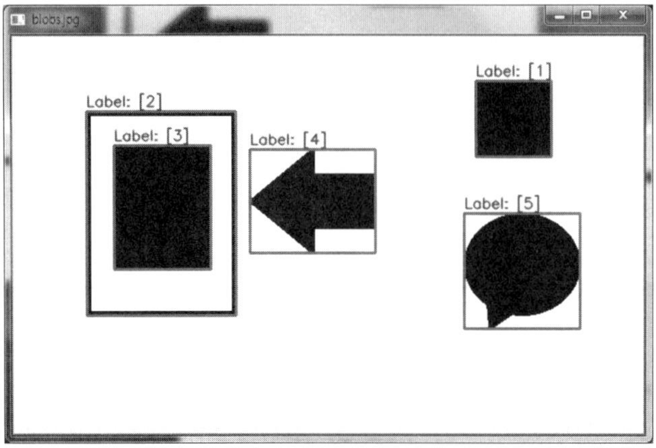

그림 3-23 레이블링 결과

위해서 8비트 1채널 이미지를 8비트 3채널 이미지로 만드는 과정이다. 1, 2, 3, 4번 인자가 채널 별 이미지, 5번 인자가 완성될 3채널 이미지이다. 19번 줄부터의 for문은 레이블링 완료된 객체별로 객체에 대한 정보를 화면에 출력하기 위한 문장이다. 19번 줄의 blobs.GetNumBlobs()를 통해 레이블의 총 개수만큼 for문을 수행한다. 21번 줄에서 레이블링된 객체 한 개의 정보를 가져오고 22~25번 줄에서 객체의 위치 정보를 가져온다. 이렇게 얻어온 정보를 27번과 29번 줄에서 이미지에 출력한다. 위의 소스를 실행한 결과는 아래와 같다.

수행된 결과를 보면 레이블링된 객체별로 사각형을 잘 그려주고 있는 것을 확인할 수 있다. 이처럼 레이블링을 통해 이미지상의 객체의 위치 정보를 얻을 수 있고 이를 활용하여 여러 가지 작업을 진행할 수 있을 것이다.

3.5 영역 분리와 영역 합병

컴퓨터 비전의 대부분의 문제가 그러하듯이 영상 분할 역시 어떤 한 가지 방법으로 모든 유형의 영상에 대하여 완벽한 분할을 이룰 수 없다. 따라서 주어진 문제에 적합한 이런 저런 방법을 사용하게 되고, 문제 영역에 관한 사전 지식을 이용하거나 또는 히스토그램을 이용하여 만들어진 초기 영역들을 적절히 정제하는 방법들이 사용된다. 본 절에서는 히스토그램을 이용하여 영상 분할을 수행한 후, 만들어진 초기 영역들을 정제하기 위해 영역 분리(split)와 영역 합병(merge) 방법을 설명한다.

그림 3-24 영역 합병

영역 합병은 비교적 작은 원자 영역들을 먼저 형성하고 인접한 원자 영역들이 적절한 조건을 만족하는 경우에 하나의 영역으로 합병하는 과정을 수행한다. 인접한 두 영역을 하나의 영역으로 합병하기 위한 조건으로 두 영역 간의 유사성을 계산하여 유사성이 높으면 합병한다.

두 영역 간의 유사성을 나타내는 척도로서 보통은 화소 값의 차이와 두 영역의 중점간의 거리를 사용한다. 예를 들어 (식 3-16)과 같은 유사성 척도를 생각할 수 있다. 이 식에서 두 영역 R_i와 R_j 간의 유사성 d_{ij}는 2개의 요소 c_{ij}와 r_{ij}의 적절한 합으로 정의된다. α와 β는 가중치로서 합이 1이 된다. 첫 번째 요소 c_{ij}는 두 영역을 합쳤을 때의 평균 화소 값 μ_{new}이 각 영역의 평균 화소 값과의 차이가 얼마인가를 계산하고, 두 번째 요소 r_{ij}는 두 영역을 합친 영역의 중점에서 각 영역의 중점 간의 거리가 얼마인가를 계산한다. N은 각 영역에 속한 화소의 개수를 나타낸다. 이처럼 정의한 두 영역 간의 유사성 d_{ij}가 일정한 범위 내에 있으면 영역 R_i와 R_j는 합병되어 하나의 영역이 된다.

$$d_{ij} = \alpha c_{ij} = \beta r_{ij} \qquad \text{(식 3-16)}$$

$$c_{ij} = \frac{N_i}{N_{new}}\left|\mu_i - \mu_{new}\right|^2 + \frac{N_i}{N_{new}}\left|\mu_j - \mu_{new}\right|^2$$

$$r_{ij} = \frac{N_i}{N_{new}}\left|r_i - r_{new}\right|^2 + \frac{N_i}{N_{new}}\left|r_j - r_{new}\right|^2$$

위의 합병 과정은 적절한 종료 조건이 만족될 때까지 반복적으로 수행되며, 주어진 문제에 따라 다양한 유사성 척도가 사용될 수 있다. 다음 예제는 각 화소를 초기 영역으로 하여 화소 값의 유사도에 의해 영역이 합병되는 과정을 보여준다. 최종적으로 2개의 영역이 만들어지고, 각 영역의 평균 화소 값은 25와 4.3으로 변화되는 과정을 확인할 수 있다.

33	39	35	33	33
28	34	32	33	35
30	29	36	32	38
13	13	14	15	36
11	13	15	14	34

33	39	35	33	33
28	34	32	33	35
30	29	36	32	38
13	13	14	15	36
11	13	15	14	34

33	39	35	33	33
28	34	32	33	35
29.5	29.5	36	32	38
13	13	14.5	14.5	36
11	13	14.5	14.5	34

33	39	35	33	33
28	34	32	33	35
29.5	29.5	36	32	38
13	13	14.5	14.5	36
11	13	14.5	14.5	34

33	39	35	33	33
29	34	32	33	35
29	29	36	32	38
13.8	13.8	13.8	13.8	36
11	13.8	13.8	13.8	34

33.5	33.5	33.5	33.5	33.5
33.5	33.5	33.5	33.5	33.5
33.5	33.5	33.5	33.5	33.5
13.5	13.5	13.5	13.5	33.5
13.5	13.5	13.5	13.5	33.5

그림 3-25 영역 합병 예제

영역 분리는 초기 분할에 의하여 형성된 각 영역을 다수의 영역으로 분리한다. 영역 분리를 위해서는 먼저 분리 기준이 정해져야 한다. 일반적인 방법은 한 영역 안에서 화소 값들의 균일성(homogeneity)에 근거한 기준을 사용한다. 화소 값들의 대표적인 균일성 척도는 그 영역에 대한 히스토그램 분포다. 균일한 영역은 유사한 값을 갖는 화소들로 구성되므로 히스토그램이 하나의 모드를 가진다. 반면에 한 영역에 대한 히스토그램이 2개의 모드를 가진다면 그 영역은 여러 개의 균일 영역들로 구성되어 있다고 간주하고 두 모드 사이의 골(vallley)을 임계값으로 하여 그 영역을 분리한다. 이러한 분리 방법은 모든 영역에 대해 반복적으로 적용된다.

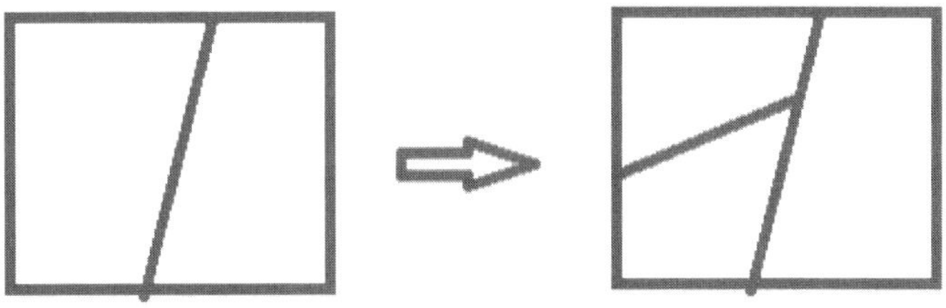

그림 3-26 영역 분리

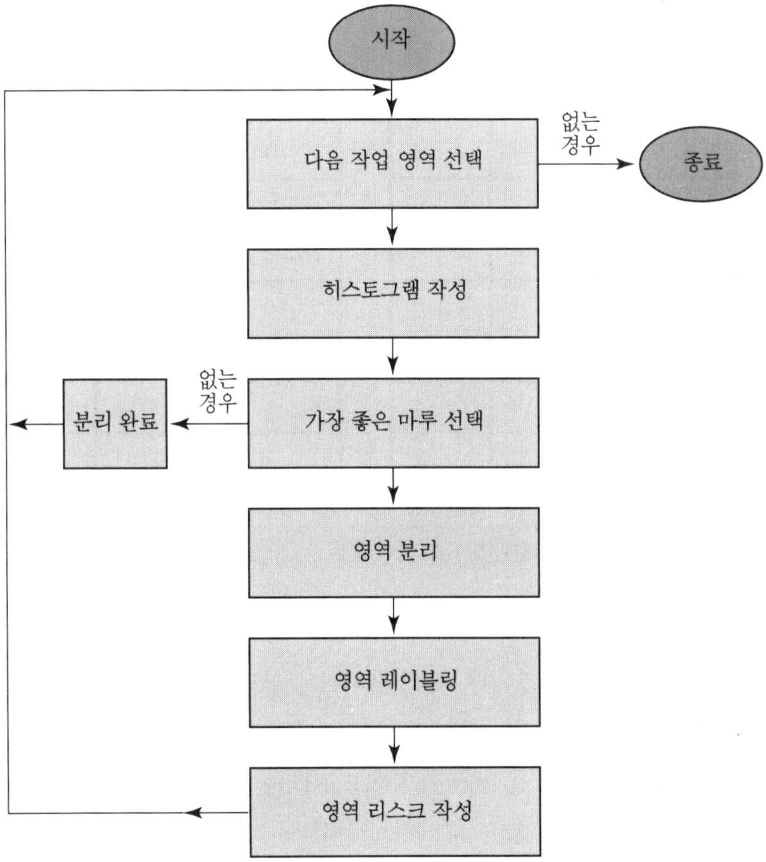

영역 분리와 영역 합병을 통합하여 수행하는 방법을 생각할 수 있다. 먼저 영역 분리를 수행하고 이어서 영역 합병을 수행한다. 영역 분리는 우선 전체 영상을 하나의 후보 영역으로 하여 후보 영역의 균일성을 평가한다. 만약 균일성 기준을 만족하지 못하면 후보 영역을 분리하여 4개의 후보 영역을 만들고 새로 만들어진 후보 영역들에 대해 균일성 평가하는 작업을 반복한다. 이러한 분리 작업은 더 이상의 후보 영역이

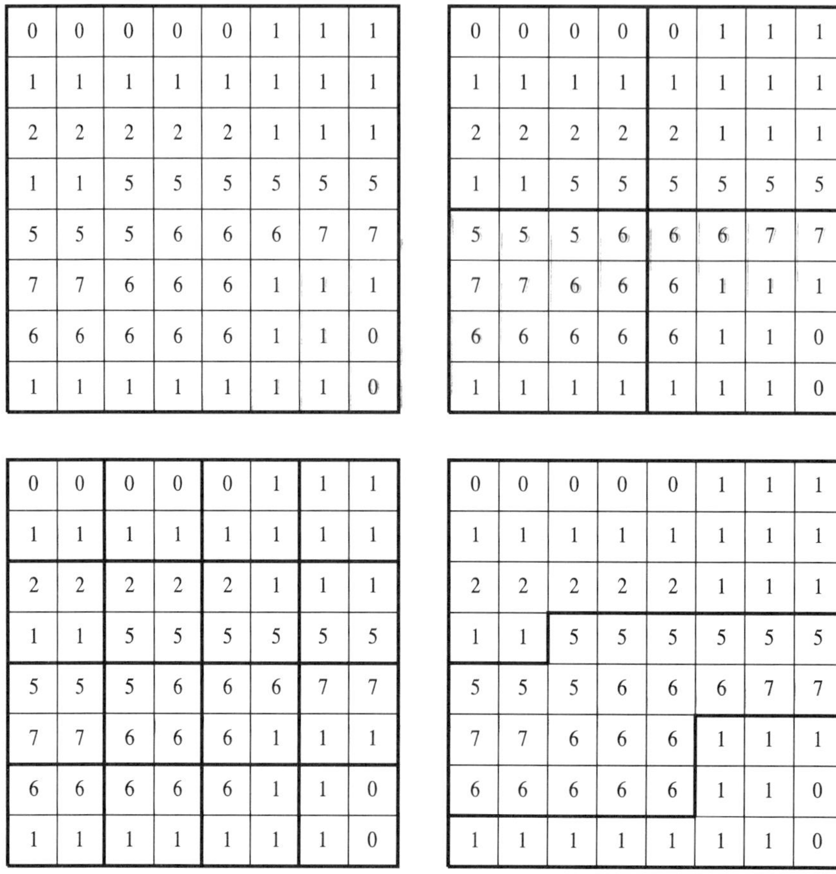

그림 3-27 영역 분리와 영역 합병에 의한 영상 분할

만들어지지 않을 때까지 반복된다. 분리 작업이 끝나면 이제 영역 합병 작업을 수행한다. 영역 합병 작업은 인접 영역 간의 유사성 평가를 수행하여 진행한다. 두 인접 영역이 유사성 기준을 만족하면 이들을 합병하고, 이러한 합병 작업은 더 이상 유사성 기준을 만족하는 인접 영역이 없을 때까지 반복된다. 그림 3-27은 8×8 영상에 대해 분리와 합병 작업을 수행할 때 영역 분할이 만들어지는 과정을 보여준다.

위의 예제에서 영역 분리를 위한 균일성 평가 시에 영역 내 화소 값의 차이가 2 이상인 경우 4개의 사분면으로 분할을 했다. 2번의 분리 작업이 수행된 후 영역 병합 과정에서는 인접 영역 간의 유사성 기준으로서 화소 값의 차이가 1 이하인 경우에는 인접 두 영역을 합병했다. 최종적으로 3개의 영역이 만들어졌다.

연 습 문 제

1. 영상 분할하는 과정에서 각 영역이 만족하여야 할 조건은 무엇인가?
2. 히스토그램 평활화의 3단계 과정은 무엇인가?
3. 히스토그램 평활화 프로그램을 작성하시오.
4. 임계 방법을 이용하여 이진 영상을 만들고자 한다. 그룹-내 분산을 이용하여 임계값을 구하는 방법과 그룹-간 분산을 이용하여 임계값을 구하는 방법에 대하여 설명하시오.
5. 임계값을 구하는 P-타일 방법에 대하여 설명하시오.
6. 팽창 연산이 수행되는 과정을 설명하시오.
7. 침식 연산이 수행되는 과정을 설명하시오.
8. 닫힘 연산은 어떻게 이우러지고 어떤 효과가 있는지 설명하시오.
9. 열림 연산은 어떻게 이루어지고 어떤 효과가 있는지 설명하시오.
10. 레이블링 작업은 어떤 일을 하는지 설명하시오.
11. 2-패스 순차 레이블링 알고리즘의 각 패스에서 수행되는 작업에 대하여 설명하시오.
12. 영역 합병을 위해 사용되는 합병 기준에 대하여 설명하시오.
13. 영역 분리를 위해 사용되는 분리 기준에 대하여 설명하시오.

제4장

에지 검출

(Edge Detection)

4.1 에지가 만들어지는 원리

영상에서 에지는 두 영역의 경계에 위치하는 점(화소)을 말한다. 이러한 점들은 영상에 대한 많은 정보를 갖고 있다. 영상에서 물체가 어디에 위치하고, 물체의 모양과 크기 그리고 물체 표면의 텍스처가 어떠한가에 대한 정보를 갖고 있다. 영상에서 에지를 찾기 위해 여러 가지 특성을 사용할 수 있지만, 밝기 값의 변화를 이용하여 에지를 찾는 것이 일반적인 방법이다. 두 영역의 경계에서는 일반적으로 밝기 값의 급격한 변화가 생긴다. 밝기가 낮은 값에서 높은 값으로 또는 높은 값에서 낮은 값으로 급격히 변한다.

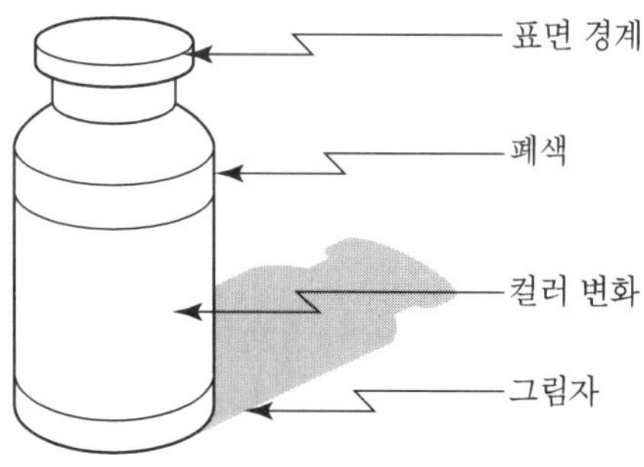

그림 4-1 여러 형태의 에지

에지가 만들어지는 이유는 그림 4-1에서 보듯이 매우 다양하다. 물체의 한 표면과 다른 표면이 만나는 점에서, 한 물체가 다른 물체를 폐색(occlusion) 시키는 경우 깊이 변화가 생기는 점에서, 물체의 표면에서 컬러 값이 변하는 점에서, 또는 조명에 의해 생성되는 물체 그림자의 경계점에서 에지가 만들어진다. 이러한 에지 점에서는 밝기 값의 변화가 매우 크므로 대부분의 에지 검출 연산자들은 밝기 값의 변화가 측정하기 위해 미분 연산을 수행한다.

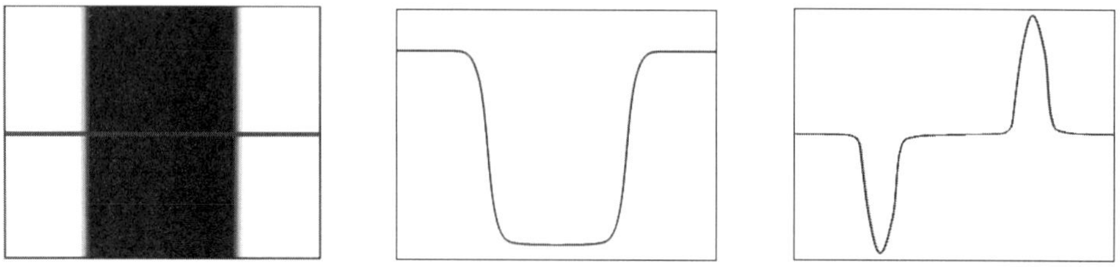

(a) 원본 영상 (b) 밝기 값의 변화도 (c) 미분 연산 결과

그림 4-2 에지 특성

한 화소 점에서 미분 연산은 임의의 방향으로 수행될 수 있는데, 일반적으로 x 방향으로의 미분과 y 방향으로의 미분을 수행하고 이들을 모아 그 점에서의 기울기 벡터(gradient) ∇을 정의한다.

$$\begin{aligned}\frac{df(x,y)}{dx} &= \lim_{h\to 0}\frac{f(x+h,y)-f(x,y)}{h}\\ &\simeq f(x+1,y)-f(x,y)\\ \frac{df(x,y)}{dy} &= \lim_{h\to 0}\frac{f(x,y+h)-f(x,y)}{h}\\ &\simeq f(x,y+1)-f(x,y)\\ \nabla f(x,y) &= \left[\frac{df(x,y)}{dx}, \frac{df(x,y)}{dy}\right]\end{aligned} \qquad \text{(식 4-1)}$$

기울기 벡터 ∇는 x 방향의 미분과 y 방향의 미분 값으로 구성되어, 이들로부터 기울기의 방향과 크기, 즉 에지의 방향(orientation)과 크기(magnitude)가 정의된다.

$$\text{에지 크기} = \sqrt{\left(\frac{df}{dx}\right)^2 + \left(\frac{df}{dy}\right)^2} \qquad \text{(식 4-2)}$$

$$\text{에지 방향} = \tan^{-1}\left(\frac{df/dx}{df/dy}\right) \qquad \text{(식 4-3)}$$

일반적으로 에지 검출 방법은 각 화소 점에서 에지 크기를 구해 에지 크기가 일정한 임계값 이상이면 그 점을 에지 점으로 한다. 미분 연산은 값의 변화를 측정하는 연산이므로 위 식에서처럼 두 인접한 화소 값의 차 연산으로 대치될 수 있다. 이러한 미분 연산은 잡음에 매우 민감한 반응을 나타낸다. 대부분의 영상은 어느 정도의 잡음을 포함하고 같은 표면일지라도 균일한 화소 값을 갖지 않고 조금씩은 화소 값의 차이를 보인다. 따라서 에지 검출을 위해 미분 연산을 수행하기 전에 먼저 스무딩과 같은 연산을 통해 잡음을 제거하는 작업을 수행한다.

그림 4-3에서 보듯이 수평축의 좌표값 1,000에서 급격한 면화를 보이는 1차원 영상이 약간의 잡음을 포함하고 있다. 이 영상에 미분 연산을 적용한 결과 영상에서 에지 점을 찾기는 쉽지 않다. 그러나 가우시안 커널을 이용하여 스무딩을 수행하면 잡음 성분들이 대부분 제거되고, 스무딩을 한 결과 영상에 미분 연산을 수행하면 수평 좌표값 1,000에서 매우 큰 값을 갖게 된다. 즉 영상에 스무딩 연산을 적용하고 미분 연산을 수행한 후에 큰 값을 갖는 화소를 에지 점으로 결정한다.

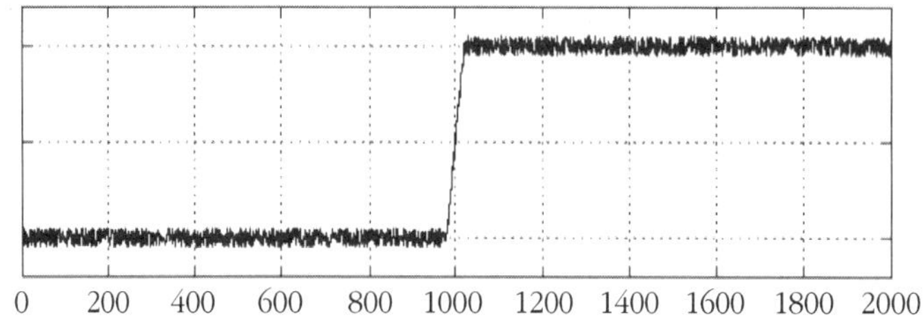

(a) 잡음을 포함한 1차원 영상

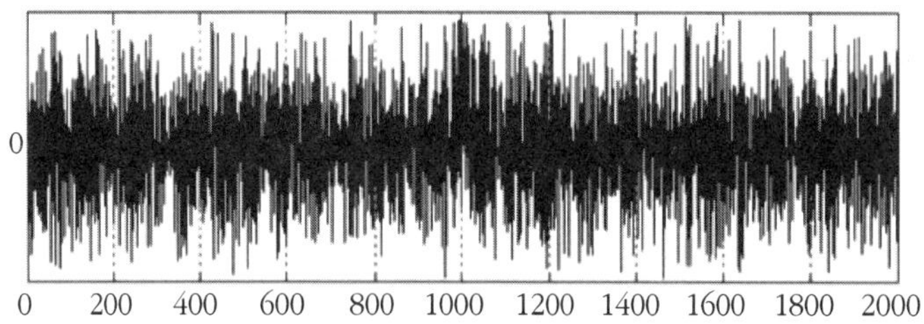

(b) 미분 연산 결과

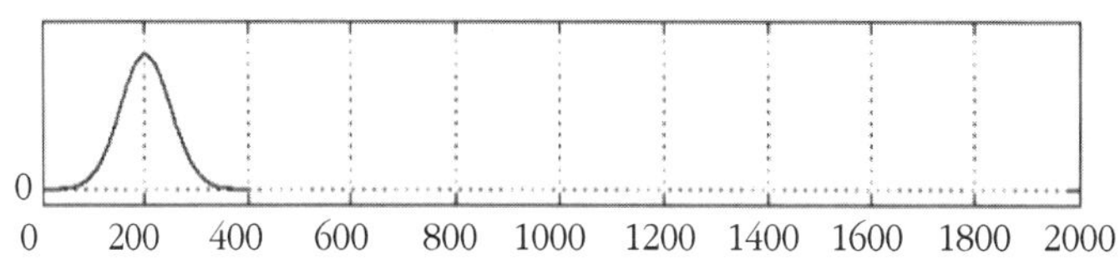

(c) 가우시안 커널

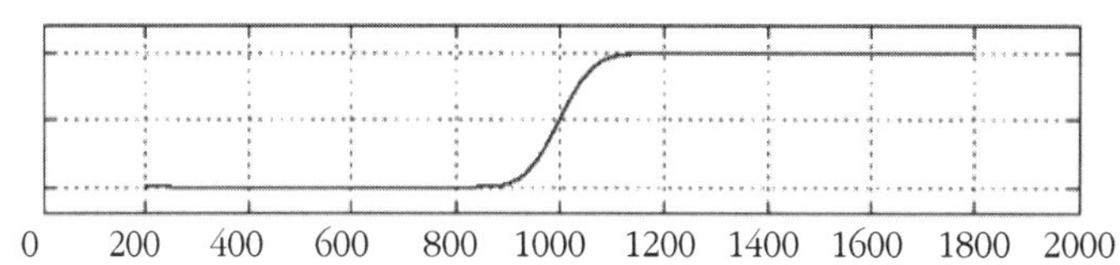

(d) 스무딩한 영상

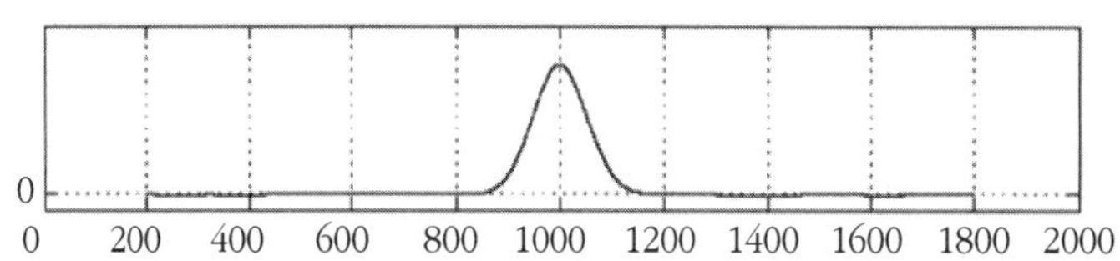

(e) 스무딩한 영상에 미분 연산 결과

그림 4-3 에지 검출 과정에서 스무딩에 의한 잡음 제거 효과

4.2 소벨 에지 연산자

에지 크기를 계산하기 위해서는 x 방향의 미분과 y 방향의 미분을 구한다. 앞에서 설명한 것처럼 미분은 인접 화소 간의 차 연산에 의해 구현될 수 있다. 또한 미분은 잡음에 매우 민감하므로 어느 정도의 스무딩 연산이 선행되어야 한다. 이러한 점을 감안하여 소벨(sobel) 에지 검출 연산자는 다음과 같은 마스크(mask)를 사용하여 x 방향과 y 방향의 미분을 구현한다.

-1	0	1
-2	0	2
-1	0	1

-1	-2	-1
0	0	0
1	2	1

$$\frac{df(x, y)}{dx} = f(x+1, y-1) + 2f(x+1, y) + f(x+1, y+1)] - [f(x-1, y-1) + 2f(x-1, y) + f(x-1, y+1)] \quad (식\ 4\text{-}4)$$

$$\frac{df(x, y)}{dy} = [f(x-1, y+1) + 2f(x, y+1) + f(x+1, y+1)] - [f(x-1, y-1) + 2f(x, y-1) + f(x+1, y-1)] \quad (식\ 4\text{-}5)$$

x 방향의 미분을 구하기 위해 우측 3개의 화소의 합에서 좌측 3개의 화소의 합을 뺐다. 좌우로 3개의 화소를 포함시킨 이유가 바로 스무딩하기 위함이고, 스무딩할 때 점에 가까운 화소에는 좀 더 큰 가중치를 부여했다. 마찬가지로 y 방향의 미분을 구하기 위해서는 아래쪽 3개의 화소의 합에서 위쪽 3개의 화소의 합을 뺀다. 마스크의 가중치를 영상의 화소 값에 곱하고 이들을 더하는 과정을 회선 연산(convolution)이라 한다. 이처럼 구한 x 방향의 미분과 y 방향의 미분을 결합하여 (x, y) 점에서의 에지 크기와 에지 방향을 구할 수 있다.

$$E(x, y) = \sqrt{\left(\frac{df}{dx}\right)^2 + \left(\frac{df}{dy}\right)^2} \quad (식\ 4\text{-}6)$$

$$\theta = \tan^{-1}\left(\frac{df/dx}{df/dy}\right) \quad (식\ 4\text{-}7)$$

계산상의 편의를 위해 에지 크기를 다음과 같이 구하기도 한다.

$$E(x, y) = \left|\frac{df}{dx}\right| + \left|\frac{df}{dy}\right| \qquad \text{(식 4-8)}$$

또는

$$E(x, y) = \max\left[\frac{df}{dx}, \frac{df}{dy}\right] \qquad \text{(식 4-9)}$$

그림 4-4는 소벨 에지 연산자를 적용하여 얻어진 에지 영상을 보여준다. 수직 방향 마스크를 적용하여 얻어진 에지 크기 영상과, 수평 방향 마스크를 적용하여 얻어진 에지 크기 영상 그리고 수직과 수평 방향을 결합하여 얻어진 에지 크기 영상에 적절한 임계값을 적용하여 에지 점들을 뽑아낸 영상을 보여준다.

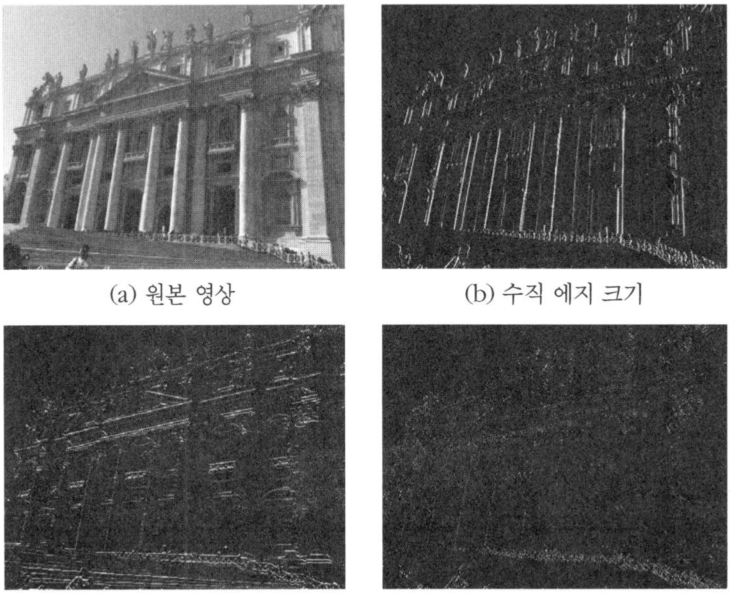

(a) 원본 영상 (b) 수직 에지 크기

(c) 수평 에지 크기 (d) 임계화된 에지 영상

그림 4-4 소벨 에지 연산자 적용 예제

OpenCV를 이용한 소벨 에지 검출

cvSobel() 함수에 대한 설명

- 소벨 마스크를 사용하여 이미지의 경계를 검출한다.

파라미터 :

void cvSobel(const CvArr* src, CvArr* dst, int xorder, int yorder, int apertureSize=3)		
첫 번째 인자	src	원본 이미지
두 번째 인자	dst	변환된 영상이 저장될 이미지
세 번째 인자	xorder	x 방향 미분 차수
네 번째 인자	yorder	y 방향 미분 차수
다섯 다섯 번째 인자	apertureSize	마스크의 사이즈

src에 입력되는 이미지는 그레이 스케일의 이미지만 사용 가능하다. 그리고 dst에 해당하는 이미지는 IPL_DEPTH_16S로 선언하여 충분한 크기를 가질 수 있도록 한다. 이는 소벨 연산자로 얻어지는 결과가 255를 초과할 수 있기 때문이다. xorder와 yorder는 미분 차수를 말하며 x 방향 미분을 원한다면 xorder에 1을 입력하고 원하지 않는다면 0을 입력한다. yorder도 마찬가지로 입력한다. apertureSize는 소벨 연산에 사용되는 마스크의 크기이다. 기본값은 3이며 1, 3, 5, 7 중에 한 가지 값만 입력이 가능하다.

Sobel.cpp

```
IplImage* input = cvLoadImage("chess.jpg", 1);
IplImage* gray = cvCreateImage(cvGetSize(input), 8, 1);
IplImage* sobel = cvCreateImage(cvGetSize(input), IPL_DEPTH_16S, 1);
IplImage* output = cvCreateImage(cvGetSize(input), 8, 1);

cvCvtColor(input, gray, CV_BGR2GRAY);
cvSobel(gray, sobel, 0, 1, 3);
cvConvertScaleAbs(sobel, output, 1, 0);

cvShowImage("sobel", output);
cvWaitKey(0);

cvReleaseImage(&input);
cvReleaseImage(&gray);
cvReleaseImage(&sobel);
cvReleaseImage(&output);
```

세 번째 줄에서 sobel 연산된 결과가 저장될 이미지의 depth로 IPL_DEPTH_16S를 설정하고 있음에 주의한다. 여덟 번째 줄에서 cvConvertScaleAbs() 함수를 볼 수 있는데 이 함수는 IPL_DEPTH_16S의 depth로 선언된 "sobel"을 IPL_DEPTH_8U의 depth를 가지는 "output"으로 바꾸어주는 역할을 한다. 즉 16비트의 영상을 8비트 영상으로 변환시켜주는 역할을 한다. 그 외에는 앞에서 보던 내용의 코드들이 나열된다.

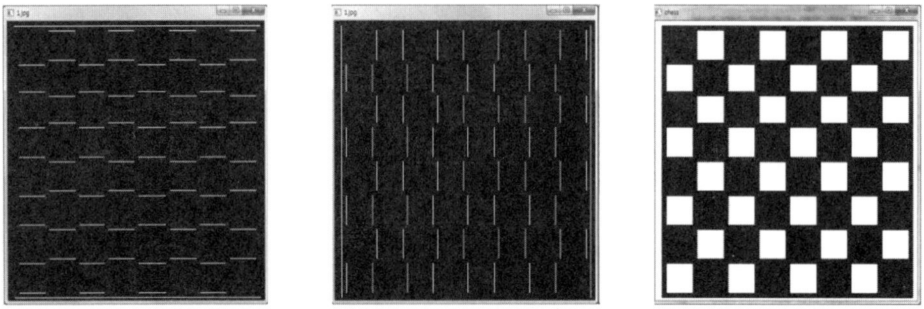

(a) Y 방향 마스크를 사용한 결과 (b) X 방향 마스크를 사용한 결과 (c) 입력 영상

그림 4-5 OpenCV 함수 적용 예제

그림 4-5(a)는 왼쪽 그림은 xorder=0, yorder=1의 결과이며, 그림 4-5(b)는 xorder=1, yorder=0의 결과이다. 두 방향의 에지를 모두 구하려면 xorder=1, yorder=1을 입력하면 된다.

4.3 캐니 에지 연산자

에지 연산자를 적용하여 만들어진 결과 영상은 스무딩의 정도에 따라서 매우 다른 결과를 보인다. 에지 크기에 적절한 임계값에 적용하여 만들어진 에지 영상 역시 임계값의 크기에 따라서 매우 다른 모습을 보인다. 영역의 경계에서 한 화소 두께의 에지 점들이 만들어지기를 원하지만 그렇지 못하는 경우가 많다. 1986년 John Canny에 의하여 제안된 캐니 에지 연산자는 이러한 문제점들을 보완하기 위해 설계되었다. 캐니 에지 연산자의 특징은 다음과 같이 3가지로 요약될 수 있다.

(1) 가우시안(gaussian) 커널을 이용한 스무딩.

(2) 한 화소 두께의 에지 검출을 위한 비-최대치 억제(non-maximum suppres-

sion).

(3) 에지 점들의 연결을 위한 더블 임계 방법(double thresholding)

먼저 주어진 입력 영상 $f(x, y)$에 가우시안 커널을 회선시켜(convolve) 스무딩 작업을 수행한다.

$$
\begin{aligned}
s(x, y) &= g(x, y)^* f(x, y) \\
&= \sum_j \sum_i g(i - x, j - y) f(i, j) \\
&= \sum_j \left(\sum_i g(i - x, j - y) f(i, j) \right) \\
&= \sum_j g(j - y) \left(\sum_i g(i - x) f(i, j) \right) \\
&= g(y)^* (g(x)^* f(x, y)) \qquad \text{(식 4-10)}
\end{aligned}
$$

$$
\begin{aligned}
g(x, y) &= \frac{1}{\sigma^2} e^{-(x^2 + y^2)/2\sigma^2} \\
&= \frac{1}{\sigma} e^{-x^2/2\sigma^2} \cdot \frac{1}{\sigma} e^{-y^2/2\sigma^2} \\
&= g(x) \cdot g(y) \qquad \text{(식 4-11)}
\end{aligned}
$$

가우시안 커널의 σ의 크기는 스무딩의 정도를 결정한다. 큰 σ를 사용하면 스무딩을 많이 하게 되고, 작은 σ를 사용하면 스무딩을 적게 하는 효과가 있다. 스무딩을 많이 하면 불필요한 잡음은 많이 제거되지만 영상이 블러링되는 효과가 있다. 2차원 가우시안 커널은 분할이 가능하다. 즉 2차원 가우시안 커널을 영상에 회선시킨 결과는 1차원 가우시안 커널을 영상의 열 방향(가로 방향)으로 회선시키고 그 결과에 다시 행 방향(세로 방향)으로 1차원 가우시안 커널을 회선시킨 결과와 같다. 이처럼 열과 행 방향으로 1차원 가우시안 커널을 회선시키는 것이 2차원 가우시안 커널을 영상에 회선시키는 것보다 훨씬 계산 속도를 높일 수 있다. σ 값을 1로 하고 1차원 가우시안 커널을 1×3 또는 1×5 마스트로 구현하면 다음과 같다.

0.6	1.0	0.6

0.1	0.6	1.0	0.6	0.1

스무딩된 영상에 미분 연산자를 적용하여 수직 에지 크기와 수평 에지 크기를 구하고, 이들로부터 에지 크기와 에지 방향을 계산한다. 미분 연산자로는 앞 절에서 설명한 소벨 연산자를 사용한다. 소벨 연산자 대신에 문헌에 소개된 다른 미분 연산자를 사용할 수도 있다.

$$\begin{aligned} E_x(x, y) = & [s(x+1, y-1) + 2s(x+1, y) + s(x+1, y+1)] \\ & - [s(x-1, y-1) + 2s(x-1, y) + s(x-1, y+1)] \end{aligned} \quad \text{(식 4-12)}$$

$$\begin{aligned} E_y(x, y) = & [s(x-1, y+1) + 2s(x, y+1) + s(x+1, y+1)] \\ & - [s(x-1, y-1) + 2s(x, y-1) + s(x+1, y-1)] \end{aligned} \quad \text{(식 4-13)}$$

$$E(x, y) = \sqrt{E_x(x, y)^2 + E_y(x, y)^2} \quad \text{(식 4-14)}$$

$$\theta(x, y) = \tan^{-1}(E_x(x, y) \,/\, E_y(x, y)) \quad \text{(식 4-15)}$$

지금까지 설명한 스무딩과 미분 연산은 대부분의 에지 연산자에서 수행되는 작업이다. 캐니 연산자의 핵심은 다음에 설명할 비-최대치 억제와 더블 임계 방법이다. 먼저 비-최대치 억제에 대해 설명한다. 미분 연산에 의해 만들어진 각 화소의 에지 크기는 영역의 경계에서 큰 값을 가진다. 영역의 경계에서만 큰 값을 갖고 다른 화소에서는 아주 작은 값을 가진다면, 적절한 임계값을 사용하여 한 화소 두께의 에지 점들을 만들 수 있다. 그러나 미분 연산을 수행하면 대부분의 경우, 영역 경계 부분의 화소들이 전반적으로 큰 에지 크기를 가진다. 따라서 각 화소의 에지 크기를 주변 화소들의 에지 크기와 비교하여 에지 크기가 최대가 되는 화소의 에지 크기만 살리고 나머지 화소들의 에지 크기는 강제적으로 낮추는 작업을 수행한다.

각 화소의 에지 크기를 주변 화소들의 에지 크기와 비교할 때, 에지의 방향을 참조하여 주변 화소들을 결정한다. 각 화소 (x, y)에서 에지 방향 $\theta(x, y)$를 구한 후, 구해진 각도가 어느 범위에 속하는가에 따라 에지 방향을 4 방향으로 양자화한다.

$$\xi(x, y) = \text{sector}(\theta(x, y)) \quad \text{(식 4-16)}$$

예들 들어 $\theta(x, y)$가 22.5°에서 −22.5° 또는 157.5°에서 202.5° 사이 값을 가지면, (x, y) 점에서의 에지 방향은 0이 된다. 에지 방향이 결정되면 이제 주변 화소를 정할 수 있다. 주변 화소는 에지 방향으로 놓인 2개의 8-연결성 이웃 화소가 된다. 예들 들어 화소 점 (x, y)에서 에지 방향이 1이라면, 주변 화소는 동북 방향과 남서 방향에

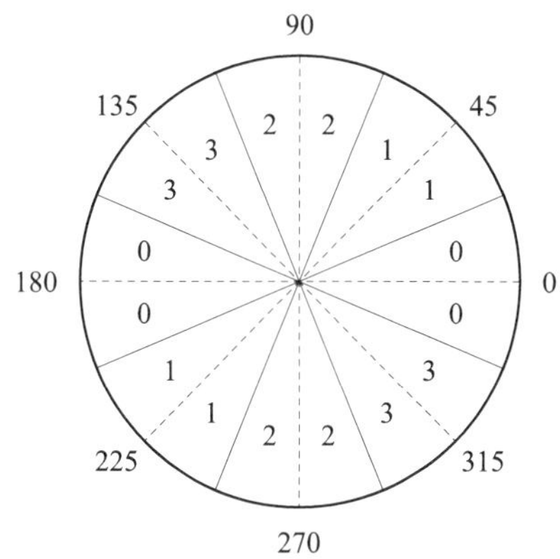

그림 4-6 에지 방향의 양자화

위치한 $(x + y, y - 1)$과 $(x - y, y + 1)$이 된다. 비-최대치 억제는 각 화소 점에서 에지 크기를 주변 화소의 에지 크기와 비교하여, 만약 에지 크기가 최대치가 아니면 에지 크기를 0으로 바꾼다.

$$\begin{aligned} &when\ \xi(x, y) = 1, \\ &E(x, y) = 0 \ \text{ if } \ E(x, y) < E(x+1, y-1) \text{ or } E(x-1, y+1) \end{aligned} \quad \text{(식 4-17)}$$

예들 들어 그림 4-7의 에지 크기 영상에서 에지의 방향을 고려하여 비-최대치 억제를 수행하면 원이 그려진 화소의 에지 크기만 살아남고 주변 화소들의 에지 크기는 0의 값을 갖게 된다.

비-최대치 억제 후에도 아직 거짓 에지(false)들이 남게 된다. 이는 잡음 또는 물체 표면의 세세한 텍스처에 의해 만들어진 에지일 수 있다. 이러한 거짓 에지들을 제거하기

1	1	1	1	2	0	0	0
2	3	5	6	2	0	0	0
1	2	4	4	2	2	0	0
0	0	2	5	4	1	1	0
0	0	1	3	3	3	2	0
0	0	0	1	2	5	2	1
0	0	0	0	3	5	3	0
0	0	0	0	2	1	0	0

(a) 비-최대치 억제 과정

1	1	1	1	2	0	0	0
2	**3**	**5**	**6**	2	0	0	0
1	2	4	**4**	2	2	0	0
0	0	2	**5**	**4**	1	1	0
0	0	1	3	**3**	**3**	2	0
0	0	0	1	2	**5**	2	1
0	0	0	0	3	**5**	**3**	0
0	0	0	0	2	1	0	0

(b) 비-최대치 억제 결과

그림 4-7 비-최대치 억제 예제

위해 임계 방법을 사용하는데, 여기서 캐니 연산자는 단일 임계값 대신에 2개의 임계값 TH_{high}와 TH_{low}을 사용한다. 일반적으로 TH_{high}는 TH_{low}의 2배 또는 3배의 값을 가진다. 일단 에지 크기가 TH_{high} 이상인 화소만 에지 점으로 선언한다. TH_{high}는 상대적으로 높은 값이므로 중간에 끊겨진 갭들이 많이 생길 수 있다. 이 갭을 이어주기 위해 낮은 임계값 TH_{low}를 사용한다. 에지 점으로 선언된 화소를 중심으로 3×3 윈도를 씌우고 중심 화소와 같은 에지 방향에 에지 크기가 TH_{low} 이상인 화소가 있으면 그 화소를 에지 점으로 다시 선언하고, 이와 같은 작업은 3×3 윈도 안에 에지로 선언된 화소를 만날 때까지 반복한다. 결국 더블 임계 방법은 높은 임계값에 의하여 생기는 갭을 채워주는 과정, 즉 링킹(linking) 과정으로 해석할 수 있다. 그림 4-8은 캐니 연산자를 이용하여 에지 검출한 결과를 보여준다. 가우시안 커널의 σ값을 1로 할 때와 2로 할 때 스무딩의 정도가 차이가 있음을 알 수 있다.

(a) 원본 영상 (b) 캐니 연산 결과($\sigma = 1$) (c) 캐니 연산 결과($\sigma = 2$)

그림 4-8 캐니 에지 연산과 적용 예제

OpenCV를 이용한 캐니 에지

cvCanny() 함수에 대한 설명

- Canny에 의해 제안된 알고리즘을 사용하여 에지를 검출한다.

파라미터 :

void cvCanny(const CvArr* image, CvArr* edges, double threshold1, double threshold2, int apertureSize=3)		
첫 번째 인자	image	원본 이미지
두 번째 인자	edges	에지를 구한 영상이 저장될 이미지
세 번째 인자	threshold1	첫 번째 임계값
네 번째 인자	threshold2	두 번째 임계값
다섯 번째 인자	apertureSize	마스크의 사이즈

앞의 정의된 함수에서는 가우시안 커널을 이용한 스무딩 작업을 하지 않는다. image는 그레이 스케일 이미지만 가능하다. edges는 image와 같은 타입으로 설정한다. threshold1, threshold2는 2개의 임계값에 해당한다. 보통 1:1.5~1:2 정도의 비율을 많이 사용한다고 알려졌다. apertureSize는 마스크의 크기로 기본값은 3이다.

Canny.cpp

```
IplImage* input = cvLoadImage("extinguisher.jpg", 1);
IplImage* gray = cvCreateImage(cvGetSize(input), 8, 1);
IplImage* output = cvCreateImage(cvGetSize(input), 8, 1);

cvCvtColor(input, gray, CV_BGR2GRAY);
cvCanny(gray, output, 100, 150, 3);

cvShowImage("canny", output);
cvWaitKey(0);

cvReleaseImage(&input);
cvReleaseImage(&gray);
cvReleaseImage(&output);
```

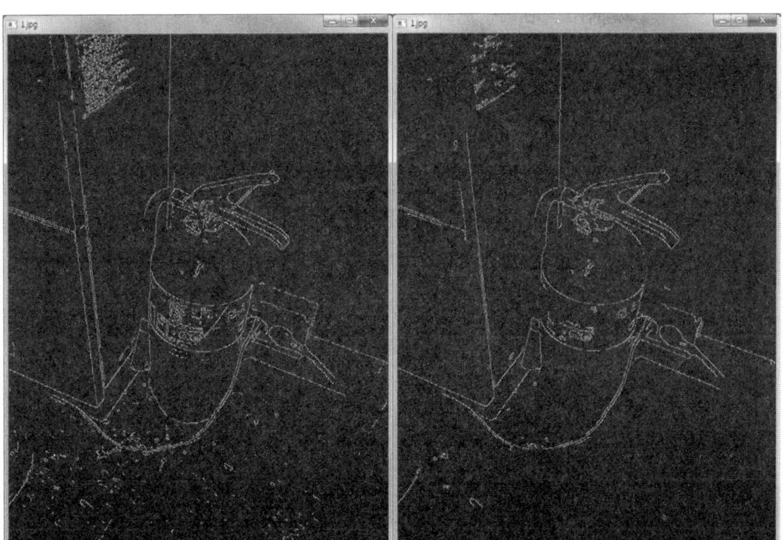

(a) 임계값 100, 150을 설정한 결과 (b) 임계값 100, 250을 설정한 결과

그림 4-9 OpenCV 함수 적용 예제

앞의 그림에서 보듯이 임계값의 설정에 따라서 결과 영상이 많이 바뀌게 된다. 앞서 말한 것처럼 1:2 정도의 비율로 임계값을 많이 사용하지만 자신이 진행하는 프로젝트의 상황에 알맞은 임계값을 찾는 노력도 필요할 것이다.

4.4 해리스 코너 검출

에지 검출은 컴퓨터 비전의 문제를 풀기 위해 자주 사용되는 방법이다. 그러나 에지에 대한 정의가 사실 모호하고 완벽하게 에지를 검출할 수 있는 연산자의 개발이 쉽지 않기 때문에 실제로 유용성은 생각보다 그리 높지 않다. 반면에 코너 점(corner)은 비교적 분명하게 정의되므로 물체 인식 과정에서 매우 유용한 특징으로 사용된다. 그림 4-10과 같은 영역을 생각하자. 작은 윈도를 영역의 내부에서는 어느 방향으로 움직이더라도 윈도 안의 화소 값의 변화는 거의 없다.

그러나 윈도를 에지 부분에서 움직일 때는 에지의 방향이 수직 에지이므로 수평 방향으로 움직일 때는 윈도 내의 화소 값이 큰 변화를 보이지만 수직 방향으로 움직일 때는 윈도 내의 화소 값이 큰 변화를 보이지 않는다. 이제 이 윈도를 코너 점 주위에서

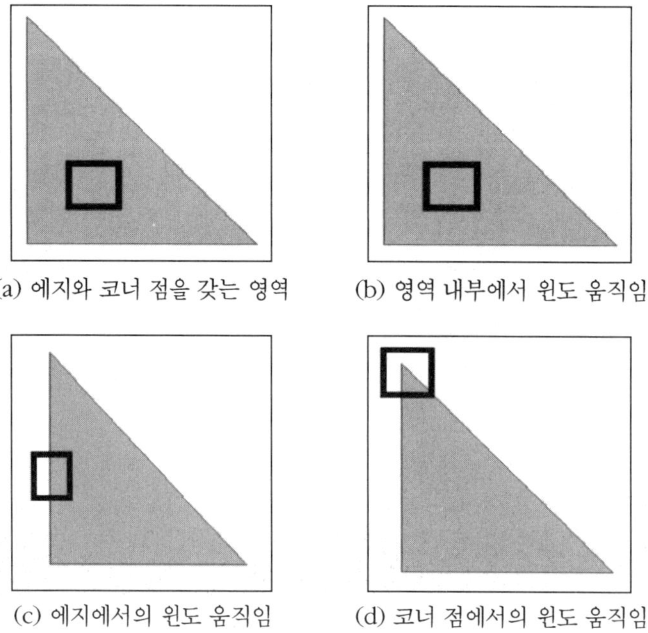

(a) 에지와 코너 점을 갖는 영역　(b) 영역 내부에서 윈도 움직임

(c) 에지에서의 윈도 움직임　(d) 코너 점에서의 윈도 움직임

그림 4-10 코너 검출의 원리

움직일 때는 어느 방향으로 움직이더라도 윈도 내의 화소 값들은 큰 변화를 보인다. 이러한 관찰에 근거하여 1988년 C. Harris는 코너 검출기를 제안했고, 제안된 코너 검출기를 해리스 코너 검출기라 부른다.

해리스 코너 검출기를 유도하는 기본 식은 (식 4-18)과 같다. 영상을 x 방향으로 Δx 만큼 그리고 y 방향으로 Δy 만큼 이동시키고 원본 영상과의 화소 값의 차이의 합을 구한다. 차이의 합은 비교적 작은 윈도 함수 $w(x, y)$안에서만 구한다. 코너 점을 찾는 문제는 이제 윈도를 이동시키면서 차이의 합을 계산하여, 차이의 합이 큰 값이 되는 윈도의 위치를 코너 점으로 결정하는 문제로 해석될 수 있다.

$$E(x, y; \Delta x, \Delta y) = \sum_{(u, v) \in w(x, y)} w(u, v)(f(u+\Delta x, v+\Delta y) - f(u, v))^2 \quad \text{(식 4-18)}$$

사용되는 윈도는 작은 크기의 가우시안 윈도를 사용한다.

$$w(u, v) = \exp\left(\frac{(u - x)^2 + (v - y)^2}{2\sigma^2}\right) \quad \text{(식 4-19)}$$

위 식을 테일러 확장(Taylor expansion) 정리를 이용하여 다시 전개하면

$$\begin{aligned} E(x, y; \Delta x, \Delta y) &= \sum_w w(u, v)(f(u + \Delta x, v + \Delta y) - f(u, v))^2 \\ &\approx \sum_w w(u, v)(f(u, v) + \Delta x f_x(u, v) + \Delta y f_y(u, v) - f(u, v))^2 \end{aligned} \quad \text{(식 4-20)}$$

위 식에서 $f_x(u, v)$와 $f_y(u, v)$는 (u, v) 점에서 x 방향으로의 1차 미분과 y 방향으로의 1차 미분을 나타낸다. 위 식을 다시 정리하면,

$$\begin{aligned} E(x, y; \Delta x, \Delta y) &\approx \sum_w w(u, v)\left(\Delta x^2 f_x^2 + 2\Delta x \Delta y f_x f_y + \Delta y^2 f_y^2\right) \\ &= [\Delta x \ \Delta y]\left(\sum_w w(u, v)\begin{bmatrix} f_x^2 & f_x f_y \\ f_x f_y & f_y^2 \end{bmatrix}\right)\begin{bmatrix} \Delta x \\ \Delta y \end{bmatrix} \\ &= [\Delta x \ \Delta y]\begin{bmatrix} \sum_w w(u, v) f_x^2 & \sum_w w(u, v) f_x f_y \\ \sum_w w(u, v) f_x f_y & \sum_w w(u, v) f_y^2 \end{bmatrix}\begin{bmatrix} \Delta x \\ \Delta y \end{bmatrix} \\ &= [\Delta x \ \Delta y]\, M(x, y)\begin{bmatrix} \Delta x \\ \Delta y \end{bmatrix} \end{aligned} \quad \text{(식 4-21)}$$

$$M(x, y) = \begin{bmatrix} \sum_w w(u, v)f_x^2 & \sum_w w(u, v)f_x f_y \\ \sum_w w(u, v)f_x f_y & \sum_w w(u, v)f_y^2 \end{bmatrix} \quad \text{(식 4-22)}$$

위 식의 가운데 행렬을 M이라 표시하면, M은 2×2 행렬로서 각 화소 점 (u, v)에서 x 방향 그리고 y 방향으로 미분을 취한 값과 가우시안 커널을 곱한 값들을 더한 값이다. 따라서 위 식 $E(x, y; \Delta x, \Delta y)$은 $(\Delta x, \Delta y)$에 대한 2차 함수(quadratic equation)로 표현되며, 그 값을 상수(constant)로 하는 경우 타원(ellipse)의 방정식이 된다.

$$E(x, y; \Delta x, \Delta y) = \text{타원} \quad \text{if} \quad E(x, y; \Delta x, \Delta y) = const$$

만들어지는 타원은 (x, y)가 영역 내부의 점일 때는 비교적 큰 타원이 되고, 에지 점일 때는 한쪽으로 길쭉한 타원이 되며, 코너 점일 때는 매우 작은 원에 가까운 형태가 된다. 타원의 크기와 길쭉한 정도는 행렬 M에 의하여 결정된다. 행렬 M의 고윳값(eigenvalue)이 타원의 장축과 단축의 크기를 결정한다.

행렬 M은 대칭 행렬(symmetric matrix)이므로 적절한 직교 행렬(orthogonal matrix) U를 사용하여 대각선 행렬(diagonal matrix)로 변환될 수 있다. 변환된 대각선 행렬의 요소들이 바로 고윳값이 된다.

$$M = U^T \begin{bmatrix} \lambda_1 & 0 \\ 0 & \lambda_2 \end{bmatrix} U$$

따라서 행렬 M의 고윳값 λ_1과 λ_2을 구해서, 두 값이 모두 작으면 영역 내부 점으로, 한 값은 크고 다른 한 값은 작으면 에지 점으로, 두 값이 모두 크면 코너 점으로 결정할 수 있다. 해리스는 코너를 결정하는 척도로서 다음과 같은 R 값을 정의하였다.

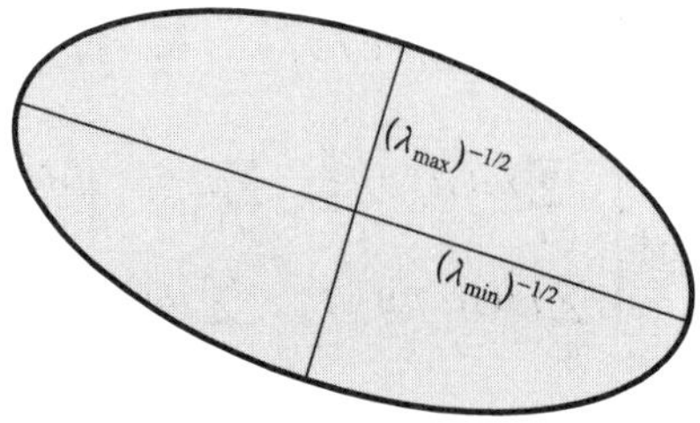

그림 4-11 행렬의 고윳값이 타원의 장축과 단축 결정

$$R = Det\,M(x, y) - k \cdot [Trace\,M(x, y)]^2$$
$$= \lambda_1\lambda_2 - k \cdot (\lambda_1 + \lambda_2)^2$$

코너 척도 R은 행렬 M의 디터미넌트(determinant)와 트레이스(trace)에 의해 결정되고, 사용되는 상수 k는 매우 작은 값 통상적으로 0.04에서 0.06 사이의 값을 가진다. 해리스 코너 검출 알고리즘을 정리하면 다음과 같다.

(1) 영상의 각 점에서 x 방향과 y 방향의 미분 $f_x(x, y)$와 $f_y(x, y)$를 구한다.
미분 연산은 소벨 연산자를 사용하거나 다음과 같은 간단한 식을 사용한다.

$$f_x(x, y) = f(x+1, y) - f(x, y) \quad f_y(x, y) = f(x, y+1) - f(x, y)$$

(2) 영상의 각 점에서 행렬 M을 구한다. 가우시안 커널 $w(u, v)$은 통상적으로 3×3 마스크로 구현된다.

$$A(x, y) = \sum_{(u, v) \in w(x, y)} w(u, v)(f(u, v))^2$$
$$B(x, y) = \sum_{(u, v) \in w(x, y)} w(u, v)\, f_x(u, v)\, f_y(u, v)$$
$$C(x, y) = \sum_{(u, v) \in w(x, y)} w(u, v)\, f_y(u, v)^2$$

(3) 영상의 각 점에서 코너 척도 R을 구한다.

$$R(x, y) = Det\,M(x, y) - k \cdot [Trace\,M(x, y)]^2$$
$$= \lambda_1\lambda_2 - k \cdot (\lambda_1 + \lambda_2)^2$$

(4) 적절한 임계값보다 큰 코너 척도를 갖는 점들 중에서 로컬 최대치(local maximum) 점만을 코너 점으로 결정한다.

다음 그림 4-12는 해리스 코너 검출기를 수행한 결과를 보여준다. 코너 척도를 계산하고 임계 방법을 적용하여 살아남은 점들 그리고 로컬 최댓값을 갖는 점들을 보여준다. 비교적 코너 점들이 잘 검출되고 있음을 확인할 수 있다.

(a) 원본 영상

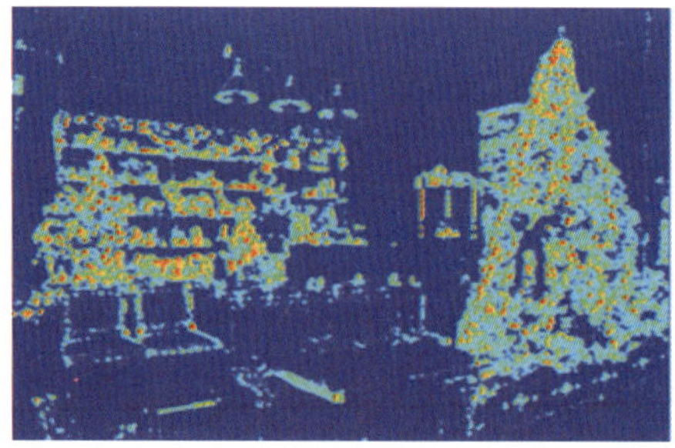

(b) 코너 척도 영상

(c) 코너 척도에 임계 작업을 수행한 영상

(d) 로컬 최대점만 추출한 영상

그림 4-12 해리스 코너 검출 예제

OpenCV를 이용한 해리스 코너

cvCornerHarris() 함수에 대한 설명

- 이미지 내의 코너 점을 검출한다.

파라미터 :

```
void cvCornerHarris (const CvArr * image, CvArr * harris_responce, int block_size, int aperture_size = 3, double k = 0.04);
```

첫 번째 인자	image	그레이 이미지
두 번째 인자	harris_responce	코너가 검출된 영상이 저장되는 이미지
셋 번째 인자	block_size	이웃 블록들의 사이즈
넷 번째 인자	aperture_size	마스크의 사이즈
다섯 번째 인자	k	해리스 검출기의 매개변수

입력으로 사용되는 image 인자에는 8비트 1채널의 그레이 이미지를 사용해야 하며 harris_responce에 해당되는 이미지는 IPL_DEPTH_32F의 1채널 이미지를 사용한다. aperture_size의 미분 연산을 위한 마스크의 크기로서 기본값은 3이다. block_size는 미분 영상에 가우시안 커널을 적용하여 행렬 M 값을 구할 때 사용되는 마스크의 크기이다. k는 코너 척도 R에서 사용되는 상수로서 기본값은 0.04이다.

Harris.cpp

```
IplImage* input = cvLoadImage(“chess.jpg”, 1);
IplImage* gray = cvCreateImage(cvGetSize(input), 8, 1);
IplImage* harris = cvCreateImage(cvGetSize(input), IPL_DEPTH_32F, 1);

cvCvtColor(input, gray, CV_BGR2GRAY);
cvCornerHarris(gray, harris, 3, 7, 0.04)

cvShowImage(“harris corner”, harris);
cvWaitKey(0);

cvReleaseImage(&input);
cvReleaseImage(&gray);
cvReleaseImage(&harris);
```

(a) 입력 영상 (b) cvCornerHarris() 함수를 사용한 코너 검출 결과

그림 4-13 OpenCV 함수 적용 예제

이러한 방식으로 그림 4-13과 같은 코너가 검출된 이미지를 얻을 수 있다. 하지만 코너 점에 대한 위치 정보를 구하는 것이 수월하지 않기 때문에 다음과 같은 형식의 코드를 사용하는 것을 고려해볼 수도 있다. 핵심이 되는 부분은 cvGoodFeaturesToTrack() 함수이다.

Harris2.cpp

```
1  IplImage* input = cvLoadImage("arrow.jpg", 1);
2  IplImage* gray = cvCreateImage(cvGetSize(input), 8, 1);
3  IplImage* eig = cvCreateImage(cvGetSize(input), IPL_DEPTH_32F, 1);
4  IplImage* temp = cvCreateImage(cvGetSize(input), IPL_DEPTH_32F, 1);
5
6  cvCvtColor(input, gray, CV_BGR2GRAY);
7
8  CvPoint2D32f *corners;
9  int corner_count = 150;
10
11 corners = (CvPoint2D32f*)cvAlloc(corner_count * sizeof(CvPoint2D32f));
12
13 cvGoodFeaturesToTrack(gray, eig, temp, corners, &corner_count, 0.1,
14 15, NULL, 3, 1, 0.01);
15 cvFindCornerSubPix (gray , corners, corner_count, cvSize(3, 3),
16 cvSize(-1, -1), cvTermCriteria(CV_TERMCRIT_ITER | CV_TERMCRIT_EPS ,
17 20, 0.03));
18 for(int i = 0; i < corner_count i++)
19 cvCircle ( input , cvPointFrom32f(corners[i]), 3, CV_RGB(255 ,255 ,255), 2);
20
21 cvReleaseImage(&input);
22 cvReleaseImage(&gray);
23 cvReleaseImage(&eig);
24 cvReleaseImage(&temp);
```

우선 이미지를 불러온 후 6번 줄에서 그레이 이미지로 변환해 준다. 8번 줄에서 변수 corners를 CvPoint2D32f(float x, float y로 구성된 구조체)를 가르키는 포인터형으로 선언해주고 11번 줄의 cvAlloc() 함수를 통하여 corner_count 만큼, 즉 150 만큼 메모리 버퍼의 영역을 확보하고 포인터를 돌려받는다. 13번 줄에서 cvGoodFeaturesToTrack() 함수를 사용하는데 이 함수를 통하여 이미지상에서 두드러지는 코너 영역을 찾게 된다. 파라미터들의 내용은 다음 표를 참조한다.

void cvGoodFeaturesToTrack(const CvArr* image, CvArr* eig_image, CvArr* temp_image, CvPoint2D32f* corners, int* corner_count, double quality_level, double min_distance, const CvArr* mask , int block_size , int use_harris, int k)		
첫 번째 인자	image	입력 이미지
두 번째 인자	eig_image	32비트의 1채널 이미지
세 번째 인자	temp_image	
네 번째 인자	corners	알고리즘 수행 후 코너 점이 저장되는 영역
다섯 번째 인자	corner_count	코너 점의 개수
여섯 번째 인자	quality_level	코너의 품질
일곱 번째 인자	min_distance	리턴되는 코너들 사이의 최소 유클리디언 거리
여덟 번째 인자	mask	ROI 선택 영역
아홉 번째 인자	block_size	covariation 행렬(M)을 계산하기 위한 블록 크기
열 번째 인자	use_harris	해리스 검출기를 사용할 것인지의 여부
열한 번째 인자	k	해리스 검출기의 매개변수

1번부터 5번 인자까지는 앞서 선언한 변수들을 입력하고, 6번 인자는 1 이하의 수를 입력하면 된다. 주로 0.1을 많이 사용한다고 한다. 8번 인자인 mask는 NULL이 아닌 다른 값을 입력할 경우 코너가 감지될 영역을 지정한다. 해리스 검출기를 사용할 것이기 때문에 10번 인자는 1로 입력한다. 11번 인자는 0이 아닐 경우 코너 척도 R에서 대각 합에 대한 가중치로 사용된다. 그 후 15번째 줄에서 cvFindCornerSubPix() 함수를 수행한다. 이 함수는 찾아진 코너 점의 좌표가 좀 더 정교한 값을 갖도록 한다. 이 함수의 파라미터는 아래의 표를 참조한다.

void cvFindCornerSubPix (const CvArr* image, CvPoint2D32f* corners, int count, CvSize win, CvSize zero_zone, CvTermCriteria criteria);		
첫 번째 인자	image	입력 이미지
두 번째 인자	corners	코너의 초기 좌표, 개량된 코너의 출력
세 번째 인자	count	코너의 수
네 번째 인자	win	검색 윈도의 절반 크기
다섯 번째 인자	zero_zone	dead region의 절반 크기
여섯 번째 인자	criteria	코너 점 개량을 위한 반복 종료의 기준

cvFindCornerSubPix() 함수 내의 6번째 인자 값 criteria에 사용되는 cvTermCriteria() 함수의 파라미터는 아래와 같다. 이 함수를 통해 종료 조건과 조건 값을 지정한다.

CvTermCriteria cvTermCriteria(int type, int max_iter, double epsilon)		
첫 번째 인자	type	종료 조건. 두 종류가 사용 가능함. CV_TERMCRIT_ITER, CV_TERMCRIT_EPS
두 번째 인자	max_iter	총 반복횟수. CV_TERMCRIT_ITER가 유효할 경우에 적용됨.
세 번째 인자	epsilon	함수 내의 평갓값이 epsilon 이하일 때 종료. CV_TERMCRIT_EPS가 유효할 경우에 적용됨.

이와 같은 과정을 거쳐 검출된 코너 점을 cvCircle() 함수를 사용하여 이미지에 표시해줄 수 있다. cvCircle() 함수의 1번 인자는 표시할 이미지, 2번 인자는 코너의 위치, 3번 인자는 선의 두께, 4번 인자는 선의 색상을 의미한다. 위 프로그램으로 얻은 결과 이미지는 그림 4-14와 같다.

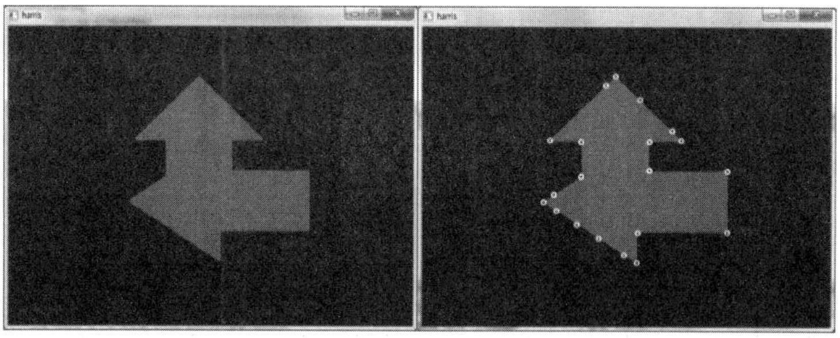

(a) 입력 이미지 (b) 코너 검출 이미지

그림 4-14 OpenCV 함수 적용 예제

연습문제

1. 에지는 밝기 값의 급격한 변화를 나타내는 점에 해당된다. 영상에서 에지가 만들어지는 몇 가지 경우에 대하여 설명하시오.
2. 기울기 벡터(gradient)는 어떻게 정의되는가?
3. 에지 크기와 에지 방향에 대하여 정의하시오.
4. 소벨 연산자의 가로 방향 및 세로 방향 마스크를 보이시오.
5. 캐니 에지 연산자의 3가지 특징을 기술하시오.
6. 가우시안 커널의 의 크기는 어떤 효과를 가져오는지 설명하시오.
7. 2차원 가우시안 커널이 1차원 가우시안 커널의 곱으로 표현되는 과정을 유도하고, 이러한 특성이 가우시안 커널을 영상에 회선시킬 때 어떻게 활용될 수 있는지 설명하시오.
8. 캐니 에지 연산자에서 에지 방향의 양자화 과정을 설명하시오.
9. 캐니 에지 연산자에서 비-최대치 억제 과정을 설명하시오.
10. 캐니 에지 연산자에서 더블 임계 작업을 하는 이유를 설명하시오.
11. 캐니 에지 연산자에서 더블 임계 작업에 의해 에지 점들을 연결하는 과정을 설명하시오.
12. 코너 점이 갖는 특징을 설명하시오.
13. 해리스 코너 검출기에서 코너 척도를 나타내는 수식을 기술하시오.
14. 해리스 코너 검출 알고리즘을 정리하여 기술하시오.
15. 캐니 에지 연산자를 구현하는 프로그램을 작성하시오.
16. 해리스 코너 검출기를 구현하는 프로그램을 작성하시오.

제5장

특징 추출 및 표현

(Feature Extraction and Representation)

5.1 영역 특징 추출

적절한 영상 분할 방법과 영역 레이블링 작업에 의해 연결된 영역(connected region) 단위로 물체 영역이 만들어지면, 이제 각 연결된 물체 영역의 특징을 추출하는 작업을 수행한다. 추출된 특징들은 추후에 물체 인식 과정에 사용된다. 본 절에서는 연결된 물체 영역의 다양한 특징들을 살펴본다. 물체 영역에 속하는 화소들은 1의 값을 갖고 배경 영역에 속하는 화소들은 0의 값을 가진다고 가정한다.

일반적으로 사용되는 영역 특징으로서는 영역의 크기(area), 영역의 중심 좌표, 영역을 최소로 포함하는 최소 포함 사각형(minimum enclosing rectangle), 영역의 수평 및 수직 프로젝션(projection), 영역의 주변 길이(perimeter), 그리고 영역이 기울어진 방향(orientation) 등을 생각할 수 있다.

영역 의 크기는 영역에 속하는 화소의 개수로 정의된다.

$$A = \sum_i \sum_j B(i, j) \qquad \text{(식 5-1)}$$

영역의 중심 좌표 $(\bar{x}, \bar{y})$는

$$\bar{x} = \sum_i iB(i, j) \quad \bar{y} = \sum_j jB(i, j) \qquad \text{(식 5-2)}$$

최소 포함 사각형은 주어진 영역을 간신히 포함하는 사각형으로서 사각형의 좌상단 좌표값과 우하단 좌표값으로 정의된다.

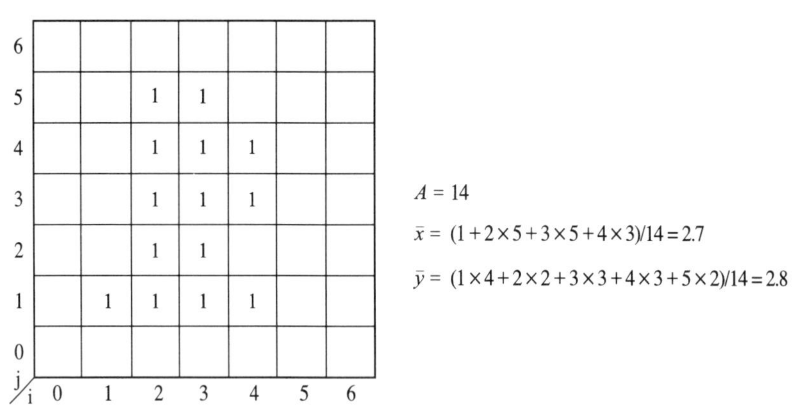

그림 5-1 영역의 크기 및 중심 좌표

최소 포함 사각형 = (좌상단 좌표, 우하단 좌표)

$$\text{좌상단 좌표} = \left(\underset{B(i,j)=1}{Min}(i), \underset{B(i,j)=1}{Min}(j) \right)$$

$$\text{우하단 좌표} = \left(\underset{B(i,j)=1}{Max}(i), \underset{B(i,j)=1}{Max}(j) \right) \qquad (\text{식 } 5\text{-}3)$$

물체 영역의 수평 및 수직 프로젝션(projection)의 형태가 영역의 특징을 나타내는 중요한 역할을 수행할 수 있다. 특히 문서 영상에서 문자 영역을 분리하고 각 개별 문자의 특징을 추출하기 위해 수평 및 수직 프로젝션이 흔히 사용된다.

$$H(i) = \sum_j B(i,j)$$

$$V(j) = \sum_i B(i,j) \qquad (\text{식 } 5\text{-}4)$$

영역의 주변 길이 P는 영역의 경계 화소의 개수로 정의된다. 따라서 주변 길이를 계산하기 위서는 영역의 경계 화소를 찾는 작업부터 수행해야 한다. 일반적으로 사용

그림 5-2 영역의 수평 및 수직 프로젝션

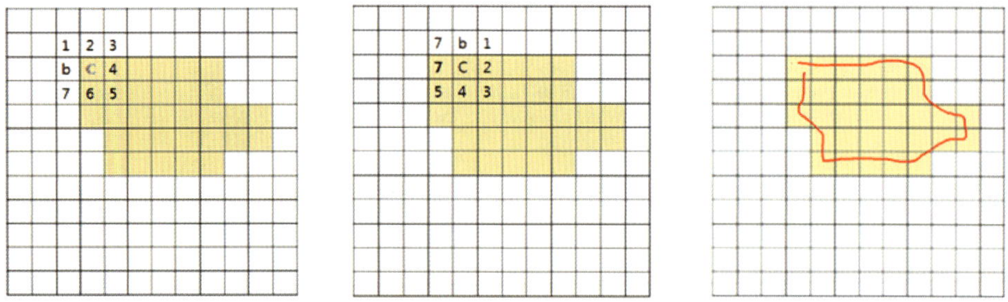

그림 5-3 경계-추적 알고리즘의 진행 과정

되는 경계-추적 알고리즘은 3×3 마스크를 운영하여 영상을 스캔하면서 다음의 작업을 수행한다.

(1) 영역을 간신히 포함하는 최소 포함 사각형의 좌상단에서부터 시작하여 좌에서 우로 그리고 위에서 아래로 스캔하며 처음으로 만나는 $B(r, c)$에 속하는 화소를 시작 화소 s로 한다.

(2) s를 현재 화소 c로 하고 c의 왼쪽에 위치한 $\overline{B}$에 속하는 화소를 b라 한다.

(3) b에서부터 출발하여 현재 화소 c의 8개의 이웃 화소 $n_1, \cdots, n_8$를 시계 방향으로 방문하며 처음으로 만나는 물체 영역 B에 속하는 화소 n_i를 찾는다.

(4) 단계 (3)에서 찾은 n_i를 현재 화소 c로 하고, n_{i-1}을 b로 한다.

(5) 단계 (3)과 단계 (4)를 현재 화소 c가 시작 화소 s가 될 때까지 반복한다.

위의 경계-추적 알고리즘을 적용하여 확인된 현재 화소들의 집합이 물체 영역의 경계 화소들이 된다. 그림 5-3은 경계-추적 알고리즘이 진행되는 과정을 보여준다.

경계-추적 알고리즘에 의해 영역의 주변 길이 P가 구해지면 물체 영역의 콤팩트한 정도(compactness) C는 다음과 같다.

$$C = \frac{P^2}{A} \geq 4\pi \qquad \text{(식 5-5)}$$

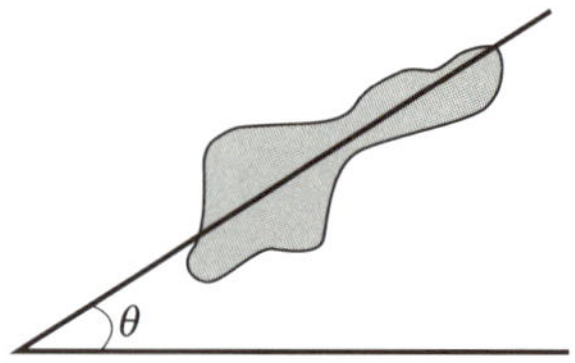

그림 5-4 영역의 기울어진 방향

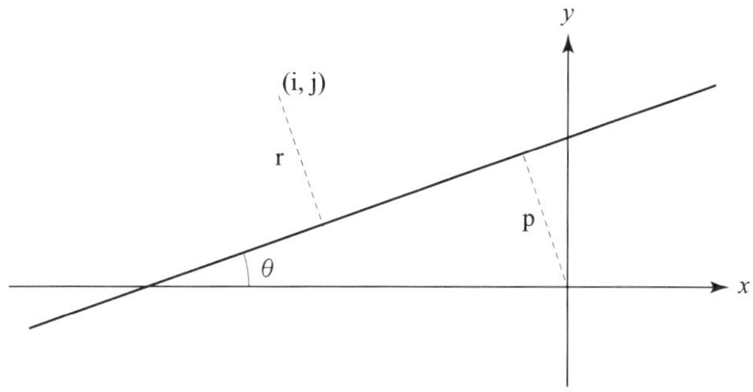

그림 5-5 극 좌표계로 표현한 직선의 방정식

즉, 물체 경계가 울퉁불퉁하지 않고 원에 가까울수록 콤팩트한 정도 C는 작은 값을 갖는다. 물체 영역이 수평 축으로부터 기울어진 방향 θ를 구하기 위해서 임의의 한 직선을 생각하고 영역의 각 화소에서 이 직선까지의 수직 거리의 합을 계산한다. 수직 거리의 합이 최소가 되는 직선의 방향을 영역의 기울어진 방향으로 정의할 수 있다.

$$E = \sum_i \sum_j r_{ij}^2 B(i, j) \quad \text{(식 5-6)}$$

위 식에서 r_{ij}^2는 영역 내부의 점 (i, j)에서 직선까지의 수직 거리를 나타낸다. 이제 임의의 직선을 극 좌표계(polar coordinate)를 사용하여 표현하면 직선의 방정식은 다음과 같이 각도 θ와 중심점에서의 거리 ρ를 사용하여 정의된다.

$$x \cos \theta + y \sin \theta - \rho = 0 \quad \text{(식 5-7)}$$

따라서 영역 내의 한 점 (i, j)에서 이 직선까지의 수직 거리 r_{ij}^2은

$$r_{ij}^2 = (i \cos \theta + j \sin \theta - \rho)^2 \quad \text{(식 5-8)}$$

영역의 기울어진 각도 θ를 찾는 문제는 다음과 같이 정의된 E를 최소화하는 직선의 각도 θ를 찾는 문제가 된다.

$$E = \sum_i \sum_j (i \cos \theta + j \sin \theta - \rho)^2 B(i, j) \quad \text{(식 5-9)}$$

이 문제는 $\frac{dE}{d\theta} = 0$과 $\frac{dE}{d\rho} = 0$으로 하여 풀게 되는데, 먼저 $\frac{dE}{d\rho} = 0$으로 하여 식을 정리하면

$$A(\overline{x} \cos \theta + \overline{y} \sin \theta - \rho) = 0 \quad \text{(식 5-10)}$$

앞의 식으로부터 영역의 기울기를 나타내는 직선은 영역의 중심 $(\bar{x}, \bar{y})$을 통과함을 알 수 있다. 위 식에서 A는 영역의 면적을 나타낸다. 위 식을 다시 정리하면,

$$\begin{aligned} E &= \sum_i \sum_j (i\cos\theta + j\sin\theta - \rho)^2 B(i,j) \\ &= \sum_i \sum_j (i^2\cos^2\theta + j^2\sin^2\theta + \rho^2 + 2ij\cos\theta\sin\theta - 2\rho j\sin\theta \\ &\quad - 2\rho i\cos\theta)\, B(i,j) \end{aligned}$$

위 식에 $\rho = \bar{x}\cos\theta + \bar{y}\sin\theta$을 대입하면

$$\begin{aligned} E &= a\cos^2\theta + b\cos\theta\sin\theta + c\sin^2\theta \\ a &= \sum_i \sum_j i^2 B(i,j) \\ b &= 2\sum_i \sum_j ij\, B(i,j) \\ c &= \sum_i \sum_j j^2 B(i,j) \end{aligned} \qquad \text{(식 5-11)}$$

위 식을 다시 θ에 대하여 미분하고 그 값을 0으로 놓고 풀면

$$\tan 2\theta = \frac{b}{a-c} \qquad \text{(식 5-12)}$$

물체 영역의 중심, 크기와 방향을 구하기 위해 사용된 식은 영역의 모멘트(moments) 계산에서 유도된 식이다. 영역의 $(p, q)^{th}$ 모멘트는 다음과 같이 정의된다.

$$\mu_{pq} = \sum_i \sum_j (i-\bar{x})^p (j-\bar{y})^q B(i,j) \qquad \text{(식 5-13)}$$

영역의 크기, 방향 및 위치가 변하더라도 그 값이 일정한, 즉 영역의 형태 특성만을 반영하는 불변 모멘트(invariant moments)를 정의하여 이들을 영역의 특징으로 사용할 수 있다. 불변 모멘트를 정의하기 위해 먼저 정규화된 모멘트 η_{pq}는 다음과 같다.

$$\eta_{pq} = \frac{\mu_{pq}}{\mu_{00}^r} \qquad r = \frac{p+q}{2} + 1 \qquad \text{(식 5-14)}$$

정규화된 모멘트를 사용하여 만들어지는 다음 식들은 영역의 형태 특성만을 나타내는 불변 모멘트(invariant moments)라 부른다.

$$\begin{aligned} \phi_1 &= \eta_{20} - \eta_{02} \\ \phi_2 &= (\eta_{20} - \eta_{02})^2 - 4\eta_{11}^2 \\ \phi_3 &= (\eta_{30} - 3\eta_{12})^2 + (3\eta_{21} - \eta_{03})^2 \\ \phi_4 &= (\eta_{30} - \eta_{12})^2 + (\eta_{21} + \eta_{03})^2 \end{aligned} \qquad \text{(식 5-15)}$$

OpenCV를 이용한 모멘트

cvMoments() 함수에 대한 설명

- cvMoments() 함수는 여러 형태의 3차까지의 모든 모멘트들을 계산한다.

파라미터 :

void cvMoments(const CvArr* array, CvMoments* moments, int binary=0)		
첫 번째 인자	array	입력 이미지(8비트 1채널)
두 번째 인자	moments	출력되는 모멘트 구조체
세 번째 인자	binary	binary 값이 1이면 입력 영상에서 0이 아닌 모든 픽셀을 1로 간주함. 0인 픽셀은 0으로 간주함.

cvGetSpatialMoment() 함수에 대한 설명

- cvGetSpatialMoment() 함수는 모멘트 구조체에서 공간 모멘트를 구한다.
  cv_GetSpatialMoment() 함수는 아래의 식을 따른다.
- $M_{x\_order,y\_order}=sum_{x,y}(I(x,y) \cdot x^{x\_order} \cdot y^{y\_order})$

파라미터 :

double cvGetSpatialMoment(CvMoments* moments, int x_order, int y_order)		
첫 번째 인자	moments	CvMoment 구조체 포인터
두 번째 인자	x_order	x의 차원 x_order 〉= 0
세 번째 인자	y_order	y의 차원 y_order 〉= 0, x_order+y_order 〈= 3

cvGetCentralMoment() 함수에 대한 설명

- cvGetCentralMoment() 함수는 모멘트 구조체에서 중심 모멘트를 구한다.
  cvGetCentralMoment() 함수는 아래의 식을 따른다.
- $\mu_{x\_order,y\_order}=sum_{x,y}(I(x,y) \cdot (x-x_c)^{x\_order} \cdot (y-y_c)^{y\_order})$

파라미터 :

double cvGetCentralMoment(CvMoments* moments, int x_order, int y_order)		
첫 번째 인자	moments	CvMoment 구조체 포인터
두 번째 인자	x_order	x 차원 x_order 〉= 0
세 번째 인자	y_order	y 차원 y_order 〉= 0, x_order+y_order 〈= 3

Moment.cpp

```
1  IplImage* input = cvLoadImage(“moment1.jpg”, 1);
2  IplImage* gray = cvCreateImage(cvGetSize(input), 8, 1);
3  IplImage* threshold = cvCreateImage(cvGetSize(input), 8, 1);
4  cvCvtColor(input, gray, CV_BGR2GRAY);
5  cvThreshold(gray, threshold, 50, 255, CV_THRESH_BINARY);
6  CvMoments moment;
7  cvMoments(threshold, &moment, 1);
8  double MC00 = cvGetCentralMoment(&moment, 0, 0);
9  double MC01 = cvGetCentralMoment(&moment, 0, 1);
10 double MC10 = cvGetCentralMoment(&moment, 1, 0);
11 double MC11 = cvGetCentralMoment(&moment, 1, 1);
12
13 double M00 = cvGetSpatialMoment(&moment, 0, 0);
14 double M01 = cvGetSpatialMoment(&moment, 0, 1);
15 double M10 = cvGetSpatialMoment(&moment, 1, 0);
16 double M11 = cvGetCentralMoment(&moment, 1, 1);
17
18 int posX = M10/M00;
19 int posY = M01/M00;
20
21 TRACE(“M00: %f, M01: %f, M10: %f, M11: %f\n”, M00, M01, M10, M11);
22 TRACE(“MC00: %f, MC01: %f, MC10: %f, MC11: %f\n”, MC00, MC01,
23 MC10, MC11);
24 cvCircle(input, cvPoint(posX, posY), 5, cvScalar(0, 255, 0), 2);
25
26 cvNamedWindow(“moment”, 1);
27 cvShowImage(“moment”, input);
28 cvWaitKey(0);
29
30 cvReleaseImage(&input);
31 cvReleaseImage(&gray);
32 cvReleaseImage(&threshold);
```

이 프로그램은 물체의 모멘트를 구하여 출력하고 이와 함께 물체의 중심을 찾아서 화면에 출력하는 간단한 예제이다. 4번 줄에서 3채널 컬러 이미지를 1채널 그레이 이미지로 변환한다. 5번 줄에서 그레이 이미지에 대해 이진화를 수행한다. 6번 줄에서 moment 값이 저장될 구조체를 선언한다. 7번 줄에서 이진화된 threshold 이미지에 대한 모멘트 값을 구한다. 3번 인자를 1로 설정하여 intensity에 해당하는 값을 1로 변경하였다. 8~16번 줄은 각 모멘트를 구하는 부분이다. M00 모멘트의 경우 x_order와 y_order를 각각 0으로 입력하고 M01 모멘트의 경우 x_order는 0, y_order는 1로 입력한다. 18, 19번 줄에서 무게중심을 구하게 되는데 무게 중심은 M10/M00과 M01/M00으로 쉽게 찾을 수 있다. 21, 22번 줄에서는 구해진 모멘트값을 MFC 함수인 TRACE를 사용하여 화면에 출력한다. 24번 줄에서는 구해진 모멘트의 무게 중심에 원을 그려서 이미지 위에 표시해준다. 프로그램을 실행한 결과는 그림 5-6과 같다.

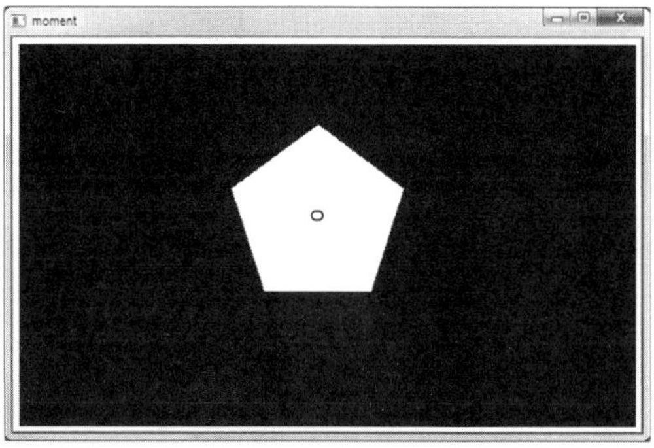

그림 5-6 모멘트 프로그램 실행 결과 1
M00 : 20482.000000, M01 : 3515100.000000, M10 : 6217412.000000,
M11 : −66892.355336
MC00 : 20482.000000, MC01 : 0.000000, MC10 : 0.000000,
MC11 : −66892.355336

그림 5-7 모멘트 프로그램 실행 결과 2
M00 : 4334.000000, M01 : 783725.000000, M10 : 2213545.000000,
M11 : 412980.096677
MC00 : 4334.000000, MC01 : 0.000000, MC10: 0.000000,
MC11 : 412980.096677

오각형 이미지의 모멘트값과 무게중심이 잘 나타난 것을 볼 수 있다. 꼭 이러한 정형화된 형태가 아니어도 그 이미지의 무게 중심을 찾을 수 있다 이에 관련한 예제 결과 이미지를 하나 더 첨부한다(그림 5-7).

5.2 경계 특징 추출

영역 경계-추적 알고리즘에 의해 영역의 경계가 추출되면, 경계의 형태는 물체 영역에 대한 중요한 특징으로 사용된다. 본 절에서는 영역의 경계를 체인 코드(chain code)로 표현하는 방법과 영역의 경계를 푸리에-서술자(Fourier descriptor)로 표현하는 방법을 살펴본다.

체인 코드는 영역의 경계를 두 인접 화소 간의 방향 코드로 표현한다. 방향 코드는 두 인접 화소 간의 연결성을 4-방향 연결성으로 할지 또는 8-방향 연결성으로 정의할지에 따라 달라지며, 일반적으로 8-방향 연결성을 사용한다.

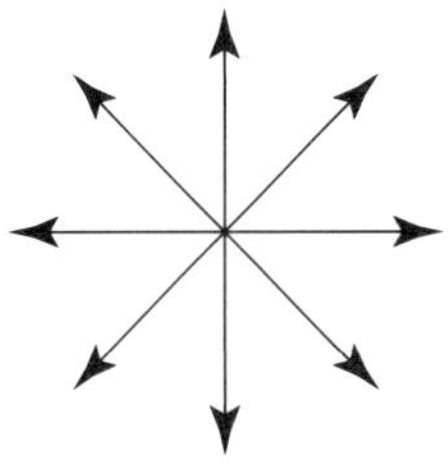

3	2	1
4		0
5	6	7

그림 5-8 8-방향 체인 코드

시작 화소에서 출발하여 영역의 경계를 시계 방향 또는 반시계 방향으로 따라가면서 두 인접 화소 간의 방향이 8-방향 코드로 표현된다. 예들 들어 다음 그림 5-9에서 시작 화소에서 출발하여 반시계 방향으로 경계를 따라가며 생성된 체인 코드는 다음과 같다.

$$CC = (i, j)\{1\,5\,6\,6\,7\,7\,0\,1\,0\,0\,0\,1\,0\,2\,4\,4\,3\,2\,4\,4\,4\,4\,4\} \qquad (식\ 5\text{-}16)$$

생성된 체인 코드는 시작점을 어디로 하느냐에 따라 달라질 수 있다. 시작점을 정규화시키는 한 가지 방법은 만들어진 코드를 정수로 간주하고 정수가 크기가 최소가

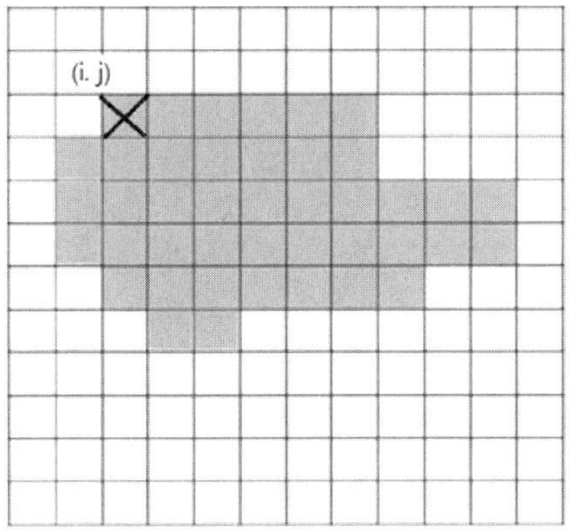

그림 5-9 체인 코드 예제

되도록 시작점을 재정의 하는 방법이다. 위의 예에서 정수의 크기가 최소가 되도록 정규화하면 체인 코드는 다음과 같다.

$$CC = \{0\ 0\ 0\ 1\ 0\ 2\ 4\ 4\ 3\ 2\ 4\ 4\ 4\ 4\ 4\ 4\ 5\ 6\ 6\ 7\ 7\} \quad (식\ 5\text{-}17)$$

물체 영역이 45°의 정수 배로 회전하더라도 같은 값을 갖는 체인 코드를 만들기 위해 두 인접 화소 간의 방향 변화의 차이를 코드화할 수 있다. 이처럼 생성되는 체인 코드를 차분 체인 코드(difference chain code)라 한다. 할당되는 코드는 두 인접 화소 간의 방향 변화의 차이가 없으면 0, 방향 변화의 차이가 ±45°가 되면 ±1, ±90°면 ±2, ±135°면 ±3, 180°면 4가 할당된다. 예를 들어 위의 예제 그림에서 시작 화소 (i, j)에서부터 시작하여 반시계 방향으로 경계를 따라가며 차분 체인 코드를 생성하면 다음과 같다.

$$DCC = (i, j)\ \{1\ 1\ 0\ 1\ 0\ 1\ 1\ \text{-}1\ 0\ 0\ 1\ \text{-}1\ 2\ 2\ 0\ \text{-}1\ \text{-}1\ 2\ 0\ 0\ 0\ 0\} \quad (식\ 5\text{-}18)$$

체인 코드의 단점은 인접 화소 간의 방향 변화를 한정된 방향(8개의 방향)으로 제한하여 표현한다는 점이다. 물론 스퀘어 그리드 상에 표현되는 디지털 영상에서는 큰 문제가 없어 보일 수 있으나, 실제 응용에서 물체 영역의 경계 길이를 N개의 점으로 정규화하는 작업이 수행되는 것이 일반적이고, 이런 경우 인접 점 간의 방향 변화를 8개 방향만으로는 표현할 수 없는 경우가 대부분이다.

영역의 경계를 표현하는 다른 방법으로 푸리에-서술자(Fourier descriptor)를 생각하자. 영역의 경계를 1차원 순차(1-dimensional sequence)로 표현하는 방법은 여러

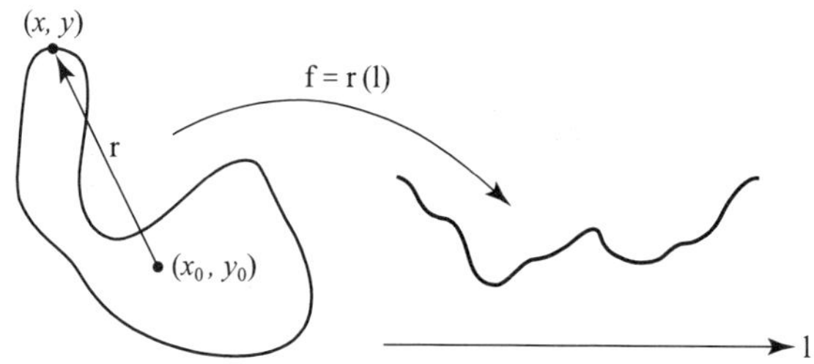

그림 5-10 영역 경계를 1차원 순차로 표현하는 방법

가지로 생각할 수 있다. 한 가지 방법은 그림 5-10에서와 같이 영역의 중점에서 각 경계 화소까지의 거리를 1차원 순차로 표현하는 방법이다.

또 다른 방법은 각 경계 화소의 x와 y의 좌표값을 복소수(complex number)의 실수와 허수로 간주하고, 이처럼 만들어진 복소수들을 1차원 순차로 표현하는 방법이다. 본 교재에서는 이 방법을 사용한다.

$$c(k) = x(k) + jy(k) \qquad \text{(식 5-19)}$$

이처럼 만들어진 1차원 순차를 DFT(Discrete Fourier Transform) 하여 얻어지는 계수들을 푸리에-서술자라 한다.

$$a(u) = \frac{1}{N}\sum_{k=0}^{N-1} c(k)e^{-j2\pi uk/N} \quad \text{for } u = 0, 1, \ldots, N-1 \qquad \text{(식 5-20)}$$

DFT를 통하여 푸리에-서술자를 구하기 위해서는 1차원 순차의 개수 N이 2의 지수 승이 되어야 한다. 따라서 경계 화소 점의 개수를 2의 지수 승으로 정규화 하는 작업이 필요하다. 이처럼 구해진 푸리에-서술자는 영역 경계의 형태에 대한 중요한 정보를 갖고 있다. 특히 저주파 성분(낮은 u 값의 $a(u)$)은 경계의 개략적인 정보를 나타내고, 고주파 성분(높은 u 값의 $a(u)$)은 경계의 상세한 정보를 나타낸다. 푸리에-서술자 $a(u)$, $0 \leq u \leq N-1$는 복소수로서 실수값과 허수값을 가진다. 푸리에-서술자를 역변환하여 1차원 순차 $c(k)$을 재생할 수 있다.

$$c(k) = \frac{1}{N}\sum_{u=0}^{N-1} a(u)e^{j2\pi uk/N} \quad \text{for } k = 0, 1, \ldots, N-1 \qquad \text{(식 5-21)}$$

푸리에-서술자로부터 원래의 순차 $c(k)$을 재생하기 위해서는 N개의 서술자들이

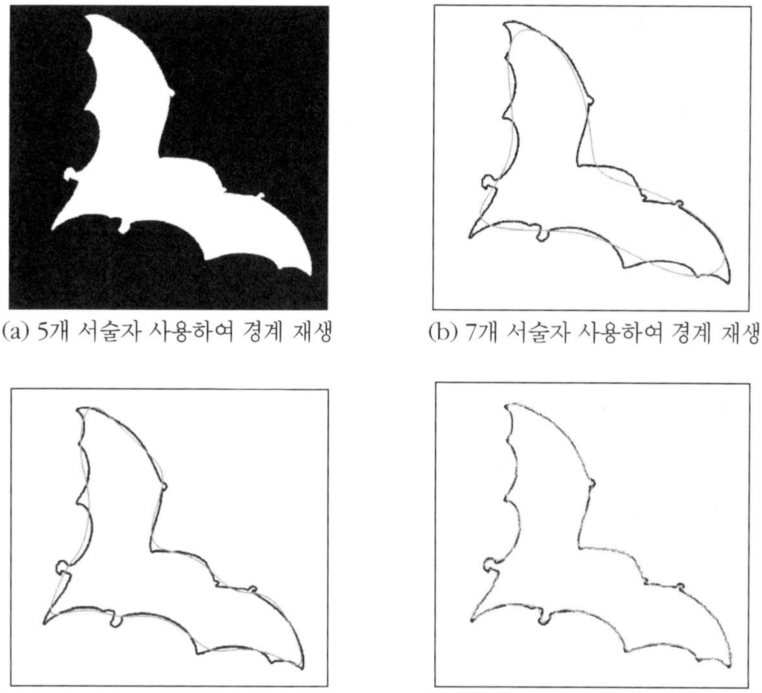

(a) 5개 서술자 사용하여 경계 재생 (b) 7개 서술자 사용하여 경계 재생

(c) 16개 서술자 사용하여 경계 재생 (d) 50개 서술자 사용하여 경계 재생

그림 5-11 푸리에-서술자를 이용한 경계 재생

필요하다. 그러나 주파수가 낮은 일부 성분들만 사용해도 경계의 개략적인 형태를 재생할 수 있다. 다음 그림 5-11은 푸리에-서술자의 일부 성분들만 사용하여 경계를 재생하는 예를 보여준다.

영역의 경계가 이동되거나(translation), 크기가 변하거나(scaling) 또는 회전되는(rotation) 경우에 푸리에-서술자의 값은 달라진다. 그러나 푸리에-서술자는 다음과 같은 매우 중요한 특성을 갖기 때문에 이동, 크기 변화, 그리고 회전에 불변하는 특징으로 사용된다.

(1) 경계의 위치가 이동되는 경우에는 푸리에-서술자의 DC 성분 (a(0)) 값만 변하고 나머지 성분들의 값은 변하지 않는다. 따라서 DC 성분을 제외한 나머지 성분들은 위치 이동에 불변인 특징으로 사용될 수 있다.

$$\hat{c}(k) = c(k) + T$$
$$\hat{a}(u) = \begin{cases} a(u) + T & when\ u = 0 \\ a(u) & when\ u \neq 0 \end{cases} \quad \text{(식 5-22)}$$

(2) 경계의 크기가 커지거나 작아지는 경우에는 푸리에-서술자는 같은 비율로 전체적으로 커지거나 작아진다. 따라서 푸리에-서술자의 크기(magnitude)를 정규화해서 크기 변화에 불변인 특징으로 사용할 수 있다. 크기 정규화의 한 방법으로 가장 큰 크기를 갖는 성분의 크기가 255가 되도록 다른 성분들의 크기를 조정하는 방법이다.

$$\hat{c}(k) = Ac(k)$$
$$\hat{a}(u) = Aa(u) \qquad \text{for } u = 0, 1, ..., N-1 \qquad (식\ 5\text{-}23)$$

(3) 경계가 회전되는 경우에는 푸리에-서술자의 크기(magnitude)는 변하지 않고 위상(phase)만 변한다. 따라서 푸리에-서술자의 크기는 회전에 불변인 특징으로 사용될 수 있다.

$$\hat{c}(k) = e^{j\phi}c(k)$$
$$\hat{a}(u) = e^{j\phi}a(u) \qquad \text{for } u = 0, 1, ..., N-1 \qquad (식\ 5\text{-}24)$$

(4) 경계 시작점의 위치가 변하는 경우에는 푸리에-서술자의 크기는 변하지 않고 위상만 변한다. 따라서 푸리에-서술자의 크기는 경계 시작점의 위치에 불변인 특징으로 사용할 수 있다.

$$\hat{c}(k) = c(k + \Delta k)$$
$$\hat{a}(u) = e^{j2\pi u\Delta k/N}a(u) \qquad \text{for } u = 0, 1, ..., N-1 \quad (식\ 5\text{-}25)$$

OpenCV를 이용한 푸리에 서술자

cvDFT() 함수에 대한 설명

파라미터 :

void cvDFT(const CvArr* src, CvArr* dst, int flags, int nonzeroRows=0)		
첫 번째 인자	src	입력 배열, 실수 혹은 복소수
두 번째 인자	dst	출력 배열, 입력 배열과 같은 사이즈
세 번째 인자	flags	변환 플래그
네 번째 인자	nonzeroRows	입력 배열의 0이 아닌 행 수(2차원 변환인 경우)
CV_DXT_FORWARD 0 : 1차원 또는 2차원 순방향 변환 실행. CV_DXT_INVERSE 1 : 1차원 또는 2차원 역방향 변환 실행. CV_DXT_SCALE 2 : 결과를 배열 요소 수로 나누어 스케일링한다. CV_DXT_ROWS 4 : 입력 배열의 각각의 행에 대해서 변환/역변환 실행.		

DFT.cpp

```
IplImage* input = cvLoadImage(“1.jpg”, CV_LOAD_IMAGE_GRAYSCALE);
IplImage* realNum=cvCreateImage(cvGetSize(input),IPL_DEPTH_64F,1);
IplImage* imageNum=cvCreateImage(cvGetSize(input),IPL_DEPTH_64F,1);
IplImage* complexNum=cvCreateImage(cvGetSize(input),IPL_DEPTH_64F,2);
IplImage* prealNum=cvCreateImage(cvGetSize(input),IPL_DEPTH_64F,1);
IplImage* pimageNum=cvCreateImage(cvGetSize(input),IPL_DEPTH_64F,1);
IplImage* modulo=cvCreateImage(cvGetSize(input),IPL_DEPTH_64F,1);
cvZero(imageNum);

cvConvertScale(input,realNum,1,0);
cvMerge(realNum,imageNum,NULL,NULL,complexNum);

cvDFT(complexNum,complexNum,CV_DXT_FORWARD);

cvSplit(complexNum,realNum,imageNum,NULL,NULL);
cvPow(realNum,prealNum,2);
cvPow(imageNum,pimageNum,2);
cvAdd(prealNum,pimageNum,modulo);
cvPow(modulo,modulo,0.5);

CvPoint maxPoint,minPoint;
double max,min;
cvMinMaxLoc(modulo,&min,&max,&minPoint,&maxPoint);
double scale=255.0/(max-min);
double shift=min*scale;
cvConvertScale(modulo,modulo,scale,shift);

cvNamedWindow(“modulo”, 1);
cvShowImage(“modulo”, modulo);
cvWaitKey(0);

cvReleaseImage(&complexNum);
cvReleaseImage(&realNum);
cvReleaseImage(&imageNum);
cvReleaseImage(&prealNum);
cvReleaseImage(&pimageNum);
```

08 : 허수에 해당하는 이미지를 cvZero() 함수로 초기화한다.

10 : UCHAR형의 입력 이미지를 DOUBLE형으로 변환한다.

11 : 실수와 허수에 해당하는 이미지를 복소수 이미지인 complexNum으로 cvMerge()를 사용하여 합친다.

13 : cvDFT() 함수를 수행함. flag로 CV_DXT_FORWARD를 선택한다.

15 : cvSplit()을 사용하여 DFT가 수행된 복소수 이미지를 다시 분할한다.

16~25 : 8비트로 표현할 수 있도록 DFT된 값들을 정규화하는 과정. cvPow()함수는 16번 줄을 예를 들면 prealNum = realNum^2을 수행하는 역할을 한다. 18번 줄의 cvAdd()는 prealNum+pimageNum을 의미한다.

위의 프로그램을 실행한 결과는 그림 5-11과 같다. 프로그램 실행 결과 이미지의 사분면을 재배치하면 그림 5-12와 같은 이미지를 얻을 수 있다.

(a) 입력 이미지 (b) 프로그램 실행 결과

그림 5-12 푸리에 변환

그림 5-13 사분면을 재배치한 이미지

5.3 허프-변환에 의한 경계선 검출

입력 영상에 에지 연산자를 적용하여 에지 영상을 얻었다고 하자. 일반적으로 얻어진 에지들은 물체 영역의 경계를 완벽하게 연결하지는 못한다. 물체 경계에서 부분적으로 에지가 검출되지 않을 수도 있다. 기본적으로 에지 검출은 경계선을 검출하는 작업이 아니라 경계점을 검출하는 작업이므로 완벽하게 이어진 경계선 검출을 기대하는 것은 무리다. 에지 연산자에 의해 검출된 에지 점들을 연결하여 직선으로 이루어진 경계선을 검출하는 작업을 본 절에서 설명한다.

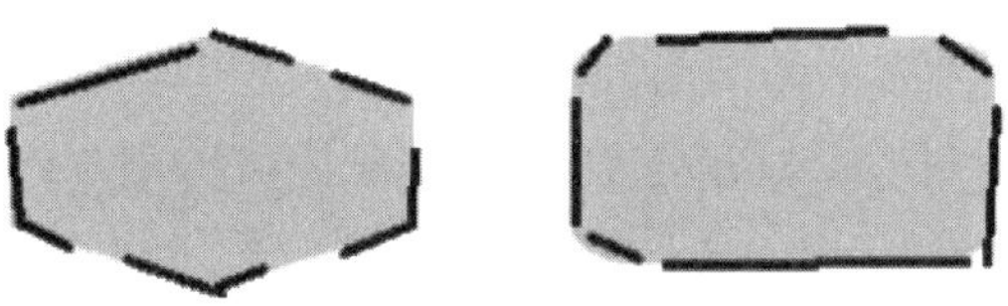

그림 5-14 부분적으로 연결되지 못한 에지 영상

허프-변환(Hough transform)은 x축과 y축으로 구성된 영상 공간(image space)의 한 에지 점을 m축과 b축으로 구성된 매개변수 공간(parameter space)의 한 직선으로 변환한다. 예들 들어 그림 5-15의 에지 점 $P(x, y)$는 그림 5-16의 매개변수 공간에서 직선 $b = -mx + y$로 변환되고, 에지 점 $P'(x', y')$는 직선 $b' = -m'x' + y'$로 변환된다.

따라서 매개변수 공간에서 두 직선이 만나는 점의 (m, b)가 영상 공간의 두 점 $P(x, y)$와 $P'(x', y')$를 연결하는 직선의 기울기(slope)와 절편(intersection)이 된다. 즉 두 에지 점을 연결하는 직선 위에 놓인 모든 에지 점은 매개변수 공간에서 $(m,$

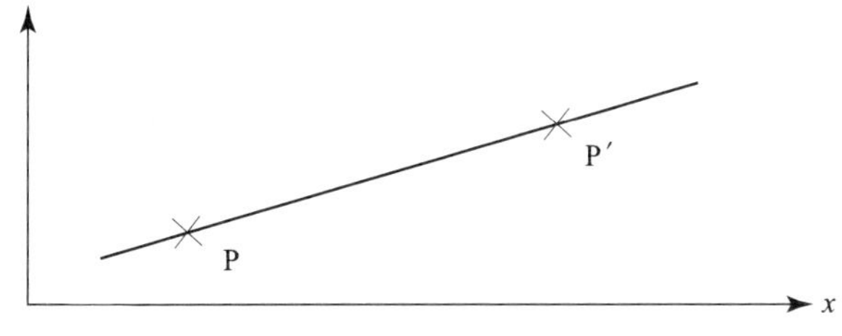

그림 5-15 영상 공간의 에지 점

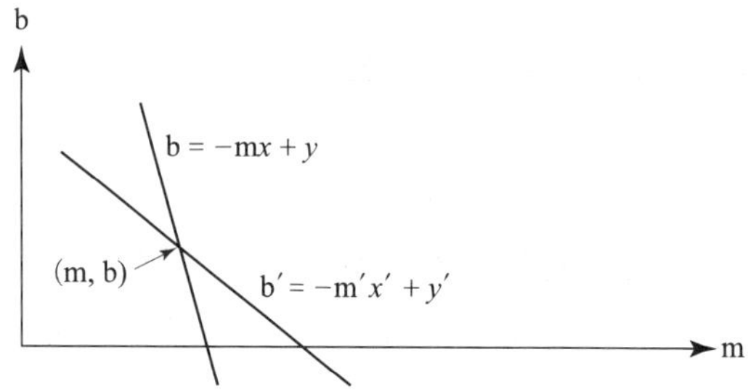

그림 5-16 매개변수 공간의 직선

b)를 통과하는 직선이 된다. 같은 직선 위에 놓인 에지 점들의 개수가 많으면 많을수록 매개변수 공간에서 (m, b)를 통과하는 직선의 수가 그 만큼 많아진다. 이는 각 에지 점이 매개변수 공간의 (m, b) 점에 한 표씩 투표를 하는 것으로 해석할 수 있다.

영상 공간의 각 에지 점에 대해 매개변수 공간의 대응되는 직선상의 모든 점들에 한 표씩 투표를 하게한 후, 가장 많은 투표를 받은 점의 m 값과 b 값이 찾고자 하는 직선의 기울기와 절편이 된다. 이제 허프-변환 알고리즘을 정리하면 다음과 같다.

(1) m과 b를 적절한 간격으로 양자화(quantization) 한다. 여기서 적절한 간격이란 매개변수 공간이 배열로서 구현되므로 배열의 크기를 고려하고 찾고자 하는 직선이 가질 수 있는 m과 b의 범위를 고려하여 결정된다.

(2) 누적 배열 $H(m, b)$를 생성하고, 배열의 각 원소를 0으로 초기화한다.

(3) 영상 공간의 각 에지 점 (x, y)에 대해 $b = -mx + y$를 만족하는 모든 $H(m, b)$ 원소의 값을 1 만큼 증가시킨다.

(4) 누적 배열 $H(m, b)$에서 일정한 값 이상이면서 동시에 로컬 최대치(local maxima)를 갖는 원소들을 선택한다. 선택된 원소들의 m과 b가 영상에서 찾고자 하는 직선의 기울기와 절편에 해당된다. 만약 n개의 로컬 최대치가 선택되면 n개의 직선이 만들어진다.

지금까지 허프-변환을 설명하면서 직선의 방정식으로 $b = -mx + y$를 사용하였다. 그러나 이 식은 약간의 문제를 발생한다. 영상에서 흔히 발생하는 수직선의 경우에 기울기 m 값이 무한대가 되어야 한다. 이는 누적 배열 $H(m, b)$의 크기를 엄청 크게 해야 하는 문제가 있다. 따라서 직선의 방정식을 극 좌표계(polar coordinate)를 이용하여 표현한다.

매개변수 공간을 (θ, r)로 표현하면, 영상 공간의 한 에지 점은 이제 매개변수 공간

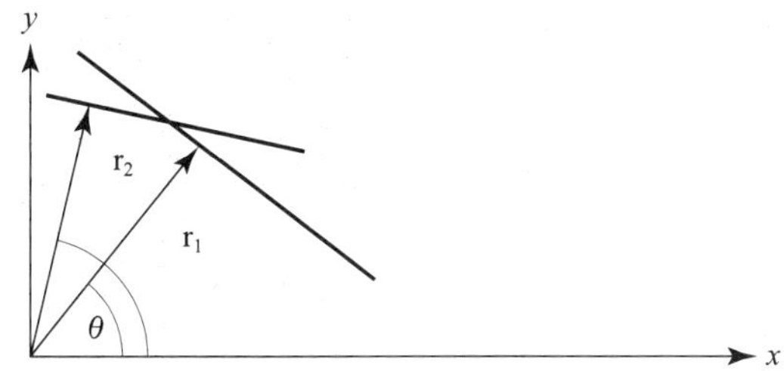

그림 5-17 직선의 방정식을 극 좌표계로 표현

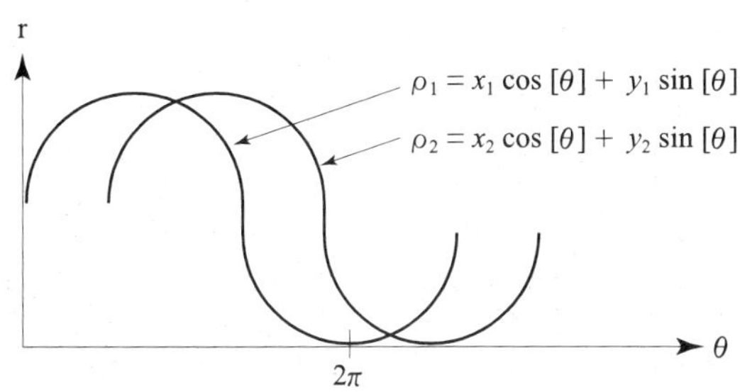

그림 5-18 영상 공간의 에지 점에 대응되는 극 좌표 공간에서의 커브

에서 sin 곡선과 같은 모양의 커브가 된다. 따라서 누적 배열 $H(\theta, r)$를 구현할 때 θ는 0에서 2π 사이의 값을 그리고 r는 0에서 영상 공간의 대각선의 길이 사이의 값을 갖도록 적절히 양자화된다.

다음 그림 5-19는 허프-변환을 이용하여 직선을 찾는 과정을 보여준다. 누적 배열 $H(\theta, \rho)$에서 몇 개의 로컬 최대치를 선택하는가에 따라 찾아진 직선의 개수가 달라진다. 직선을 원본 영상에 투영시킨 결과에서 보듯이 직선들이 물체 영역의 경계를 잘 반영시키고 있다.

지금까지 허프-변환을 설명하면서 에지 점의 위치 (x, y)에 대한 정보만 사용하였고 각 에지 점에서 에지의 방향에 대한 정보를 사용하지 않았다. 에지 방향에 대한 정보를 추가로 사용하면 누적 배열 $H(\theta, \rho)$를 갱신하는 과정을 상당히 개선시킬 수 있다. 각 에지 점 (x, y)에 대해서 $\rho = x \cos \theta + y \sin \theta$를 만족하는 $H(\theta, \rho)$의 모든 원소들을 1씩 증가시키는 대신에, 에지 점의 에지 방향 θ와 일치하는 누적 배열 $H(\theta, \rho)$의 원소만을 1 만큼 증가시키면 된다. 즉 하나의 에지 점에 대해 하나의 누적 배열 원소만 증가시킨다.

허프-변환을 수행하여 얻은 결과는 단순히 직선에 대한 정보뿐이다. 직선을 원본

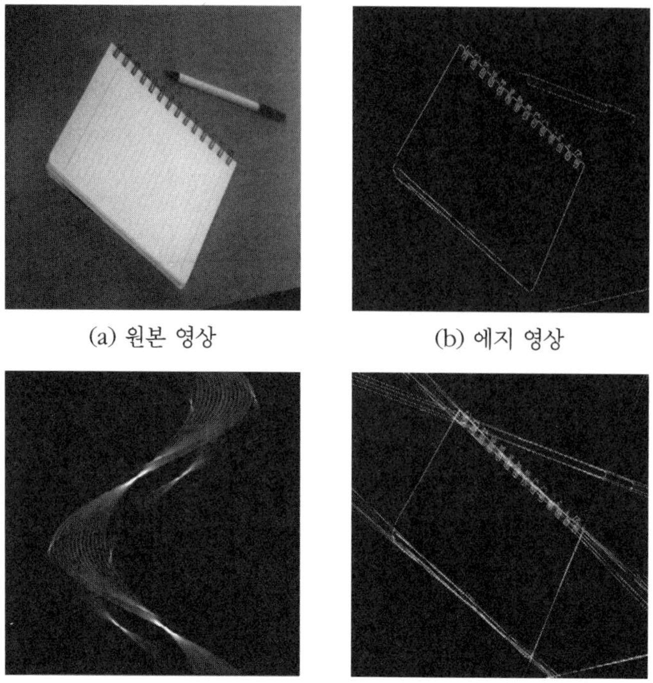

(a) 원본 영상 (b) 에지 영상

(c) 누적 배열 (d) 허프-변환 결과

그림 5-19 허프 변환 예제

영상에 투영시키면 위의 그림에서 보듯이 무한한 길이를 갖게 된다. 따라서 어떤 에지들이 어떤 직선에 대응되는가를 찾아 물체 영역의 경계선을 만드는 작업이 추가적으로 필요하다. 이러한 작업을 허프-변환의 후처리 작업(post processing)이라 한다. 후처리 작업은 정렬(sorting)과 갭 채우기(gap filling) 작업으로 진행된다. 누적 배열에서 한 원소가 선택되면, 선택된 원소에 참여했던 에지 점들을 모아 하나의 그룹을 만든다. 이 그룹에 속하는 에지 점들의 (x, y) 좌표를 누적 배열 원소의 방향 θ만큼 회전시킨 후, 회전된 x 좌표값에 따라 에지 점들을 정렬시킨다. 정렬된 인접 에지 점 간의 간격(회전된 x 좌표의 차이)이 적절한 임계값 안에 있게 되면 이들을 모아 하나의 직선 성분으로 연결한다. 간격이 임계값보다 크게 되면 그룹을 분할하고 각 그룹이 하나의 직선 성분을 나타내도록 한다.

허프-변환은 직선뿐만 아니라 다양한 유형의 곡선을 찾기 위해서도 사용될 수 있다. 직선의 경우에는 매개변수 공간이 θ와 ρ로 정의되는 2차원 공간이지만, 찾고자 하는 곡선이 복잡해질수록 매개변수 공간의 차원이 커진다. 즉 누적 배열의 차원이 커진다. 따라서 훨씬 많은 계산 시간을 필요로 한다. 예를 들어 에지 영상에서 원을 찾기

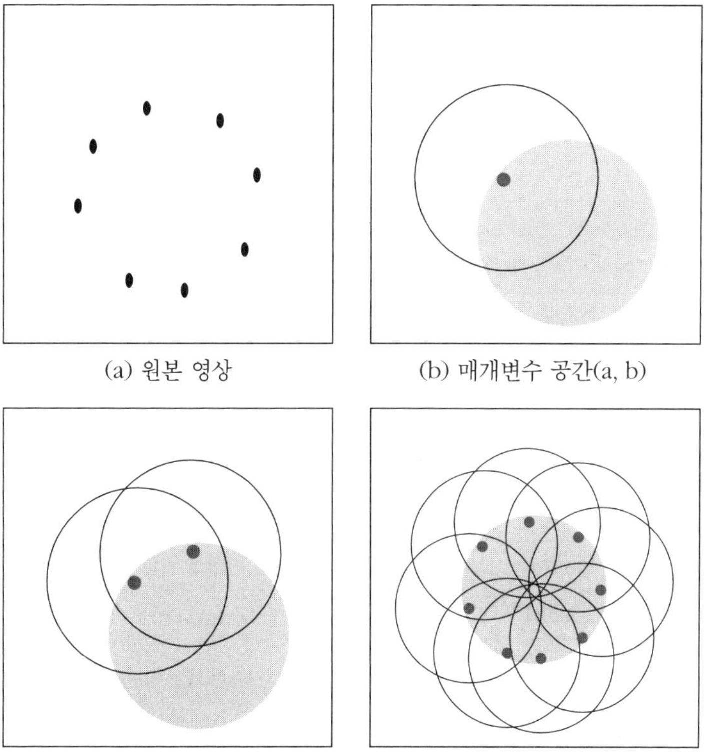

(a) 원본 영상 (b) 매개변수 공간(a, b)

(c) 매개변수 공간(a, b) (d) 매개변수 공간(a, b)

그림 5-20 허프-변환을 이용하여 원의 중심 찾기

위해서는 일반적으로 3개의 매개변수가 필요하다.

$$(x - a)^2 + (y - b)^2 = r^2$$

찾고자 하는 원의 반지름 r을 알고 있는 경우에는 매개변수 공간을 a와 b로 이루어진 2차원 공간으로 줄일 수 있다. 즉 반지름이 r인 원의 중점을 찾는 문제가 된다. 다음 그림 5-20은 에지 영상에서 허프-변환을 이용하여 원의 중심을 찾는 과정을 보여준다. 각 에지 점에 대해 매개변수 공간에 하나의 원이 만들어지고, 이 원들이 교차하는 점, 즉 가장 많은 투표를 받은 점이 찾고자 하는 원의 중심 좌표가 된다.

허프-변환에 의해 성공적으로 직선 성분을 찾기 위해서는 누적 배열을 만드는 과정에서 매개변수의 양자화가 잘 이루어져야 한다. 양자화 간격이 너무 크게 이루어지면 로컬 최대치가 뾰족하지 못하고 펑퍼짐하게 퍼지는 현상이 발생하고, 양자화 간격이 너무 촘촘하면 누적 배열의 원소 값들이 울퉁 불퉁하게 너무 변하므로 작은 크기의 로컬 최대치가 너무 많이 생긴다.

OpenCV를 이용한 허프 변환

cvHoughLine2() 함수에 대한 설명
- 이미지 내의 직선 성분을 검출한다.

파라미터 :

CvSeq* cvHoughLines2(CvArr* image, void* storage, int method, double rho, double theta, int threshold, double param1=0, double param2=0)		
첫 번째 인자	image	입력 에지 이미지
두 번째 인자	storage	라인이 저장될 저장소
세 번째 인자	method	허프 변환 방법
네 번째 인자	rho	픽셀 단위 거리 해상도
다섯 번째 인자	theta	각도 단위 각도 해상도
여섯 번째 인자	threshold	누적된 평면에서 직선 판단을 위한 임계값
일곱 번째 인자	param1	방법별 매개변수1
여덟 번째 인자	param2	방법별 매개변수2
세 번째 인자의 종류 CV_HOUGH_GRADIENT : 기울기를 사용한 허프 변환 CV_HOUGH_STANDARD : 표준 허프 변환 CV_HOUGH_MULTI_SCALE : 멀티 스케일형의 허프 변환 CV_HOUGH_PROBABILISTIC : 확률적 허프 변환		

image에 사용되는 이미지는 8비트 1채널의 에지 이미지이다. storage에는 감지된 라인들이 저장된다. method에는 4가지의 허프 변환 방법을 적용할 수 있으며 이에 따라 param1과 param2의 사용 여부도 바뀌게 된다. rho와 theta는 매개변수 양자화 단위를 뜻한다. rho가 1이면 1픽셀 단위로 theta가 CV_PI/180이라면 1° 단위로 양자화한다. threshold는 허프 공간상의 중첩 영역에 대한 임계값으로 threshold 값보다 중첩된 양이 크면 직선으로 판단하고 작으면 직선이 아니라고 판단한다. param1, param2는 CV_HOUGH_STANDARD에서는 사용하지 않기 때문에 0을 입력하면 된다. CV_HOUGH_PROBABILISTIC인 경우 param1은 직선의 최소 길이, param2는 간격에 해당한다.

Hough.cpp

```
1  IplImage* input = cvLoadImage(“road.jpg”, 1);
2  IplImage* gray = cvCreateImage(cvGetSize(input), 8, 1);
3  IplImage* edge = cvCreateImage(cvGetSize(input), 8, 1);
4
5  cvCvtColor(input, gray, CV_BGR2GRAY);
6  cvCanny(gray, edge, 100, 150, 3);
7
8  CvMemStorage* mem = cvCreateMemStorage(0);
9  CvSeq* seq = cvHoughLines2(edge, mem, CV_HOUGH_STANDARD,
10 1, CV_PI/180, 100, 0, 0);
11 for(int i = 0; i 〈 20; i++ )
12 {
13 float* line = (float*)cvGetSeqElem(seq,i);
14 float rho = line[0];
15 float theta = line[1];
16 CvPoint pt1, pt2;
17 double a = cos(theta), b = sin(theta);
18 double x0 = a * rho, y0 = b * rho;
19 pt1.x = cvRound(x0 + 1000 * (-b));
20 pt1.y = cvRound(y0 + 1000 * (a);
21 pt2.x = cvRound(x0 ? 1000 * (-b));
22 pt2.y = cvRound(y0 ? 1000 * (a));
23 cvLine( input, pt1, pt2, CV_RGB(255,0,0), 3, 8 );
24 }
25
26 cvShowImage(“hough”, input);
27 cvWaitKey(0);
28
29 cvReleaseMemStorage(&mem)
30 cvReleaseImage(&input);
31 cvReleaseImage(&gray);
32 cvReleaseImage(&edge);
```

6번 줄에서 cvCanny() 함수를 사용하고 있는데 이는 그레이 이미지를 에지 이미지로 바꾸어주는 함수이다. 8번 줄에서 라인들의 정보를 저장할 메모리 스토리지를 생성하고 있다. 9번 줄에서 허프 라인 검출 함수를 호출한다. 11번 줄의 for문은 라인을 그려주는 로직을 처리한다. 19번 줄의 cvRound()는 반올림을 해주는 함수이다.

그림 5-21 CV_HOUGH_STANDARD로 찾은 직선들

23번 줄의 cvLine() 함수에는 입력 영상의 pt1점부터 pt2점을 이어주는 선을 빨간색(255,0,0)으로 3의 두께로 그려준다.

이처럼 찾아진 직선들을 사용해서 인도를 구성하는 직선을 찾을 수 있다. 각 방향별로 여러 개의 선이 검출된 경우에는 대표 직선을 찾는 방법으로 선을 하나로 줄여나갈 수 있을 것이다.

5.4 스네이크 모델을 이용한 경계선 검출

물체 영역의 경계를 검출하는 방법으로 스네이크(snake) 모델에 대하여 설명한다. 스네이크 모델은 능동적(active) 모델 또는 다이내믹(dynamic) 모델이라고도 부른다. 뱀이 꿈틀거리며 움직이듯이 윤곽선(contour)의 위치와 형태를 조금씩 바꿔가며 최종적으로 물체 영역의 실제 경계선과 일치하도록 한다. 예를 들어 그림 5-22에서처럼 초기에 물체 주위에 대충의 윤곽선을 만들어 놓고 스네이크 알고리즘을 적용하면 윤곽선의 위치와 모양이 조금씩 변하며 점진적으로 물체 영역의 실제 경계와 일치하게 된다.

스네이크 알고리즘은 윤곽선의 위치와 형태를 변화시키기 위해 에너지 함수를 정의하고 이 에너지 함수가 최솟값을 갖도록 윤곽선의 점들의 위치를 변동시킨다. 대부분의 컴퓨터 비전 문제가 그러하듯이, 스네이크 알고리즘은 경계선을 검출하는 문제를

그림 5-22 스네이크 알고리즘의 적용 예

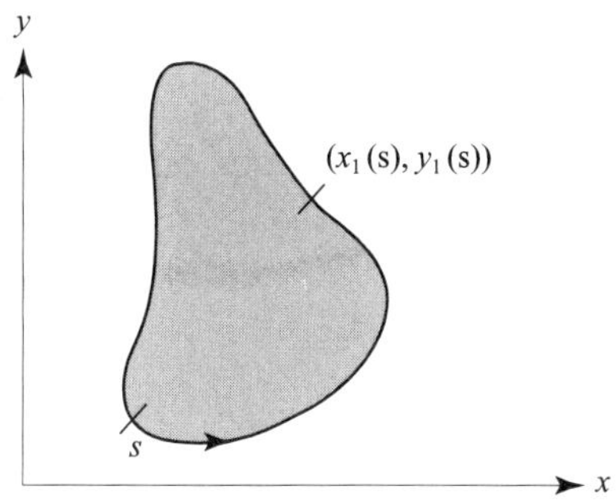

그림 5-23 스네이크의 정의

최적화(optimization) 문제로 해석하고 있다. 스네이크는 다음과 같이 정의되는 윤곽선이다.

$$\text{스네이크} = \{v(s) = (x(s), y(s)) : s \in [0, 1]\} \qquad (\text{식 } 5\text{-}26)$$

위 식에서 s는 정규화된 아크-길이(normalized arc length), 즉 윤곽선을 따라 가며 정의되는 아크의 길이로서 0에서 1 사이의 값을 가진다. 윤곽선의 시작점에서 s는 0 값을 갖고, 윤곽선을 한 바퀴 돌아 시작점의 위치에 오면 1 값을 가진다. $(x(s), y(s))$는 윤곽선을 따라 가며 s 위치에서의 x와 y 좌표값을 나타낸다.

스네이크가 갖는 에너지 함수는 일반적으로 다음과 같이 3개의 항으로 정의된다. 다른 항들이 추가될 수 있으나 본 교재에서는 E_{cont}, E_{curv}, 그리고 E_{image} 3개의 항만 고려한다.

$$E = \int(\alpha(s)E_{cont}(v(s) + \beta(s)E_{curv}(v(s) + \gamma(s)E_{curv}(v(s)))ds \qquad (\text{식 } 5\text{-}27)$$

앞의 식에서 $\alpha(s)$, $\beta(s)$, 그리고 $\gamma(s)$는 각 에너지 항의 상대적인 중요성을 나타내는 가중치다. 각 에너지 항은 윤곽선의 모양과 위치가 물체 영역의 경계에 위치하도록 유도하는 역할을 한다. E_{cont}는 윤곽선이 연속(continuous)이 되도록 한다. 즉 윤곽선의 점들이 아크를 따라 일정한 간격으로 배치되면 E_{cont}는 작은 값을 갖고, 점들이 윤곽선 위에서 한쪽 부분에 몰리게 되면 큰 값을 가진다. 윤곽선 $v(s)$가 N개의 점; v_1, v_2, ..., v_N으로 구성된다고 가정하자. i번째 윤곽 점에서의 E_{cont}는 다음과 같다.

$$\begin{aligned} E_{cont}(v_i) &= \| v_i - v_{i-1} \|^2 \\ &= (x_i - x_{i-1})^2 + (y_i - y_{i-1})^2 \end{aligned} \qquad \text{(식 5-28)}$$

이 에너지 항은 윤곽 점 간의 거리를 줄이는 역할을 한다. 윤곽 점의 개수가 N으로 고정되어 있으므로 인접 점 간의 거리를 줄임으로서 전체적으로 윤곽 점 간의 간격이 일정하게 유지되도록 한다. 그러나 위 식은 계산은 비교적 간단하지만, 윤곽선이 움추려들어 크기가 작아지도록 하는 효과가 있다. 따라서 위 식보다는 다음 식이 연속 조건을 나타내는 에너지 항으로 보다 적합하다.

$$E_{cont}(v_i) = (\overline{d} \| v_i - v_{i-1} \|)^2 \qquad \text{(식 5-29)}$$

위 식에서 $\overline{d}$는 윤곽선에서 인접 점 간의 거리의 평균이다. E_{curv}는 윤곽선이 완만한 곡선이 되도록 한다. 즉 윤곽선이 진동(oscillate)하거나 급격하게 방향을 바꾸는 것을 방지한다. 이러한 목적을 달성하기 위해 E_{curv}는 다음과 같다.

$$\begin{aligned} E_{curv}(v_i) &= \left| \frac{d^2 v_i}{ds^2} \right|^2 \\ &= \| (v_{i-1} - v_i) - (v_i - v_{i+1}) \|^2 \\ &= \| v_{i-1} - 2v_i + v_i \|^2 \\ &= (x_{i-1} - 2x_i + x_{i+1})^2 + (y_{i-1} - 2y_i + y_{i+1})^2 \end{aligned} \qquad \text{(식 5-30)}$$

E_{curv}는 곡률(curvature)을 계산하는 에너지 항으로서, 가급적 윤곽선의 곡률이 작아지도록 유도한다. 즉 완만한 윤곽선이 되도록 한다. E_{image}는 영상의 특징을 반영하는 에너지 항이다. 윤곽선이 영상에서 찾고자 하는 물체의 경계와 일치하도록 하기 위해, 즉 윤곽선의 움직임을 물체 경계 방향으로 유도하기 위한 에너지 항이다. 여러 유형의 영상 특징들을 사용할 수 있지만, 본 교재에서는 에지 특징만을 고려한다. 각 윤곽 점을 에지 크기가 큰 화소로 이동시키기 위해, 에지 크기가 크면 에너지값은 줄어

들도록 다음과 같다.

$$E_{image}(v_i) = -\parallel \nabla f(x_i) \parallel \qquad (식\ 5\text{-}31)$$

위 식에서 $\nabla f(v_i)$는 윤곽 점 v_i에서 밝기 값의 기울기(gradient)를 나타낸다. 윤곽선이 강한 에지 점에 접근하면 E_{image}는 매우 작은 값을 가진다. 이제 각 에너지 항의 가중치 α, β, γ의 역할에 대하여 살펴보자. β가 다른 가중치에 비해 상대적으로 크면 만들어지는 윤곽선(closed contour)은 원에 가까운 형태가 된다. 한 윤곽 점에서 α 값이 0이면 그 점에서 불연속(discontinuous)이 허용되고, β값이 0이면 그 점에서 코너(corner)가 허용된다. 따라서 윤곽선이 물체 경계의 코너 점에 일치할 수 있도록 하기 위해 특정한 윤곽 점에서는 β값을 0으로 할 필요가 있다. 이 문제에 대해서는 뒤에서 알고리즘을 설명하며 다루기로 한다. E_{cont}와 E_{curv}는 윤곽선의 기본 구조를 결정하는 에너지 항이고, E_{image}는 윤곽선이 영상 특징을 반영하도록 하는 에너지 항이다. 따라서 γ 값은 α나 β보다 상대적으로 큰 값을 가진다. 예를 들어, α와 β가 1 값을 가지면, γ는 1.2 정도의 값을 가진다.

이제 윤곽선을 물체의 경계에 일치시키기 위해 윤곽선을 움직이는 문제를 생각하자. 즉 에너지가 최소화되도록 각 윤곽 점을 움직이는 작업이다. 각 윤곽 점 v_1, v_2, ..., v_N들의 초기 위치는 사용자에 의하여 주어졌다고 가정한다. 이 윤곽 점들을 움직여서 다음 식이 최소화되도록 한다.

$$E = \sum_{i=0}^{N} (\alpha_i E_{cont}(v_i) + \beta_i E_{curv}(v_i) + \gamma_i E_{image}(v_i)) \qquad (식\ 5\text{-}32)$$

위 식이 최솟값을 갖는 v_1, v_2, ..., v_N을 찾기 위한 방법으로 동적 프로그래밍(dynamic programing), 기울기 경사법(gradient decent method) 등 다양한 방법이 문헌에 소개되어 있다. 본 교재에서는 비교적 간단한 탐욕 탐색 알고리즘(greedy search algorithm)을 설명한다. 탐욕 탐색 알고리즘은 각 윤곽 점을 에너지가 최소가 되는 위치로 움직여서 전체적으로 에너지가 최소가 되는 윤곽선을 찾는 방법이다. 탐색이 진행되는 과정에서 윤곽선이 물체의 코너 점에 접근할 수 있도록 하기 위해, 곡률이 일정 크기 이상이고 로컬 최대치가 되는 윤곽 점의 가중치 β를 0으로 한다.

탐욕 탐색 알고리즘

(1) 사용자가 입력 영상에 초기 윤곽 점들의 위치 v_1, v_2, ..., v_N을 결정한다.

(2) 각 윤곽 점 v_i, $i = 1$, ..., N을 중심으로 M×M 이웃 화소들을 탐색하여 에너지가

최소가 되는 화소를 찾아서 v_i를 그 점으로 이동한다.

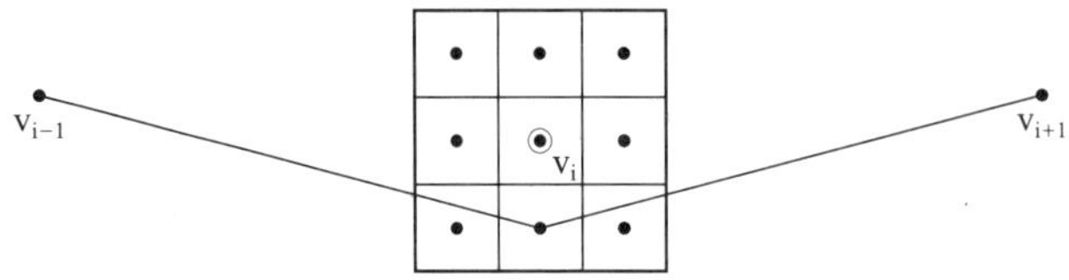

(3) 각 윤곽 점에서 곡률을 계산한다. 곡률이 로컬 최대치가 되는 윤곽 점들을 찾아서, 만약 그 점에서 곡률이 일정 임계값 이상이면서 동시에 에지 크기 역시 일정 임계값 이상이면 그 점의 가중치 β 값을 0으로 한다. 각 윤곽 점에서 곡률 계산을 위해 다음 식을 사용한다.

$$곡률(v_i) = \left| \vec{u_i}/|\vec{u_i}| - \overrightarrow{u_{i+1}}/|\overrightarrow{u_{i+1}}| \right|^2$$

$$\vec{u_i} = (x_i - x_{i-1}, y_i - y_{i-1}) \quad \overrightarrow{u_{i+1}} = (x_{i+1} - x_i, y_{i+1} - y_i)$$

(4) 인접 윤곽 점 간의 평균 거리 를 갱신한다.

(5) 단계 (2)에서 단계 (4)를 윤곽선이 더 이상 변하지 않을 때까지 반복한다.

위 알고리즘을 의사 코드(pseudo code) 형태로 정리하면 다음과 같다.

Index arithmetic is modulo N.

Initialize α_i, β_i to 1 and γ_i to 1.2 for all i.

do

// loop to move points to new locations

for i=0 **to** N

E_{min} = BIG

for j = 0 **to** m-1 // m is the size of neighborhood

if $E_j < E_{min}$ **then**

$E_{min} = E_j$

j_{min} = j

```
    move point v_i to location j_min
    if j_min not current location, ptsmoved += ptsmoved // count points moved
  // process to determine where to allow corners
  for i=0 to N-1
    c_i = | u_i/|u_i| - u_{i+1}/|u_{i+1}| |^2
  for i= 0 to N-1
    if (c_i > c_{i-1} and c_i > c_{i+1}          // if curvature is larger than its neighbors
       and c_i > threshold1                      // curvature is larger than threshold
       and 에지크기(v_i) > threshold2)           // edge strength is above threshold
    then β_i = 0
  update d̄                  // d̄ is the average distance between adjacent contour points
until ptsmoved < threshold3
```

위 알고리즘에서 3개의 에너지 항, E_{cont}, $E_{curv,j}$, $E_{image,j}$의 크기를 0에서 1 사이로 정규화시켜서 사용하여야 한다. 이는 한 에너지 항의 크기가 상대적으로 너무 커서 다른 에너지 항들의 변화를 가리는 결과를 방지하기 위함이다. $E_{cont,j}$의 크기를 정규화시키는 가장 간단한 방법은 M×M 이웃 화소들에서 계산된 E_{cont} 값 중에서 최댓값으로 나누는 방법이다. $E_{curv,j}$의 크기도 이와 같은 방법으로 0에서 1 사이의 값으로 정규화시킬 수 있다. $E_{image,j}$의 크기를 정규화시키기 위해 M×M 이웃 화소들의 에지 크기들 중에서 최댓값과 최솟값을 구한 후, 이들을 이용하여 다음과 같이 정규화 한다.

$$\text{정규화된 } \| \nabla f(v_j) \| = \frac{\| \nabla f(v_j) \| - \min}{\max - \min}$$

위에서 설명한 탐욕 탐색 알고리즘은 매우 간단하고 계산 시간도 비교적 빠르다. 이 알고리즘이 항상 최적의 해를 보장하지는 못하지만, 초기 윤곽선이 물체의 경계에서 크게 벗어나지 않는 경우에는 매우 좋은 결과를 만들어낸다.

OpenCV를 이용한 스네이크 모델

cvSnakeImage() 함수에 대한 설명

- 에너지가 최소가 되도록 윤곽의 위치를 변경함

void cvSnakeImage(const IplImage* image, CvPoint* points, int length, float* alpha, float* beta, float* gamma, int coeff_usage, CvSize win, CvTermCriteria criteria, int calc_gradient=1);		
첫 번째 인자	image	입력 이미지
두 번째 인자	points	윤곽 점
세 번째 인자	length	윤곽 점의 개수
네 번째 인자	alpha	연속성 에너지의 가중치
다섯 번째 인자	beta	곡률 에너지의 가중치
여섯 번째 인자	gamma	이미지 에너지의 가중치
일곱 번째 인자	coeff_usage	alpha, beta, gamma의 사용법 정의
여덟 번째 인자	win	최소 탐색에 사용되는 윤곽 점 근방 영역의 크기
아홉 번째 인자	criteria	정지에 대한 기준
열 번째 인자	calc_gradient	0이 아닌 경우, 픽셀에 대한 경사도를 계산하고 에너지 필드로 취급. 0일 경우, 입력 이미지 그대로 처리됨.
일곱 번째 인자의 종류 CV_VALUE : alpha, beta, gamma는 모든 윤곽 점들에 잘하게 사용되는 단일 값에 대한 포인터 CV_ARRAY : alpha, beta, gamma는 각 윤곽 점에 대하여 별도의 요소로 사용되는 계수의 배열에 대한 포인터. 모든 배열크기는 윤곽 크기와 같아야 함.		

Snake.cpp

```
IplImage* input = cvLoadImage("cam.jpg" , CV_LOAD_IMAGE_GRAYSCALE);
IplImage* output = cvCreateImage(cvGetSize(input), IPL_DEPTH_8U, 3);
int length = 90;
float alpha = 0.15, beta = 0.25, gamma = 0.35;
int c;
CvPoint* contour;
CvPoint center;
center.x = input->width/2;
center.y = input->height/2;
contour = (CvPoint*)cvAlloc(sizeof(CvPoint)*length);

for(int i = 0; i < length i++)
{
contour[i].x = (int)(center.x * cos(2 * CV_PI * i / length) + center.x);
contour[i].y = (int)(center.y * sin(2 * CV_PI * i / length) + center.y);
}
```

```
18 cvCvtColor(input ,output, CV_GRAY2RGB);
19 for(int i = 0; i < length-1; i++)
20 {
21 cvLine(output, contour[i], contour [i+1], CV_RGB(0, 0, 255), 2, 8, 0);
22 }
23 cvNamedWindow("Snake Image", 1);
24 cvShowImage("Snake Image",output);
25 cvWaitKey(0);
26
27 while(1)
28 {
29 cvSnakeImage(input, contour, length ,&alpha, &beta, &gamma,
30 CV_VALUE, cvSize(15, 15), cvTermCriteria(CV_TERMCRIT_ITER, 1, 0.0), 1);
31 cvCvtColor(input ,output ,CV_GRAY2RGB);
32 for(int i = 0; i < length-1; i++)
33 {
34 cvLine(output, contour[i], contour[i+1], CV_RGB (255, 0, 0), 2);
35 }
36 cvShowImage ("Snake Image" , output );
37 c = cvWaitKey(0);
38 if(c==' \x1b' ) break ;
39 }
40
41 cvDestroyWindow("Snake Image");
42 cvReleaseImage(&input);
43 cvReleaseImage(&output);
```

3번 줄의 length는 경계의 포인터 개수이다. 여기서는 90으로 설정하였다. 4번 줄의 alpha, beta, gamma는 사용자가 경험적으로 설정한다. 10번 줄에서는 length의 크기만큼 CvPoint 배열의 크기를 설정한다. 12번 줄의 for문을 사용하여 이미지에 표시 될 원을 입력하기 위한 좌표값들을 설정한다. 19번 줄의 for문은 초기화된 원을 이미지상에 표시하는 역할을 한다.

27번 줄의 while문 내에서 초기화된 원을 점점 객체의 윤곽에 맞게 줄여나가는 부분이 수행된다. 29번 줄의 cvSnakeImage() 함수를 통해 윤곽선을 갱신하고 34번 줄에서 이미지에 갱신된 윤곽선을 다시 그려준다. 이 프로그램의 실행 결과는 다음 그림과 같다. 그림 5-24(a)에서 시작하여 그림 5-24(f)까지 진행될수록 윤곽선이 객체의 테두리에 정확하게 조여져 가는 것을 볼 수 있다.

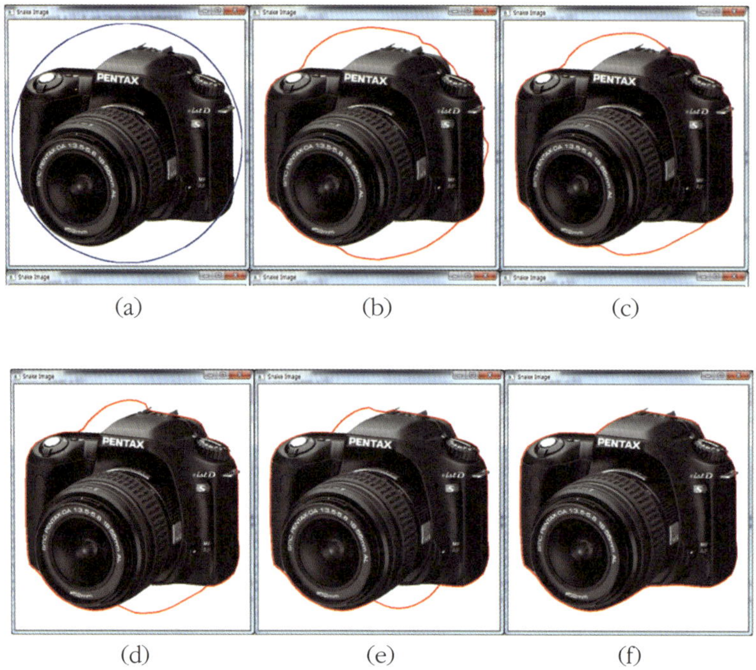

(a) (b) (c)

(d) (e) (f)

그림 5-24 cvSnakeImage() 함수의 실행 결과

연습문제

1. 일반적으로 사용되는 영역 특징에는 어떠한 것들이 있는가?
2. 영역 특징으로 사용되는 수평 및 수직 프로젝션을 구하는 방법은?
3. 경계-추적 알고리즘을 설명하시오.
4. 영역의 기울어진 방향을 구하는 방법을 예를 들어 설명하시오.
5. 영역의 크기, 방향 및 위치가 변하더라도 그 값이 일정한 불변 모멘트를 구하는 방법을 설명하시오.
6. 체인 코드의 시작 점을 정규화시키는 방법을 설명하시오.
7. 푸리에-서술자가 이동, 크기 변화, 그리고 회전에 불변하는 특징으로 사용될 수 있는 특성 4가지를 기술하시오.
8. 허프-변환의 기본 아이디어를 설명하시오.
9. 허프-변환 구현 시 누적 배열을 만드는 과정에서 매개변수의 양자화가 미치는 영향에 대하여 설명하시오.
10. 허프-변환의 후처리 작업에 대하여 설명하시오.
11. 스네이크 모델을 이용한 경계선 검출 방법의 기본 아이디어에 대하여 설명하시오.
12. 스네이크 모델의 에너지 함수에서 각 에너지 항의 역할에 대하여 설명하시오.
13. 스네이크 모델을 이용한 경계선 검출에서 코너 점을 허용하기 위한 방법을 설명하시오.
14. 스네이크 모델을 이용한 경계선 검출 알고리즘을 구현하는 프로그램을 작성하시오.

제6장

스테레오 비전

(Stereo Vision)

6.1 스테레오 영상 기하 구조

영상은 일반적으로 2차원 평면에 물체 또는 장면의 밝기를 나타내기 때문에 3차원 공간에서의 거리 정보(depth information)가 표현되지 않는다. 그림 6-1에서처럼, 3차원 공간상의 P점과 Q점이 영상에서는 같은 위치에 투영된다. 그러나 하나의 물체를 서로 다른 위치에서 촬영한 두 영상을 비교하여 그 물체의 3차원적인 위치 정보를 추론할 수 있다. 이는 우리 인간이 두 눈을 사용하여 물체가 얼마나 멀리 떨어져 있는 가를 파악하는 원리와 같다. 스테레오 비전(stereo vision)의 목표는 2개의 렌즈를 통해서 얻은 왼쪽 및 오른쪽 영상을 이용해서 물체 또는 장면의 3차원적인 거리 정보를 추론하는 것이다.

효율적인 스테레오 비전의 구현을 위해서는 입력 영상은 다음의 조건을 만족해야 한다. 첫째 영상은 구별되는 특징들이 나타날 수 있도록 충분히 밝기 값을 변화를 보여야 한다. 균일한 명암값 또는 균일한 패턴이 반복되는 경우에는 거리 정보를 구하기 어렵다. 둘째 두 렌즈 간의 거리가 적당히 떨어져 있어야 한다. 두 렌즈 간의 거리가 너무 큰 경우에는 한쪽 영상에서는 보이지만 다른 쪽 영상에서는 보이지 않는 부분이 많이 생기고, 너무 작은 경우에는 정확한 거리 정보의 추론이 어렵다. 셋째 물체가 겹쳐 놓인 경우 한쪽 영상에서는 보이지만 다른 쪽 영상에서는 앞에 놓인 물체에 의해 폐색되는(occluded) 부분이 생길 수 있다. 폐색되는 부분에서는 거리 정보의 추론이 불가능하다.

스테레오 비전에서 거리 정보를 추론하는 기본 원리는 3차원 공간상의 한 점 $P(x, y, z)$이 왼쪽 영상과 오른쪽 영상에 투영될 때, 투영되는 위치에 차이가 생기는 현상을 이용하여 거리 정보를 추론한다. 왼쪽 영상에 투영된 점을 $P_1(x, y)$라 하고 오른쪽 영상에 투영된 점을 $P_r(x, y)$라 하면 두 점 간의 차이, 즉 두 점 간의 변위(disparity)를

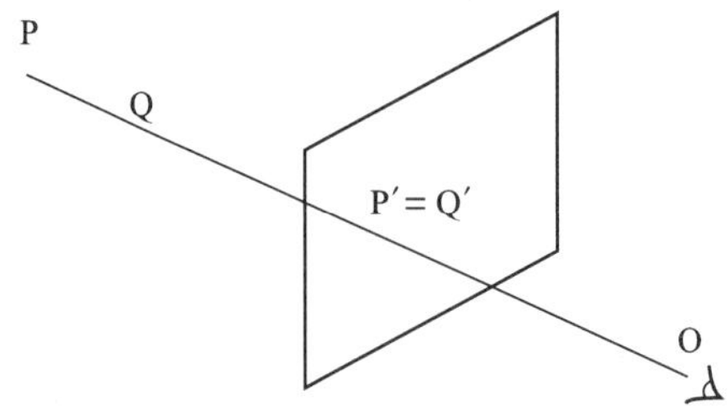

그림 6-1 영상에서의 3차원 정보의 손실

계산하여, 계산된 변위로부터 3차원 공간상의 점 $P(x, y, z)$의 이 얼마나 멀리 떨어져 있는가를 추론한다. 결국은 왼쪽 영상의 한 점에 대응되는 오른쪽 영상의 점을 찾아서, 이 대응되는 점들의 변위를 계산하고 계산된 변위로부터 실세계 점의 거리를 추론한다. 이처럼 두 영상에서 대응되는 점들을 찾는 과정이 스테레오 비전의 핵심 과제다. 대응점을 찾는 과정에서 여러 유형의 제약 조건을 사용할 수 있다. 가장 유용한 제약 조건은 에피폴라(epipolar) 제약 조건이다. 그림 6-2에서처럼, 대응점은 2차원 영상의 임의의 위치에 투영될 수 있는 것이 아니고 단지 특정 선(line)상에만 투영될 수 있다. 이 선을 에피폴라 라인이라 한다.

두 렌즈의 중심과 물체점이 만드는 삼각형 평면을 에피폴라 평면(epipolar plane)이라 하고, 에피폴라 평면이 영상 평면과 교차하여 만드는 라인을 에피폴라 라인이라 한다. 두 렌즈의 중심을 연결하는 선을 베이스 라인(baseline)이라 한다. 왼쪽 영상의 한 점에 대응되는 오른쪽 영상의 점은 반드시 에피롤라 라인에 위치한다. 이러한 에피폴라 제약 조건을 이용하면, 왼쪽 영상의 한 점에 대응되는 점을 찾는 문제는 에피폴라 라인 위에서만 탐색하면 된다. 즉 탐색 공간이 1차원 공간으로 축소된다.

이제 아주 간단한 경우로 두 렌즈의 광축(optical axis)이 평행한 경우를 생각하자. 따라서 왼쪽 영상 평면과 오른쪽 영상 평면은 서로 평행하다. 두 렌즈의 초점 거리(focal length)가 서로 같고 두 렌즈의 위치도 같은 높이에 놓여 있다고 하자. 이런 경우에 에피폴라 라인은 수평선이 된다. 이처럼 설계된 스테레오 카메라로는 땅벌 카메라(bumblebee camera)를 들 수 있다. 예를 들어 두 렌즈의 중심이 $y = 0$, $z = 0$인 선상에 놓여 있고, 왼쪽 및 오른쪽 영상 평면이 $z = 1$인 평면이라 가정하자. 두 렌즈의 중심을 지나는 임의의 평면의 방정식은 $Ax + By + Cz + D = 0$이 된다. $y = 0$, $z = 0$인 선상에 놓인 모든 점들이 이 방정식을 만족하여야 하므로 $A = D = 0$이 된다. 즉 두 렌즈의

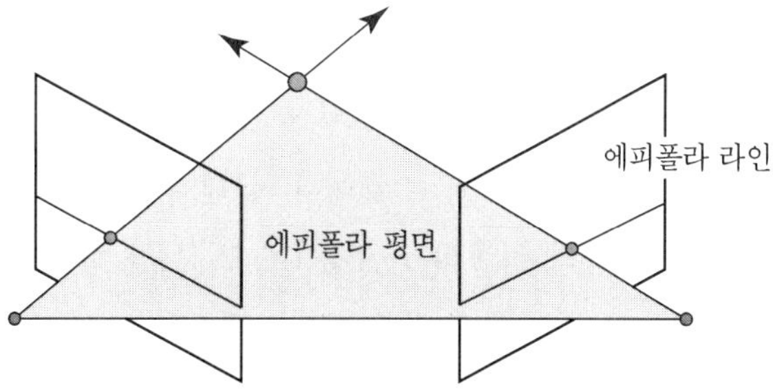

그림 6-2 에피폴라 제약 조건

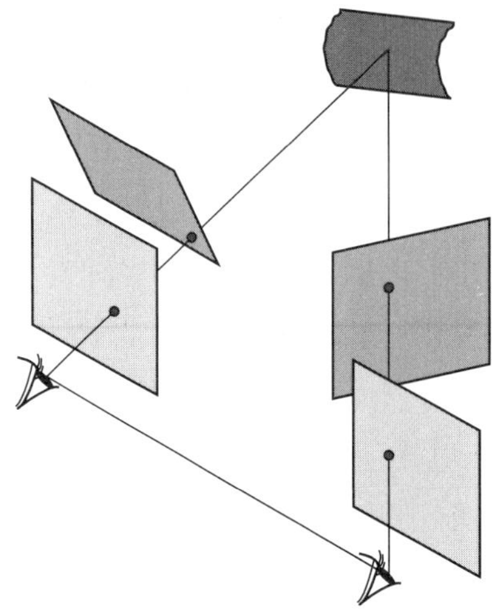

그림 6-3 영상 교정 작업

중심을 지나는 평면의 방정식은 $By + Cz = 0$이 된다. 이제 이 방정식이 영상 평면과 교차하는 선을 구하기 위해 $z = 1$을 대입하면 $By + C = 0$, 즉 에피폴라 라인은 수평선이 됨을 확인할 수 있다.

두 렌즈의 광축이 평행하지 않은 경우에는, 즉 왼쪽과 오른쪽 영상 평면이 같은 평면상에 있지 않은 경우, 이들을 평행하도록 하는 과정이 필요하다. 이러한 과정을 교정 작업(rectification)이라 한다. 교정 작업은 각 영상 평면의 X 축, Y 축, Z 축을 적절히 회전시켜 수행된다. 먼저 영상 평면의 X 축을 베이스 라인과 평행하도록 회전하고, Y 축은 회전된 X 축과 광축에 수직이 되도록 회전하고, Z 축은 회전된 X 축과 Y 축에 수직이 되도록 회전시킨다.

이제 왼쪽 영상의 한 점에 대응되는 오른쪽 영상의 대응점이 찾아지면 이들의 변위를 계산하여 거리 정보를 계산하는 과정을 설명하자. 거리 정보는 삼각형의 닮은꼴 원리를 이용하여 추출될 수 있다.

위 그림에서 두 렌즈의 광축은 평행하다. 두 렌즈 간의 거리, 즉 베이스 라인의 거리는 T이고, 대응점 간의 거리 $x_1 - x_r = d$이다. 실세계 좌표계의 원점을 O_l이라 하고, 이 원점에서 3차원 공간상의 점 P의 좌표를 (X, Y, Z)라 하자. 다음과 같은 2개의 비례식을 삼각형 닮은꼴 원리에서 유도할 수 있다.

$$
\begin{aligned}
&f : x_l = Z : X \\
&f : (-x_r) = Z : (T - X)
\end{aligned}
\qquad \text{(식 6-1)}
$$

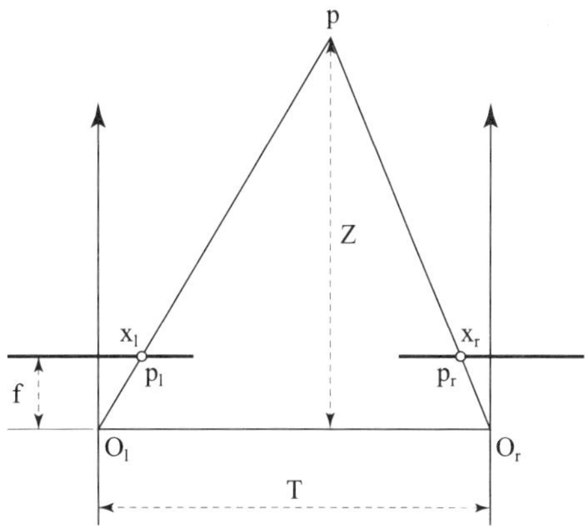

그림 6-4 삼각형의 닮은꼴 원리를 이용한 변위 계산

앞의 두 식으로부터

$$Z = \frac{fT}{x_l - x_r} = \frac{fT}{d} \qquad \text{(식 6-2)}$$

거리 정보 Z는 변위에 반비례하고 베이스 라인의 크기에 비례한다. 따라서 베이스 라인이 크면 점 P의 왼쪽 및 오른쪽 영상에 투영된 점 간의 거리, 즉 변위는 커지고, 베이스 라인이 작으면 변위가 작아진다. 즉 베이스 라인을 크게 할수록 좀 더 정교한 거리 정보를 추출할 수 있다. 반면에 베이스 라인이 커지면 양쪽 영상에 동시에 투영되는 부분이 적어지기 때문에, 즉 한쪽에서는 보이나 다른 쪽에서는 보이지 않는 부분이 많이 생기기 때문에, 대응점을 찾는 문제가 매우 어려워진다.

거리 정보를 계산하는 간단한 예제로서 다음을 생각하자. 두 카메라가 각각 (−10, 0, 0)과 (0, 0, 0)에 위치하고, 영상 평면은 Z = 1인 평면상에 있다. Z = 100인 평면 공간의 (0, 0, 100) 지점에 크기가 40×40인 정사각형의 좌하단 코너가 놓여있다. 배경은 Z = 200인 평면이고 이 평면에는 세로 줄무늬가 그려져 있다. 한 세로 줄의 왼쪽 및 오른쪽 X 좌표는 X = −5와 X = 5이다. 이러한 상황에서 왼쪽 영상에는 사각형 물체의 코너 점들이 (0.1, 0), (0.5, 0), (0.1, 4), (0.5, 4)에 투영되고, 오른쪽 영상에는 (0, 0), (0.4, 0), (0, 4), (0.4, 4)에 투영된다. 따라서 베이스 라인이 10이고 변위가 0.1이므로 거리는 10/0.1 = 100이 된다. 배경의 줄무늬는 왼쪽 영상에는 $x = 0.025$와 $x = 0.075$에 투영되고, 오른쪽 영상에는 $x = -0.025$와 $x = 0.025$에 투영된다. 왼쪽 영상에서는 사각형의 왼쪽에 줄무늬가 놓이고, 오른쪽 영상에서는 사각형과 일부 겹쳐지게 된다. 줄무늬의 경우 변위가 0.05이므로 거리는 10/0.05 = 200이 된다.

6.2 블록 매칭을 이용하여 대응점 찾기

스테레오 비전에서 거리 정보를 추출하기 위해서는 대응점을 잘 찾아야 한다. 왼쪽 영상의 한 점에 대응되는 오른쪽 영상의 대응점을 에피폴라 라인상에서 찾는 문제다. 일반적으로 왼쪽 영상의 밝기 값이 오른쪽 영상의 밝기 값과 큰 차이가 없다고 가정한다. 이러한 가정이 모든 경우에 만족되지는 않지만 베이스 라인이 엄청 큰 경우 또는 물체 표면 재질이 양철이나 거울과 같은 특수한 경우를 제외하고는 대체로 만족된다.

양쪽 영상에서 대응 화소 간의 밝기 값을 비교하는 작업은 안정적인 결과를 보장하지 못한다. 따라서 그림 6-5에서와 같이 일정 크기의 마스크를 사용하여 마스크 안의 화소 값들을 비교하여 대응점을 찾는다. 이는 에지 검출을 위해 차분 연산(difference operation)을 할 때 화소 간의 차분 연산을 수행하지 않고 마스크를 사용하여 인접 영역 간의 차분 연산을 수행하는 원리와 같다.

마스크를 이용하여 변위 p를 갖는 두 대응 영역 간의 밝기 값을 비교하기 위해 다음과 같은 SSD(Sum of Squared Difference) 또는 Corr(Corelation) 척도를 사용한다.

$$SSD(x, y; p) = \sum_{(i,j) \in W} (f_l(x+i, y+j) - f_r(x+i+p, y+j))^2 \quad (식\ 6\text{-}3)$$

$$Corr(x, y; p) = \sum_{(i,j) \in W} f_l(x+i, y+j) f_r(x+i+p, y+j) \quad (식\ 6\text{-}4)$$

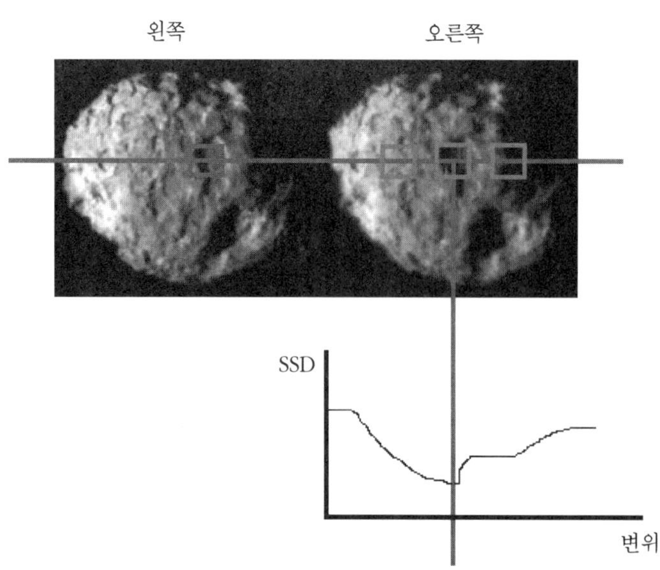

그림 6-5 마스크를 사용한 대응점 찾기

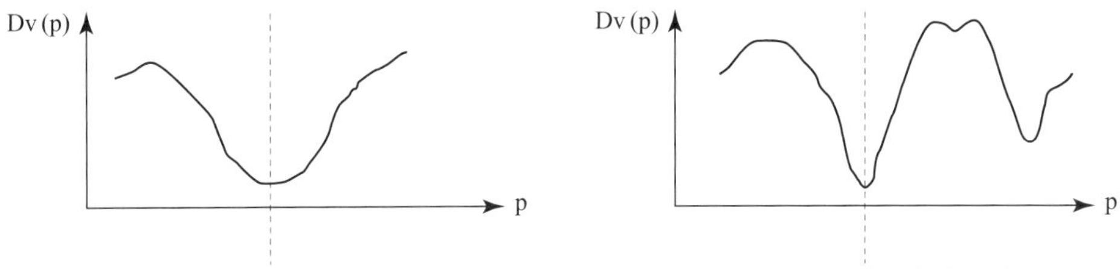

(a) 큰 마스크를 사용하여 구한 $Dv(p)$ (b) 작은 마스크를 사용하여 구한 $Dv(p)$

그림 6-6 마스크 크기 효과

앞의 식에서 SSD는 다음과 같이 정규화하여 사용할 수 있다. 즉 왼쪽 영역의 화소 값들의 분산으로 나누어 크기를 정규화한다.

$$Dv(p) = \sum_{(i,j) \in W} \big(f_l(x+i, y+j) - f_r(x+i+p, y+j)\big)^2 / \alpha_{f_l}^2 \quad \text{(식 6-5)}$$

사용되는 마스크의 크기가 크면 잡음(noise)에 강건한 매우 안정적인 값을 얻을 수 있지만, $Dv(p)$의 골(valley)이 너무 평퍼짐하게 퍼지는 경향이 있다. 따라서 변위 p에 대한 정확한 예측을 하기 어려운 점이 있다. 반면에 마스크의 크기가 너무 작으면 잡음에 민감하게 되고 $Dv(p)$가 복수 개의 골을 가질 수 있으며 가장 큰 골과 다른 골들의 차이가 크지 않게 된다.

따라서 마스크의 크기를 적응적으로 변화시키는 전략이 필요하다. 다음 알고리즘은 마스크의 크기를 점진적으로 증가시키면서 변위를 찾는 과정을 설명한다. 이 알고리즘은 변위를 결정하기 위해 3개의 임계값을 사용한다.

(1) 마스크의 초기 크기를 $n_{min} \times n_{min}$로 한다(예를 들어 $n_{min} = 9$).

(2) 에피폴라 라인 위의 후보 점들에서 $Dv(p)$를 계산한다.

(3) 만약 $Dv(p)$가 하나의 골을 갖고 골의 크기가 임계값 d1 이하면 그 점을 대응점으로 하고 종료한다.

(4) 만약 Min(Dv(p)) > d2이면 대응점이 없는 것으로 하고 종료한다.

(5) 마스크의 크기가 n_{max}이면 종료한다(예를 들어 $n_{max} = 19$).

(6) 마스크의 크기를 2 만큼 증가시키고, $n = n + 2$, $Dv(p)$가 d3 이하가 되는 후보 점들을 찾는다.

(7) 단계 (2)로 되돌아간다.

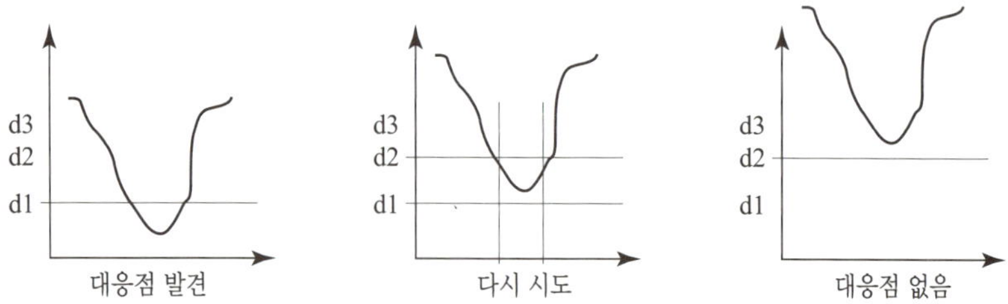

그림 6-7 마스크의 크기를 점진적으로 증가시키며 대응점을 찾는 과정

(a) 원본 영상 (b) 실제 거리(ground truth value)를 나타내는 영상 (c) 마스크 크기를 변화시키며 구해진 거리를 나타내는 영상

그림 6-8 블록 매칭을 이용한 스테레오 정합

그림 6-8은 위 알고리즘을 적용하여 변위를 구하고 구해진 변위로부터 거리 정보를 추출하여 거리에 따라 색을 달리하여 표현한 영상을 보여준다.

OpenCV 함수(블록 매칭)를 이용한 스테레오 정합

cvFindStereoCorrespondenceBM() 함수에 대한 설명

- cvFindStereoCorrespondenceBM() 함수는 블록 매칭 알고리즘을 이용하여 변위 맵(disparity map)을 생성한다.

파라미터 :

void cvFindStereoCorrespondenceBM(const CvArr* left, const CvArr* right, CvArr* disparity, CvStereoBMState* state)		
첫 번째 인자	left	왼쪽 이미지, 1채널, 8비트
두 번째 인자	right	오른쪽 이미지, 1채널, 8비트
세 번째 인자	disparity	변위 맵. 1채널, 16비트 부호 있는 또는 입력 이미지와 같은 크기의 32비트 부동 소수점 변위 맵. 첫 번째 경우 계산된 격차는 4개의 소수 비트 고정 소수점 숫자로 표시된다(계산된 변위 값은 16를 곱하고 정수로 반올림된다).
네 번째 인자	state	스테레오 매칭 구조체

CreateStereoBMState() 함수에 대한 설명

- cvCreateStereoBMState() 함수는 블록 매칭 스테레오 대응 구조를 만든다.

파라미터 :

CvStereoBMState* cvCreateStereoBMState(int preset = CV_STEREO_BM_BASIC, int numberOfDisparities=0)		
첫 번째 인자	preset	사전 정의된 매개변수 ID
두 번째 인자	numberOfDisparities	매개변수가 0인 경우, 사전 설정에서 가져온다. 그렇지 않으면 지정된 값을 덮어쓴다.
첫 번째 인자 - CV_STEREO_BM_BASIC 일반적인 카메라에 적절한 파라미터 - CV_STEREO_BM_FISH_EYE 광각 카메라에 적절한 파라미터 - CV_STEREO_BM_NARROW 협각 카메라에 적합한 파라미터		

stereoBM.cpp

```
#include <opencv/cv.h>
#include <opencv/highgui.h>

IplImage* srcLeft = cvLoadImage("tsukuba_input_left.PNG",1);
IplImage* srcRight = cvLoadImage("tsukuba_input_right.PNG",1);

IplImage* leftImage = cvCreateImage(cvGetSize(srcLeft), IPL_DEPTH_8U, 1);
IplImage* rightImage = cvCreateImage(cvGetSize(srcRight), IPL_DEPTH_8U, 1);

cvCvtColor(srcLeft, leftImage, CV_BGR2GRAY);
cvCvtColor(srcRight, rightImage, CV_BGR2GRAY);

IplImage* disparity = cvCreateImage(cvGetSize(leftImage), IPL_DEPTH_16S, 1);

CvStereoBMState * stereoBM_state = cvCreateStereoBMState(CV_STEREO_BM_BASIC, 0);
cvFindStereoCorrespondenceBM(leftImage, rightImage, disparity, stereoBM_state);
cvReleaseStereoBMState(&stereoBM_state);

cvConvertScale(disparity, disparity, 255.0f/2);

cvNamedWindow("srcLeft",CV_WINDOW_AUTOSIZE);
cvShowImage("srcLeft",srcLeft);
cvNamedWindow("leftImage",CV_WINDOW_AUTOSIZE);
```

```
24 cvShowImage("leftImage",leftImage);
25 cvNamedWindow("DisparityBM",CV_WINDOW_AUTOSIZE);
26 cvShowImage("DisparityBM",disparity);
27 cvWaitKey(0);
28
29
30 cvDestroyAllWindows();
31 cvReleaseImage(&leftImage);
32 cvReleaseImage(&rightImage);
33 cvReleaseImage(&disparity);
34
```

이 프로그램은 블록 매칭 알고리즘을 적용하여 변위를 구하고 구해진 변위로부터 거리 정보를 추출하여 거리에 따라 명암값을 달리하여 표현한 영상을 보여주는 간단한 예제이다. 프로그램의 각 라인에서 수행되는 작업을 설명하면 다음과 같다.

4행 : "tsukuba_input_left.PNG" 파일을 현재의 프로젝트 폴더에서 1채널 그레이 스케일 영상으로 읽어온다.

5행 : "tsukuba_input_right.PNG" 파일을 현재의 프로젝트 폴더에서 1채널 그레이 스케일 영상으로 읽어온다.

7행 : 입력 영상인 srcLeft와 같은 크기, 부호 없는 8비트 정수, 1채널을 갖는 출력을 위한 영상 leftImage를 생성한다.

8행 : 입력 영상인 srcRight와 같은 크기, 부호 없는 8비트 정수, 1채널을 갖는 출력을 위한 영상 rightImage를 생성한다.

10행 : 왼쪽 이미지의 색상을 그레이스 케일로 변환한다.

11행 : 오른쪽 이미지의 색상을 그레이스 케일로 변환한다.

13행 : 입력 영상인 leftImage와 같은 크기, 16bit signed 정수, 1채널을 갖는 출력을 위한 영상 disparity를 생성한다.

15행 : 블록 스테레오 매칭 알고리즘의 구조체를 생성한다. 일반적인 카메라에 적절한 파라미터인 CV_STEREO_BM_BASIC과 기본값 0으로 한다.

16행 : 블록 스테레오 매칭 알고리즘을 이용하여 변위 맵을 계산한다.

17행 : 할당된 메모리를 해제한다.

19행 : cvConvertScale 함수를 이용하여 영상변환(부연 설명).

21행 : 윈도 캡션 이름 "srcImage", CV_WINDOW_AUTOSIZE 플래그로 윈도를

생성한다.

22행 : cvLoadImage 함수로 srcImage에서 읽어온 영상을 “srcImage” 윈도에 보여준다.

23행 : 윈도 캡션 이름 “leftImage”, CV_WINDOW_AUTOSIZE 플래그로 윈도를 생성한다.

24행 : cvLoadImage 함수로 leftImage에서 읽어온 영상을 “leftImage” 윈도에 보여준다.

25행 : 윈도 캡션 이름 “DisparityBM”, CV_WINDOW_AUTOSIZE 플래그로 윈도를 생성한다.

26행 : cvLoadImage 함수로 disparity에서 읽어온 영상을 “DisparityBM” 윈도에 보여준다.

27행 : 지연 값이 0이므로, 사용자가 아무 키보드나 누를 때까지 멈추고 기다린다.

30행 : cvNamedWindow 함수에 의해 생성된 모든 윈도를 파괴한다.

31행~33행 : 각각에 할당된 메모리를 해제한다.

이 프로그램의 실행 결과는 아래의 그림과 같다. 비교적 정확한 거리 정보가 빠른 시간에 얻어짐을 확인할 수 있다.

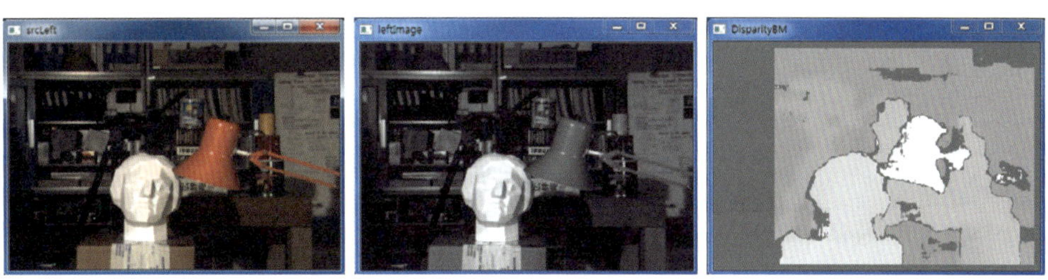

(a) 원본 영상 (b) 그레이 스케일로 변환한 영상 (c) 블록 매칭 알고리즘을 적용해 구해진 거리를 나타내는 영상

그림 6-9 OpenCV 함수를 이용한 스테레오 정합

6.3 동적 프로그래밍(Dynamic programming)을 이용한 대응점 찾기

스테레오 비전에서 대응점을 찾기 위해 사용되는 또 하나의 가정은 "대응점들의 대응 순서는 일관성이 있다."는 가정이다. 이를 설명하기 위해 그림 6-10을 생각하자. A, B, C, D 점들이 왼쪽 영상에 투영되는 순서는 오른쪽 영상에 투영되는 순서와 같다. 그러나 폐색(occlusion)이 발생하는 경우에는 가려진 점들이 투영되지 않고 가리는 점들이 투영되기 때문에 대응 순서의 일관성은 무너진다.

"대응 순서의 일관성" 원리를 이용하기 위해서 왼쪽 영상의 한 수평선상에 있는 화소들과 오른쪽 영상의 한 수평선상에 있는 화소들과의 정합(matching)을 수행한다. 화소간의 정합을 시도하여 가장 잘 정합되는 화소 쌍(pair)들을 찾아, 찾아진 화소 쌍들로부터 변위를 계산한다. 이 문제를 풀기 위해 본 절에서는 동적 프로그래밍(dynamic programming)을 사용하는 방법을 설명한다. 그림 6-11과 같은 2개의 왼쪽 및 오른쪽 수평선 $I_l(i)$과 $I_r(j)$을 생각하자. $1 \le i, j \le N$이고, N은 수평선이 갖는 화소의 개수를 나타낸다.

왼쪽 수평선의 각 화소 $I_l(i)$는 오른쪽 수평선의 특정 화소 $I_r(j)$와 정합이 될 수도 있지만, 폐색에 의해 정합 점을 갖지 못하는 경우도 발생한다. 이는 오른쪽 수평선의 각 화소 입장에서도 마찬가지다. 정합 점을 갖지 못하는 왼쪽 수평선의 화소를 "폐색되는(occluded)" 화소라고 부르고, 정합 점을 갖지 못하는 오른쪽 수평선의 화소를

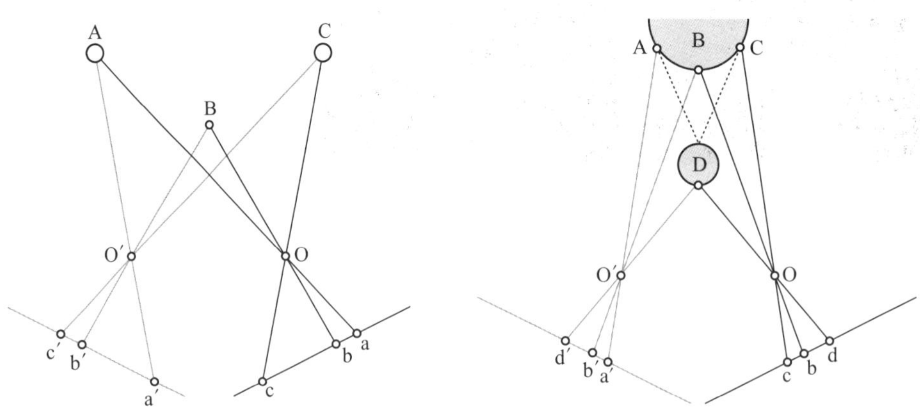

(a) 대응점들의 대응 순서의 일관성을 보이는 예

(b) 폐색에 의해 대응 순서의 일관성이 만족되지 않음을 보이는 예제

그림 6-10 대응 순서 및 폐색 효과

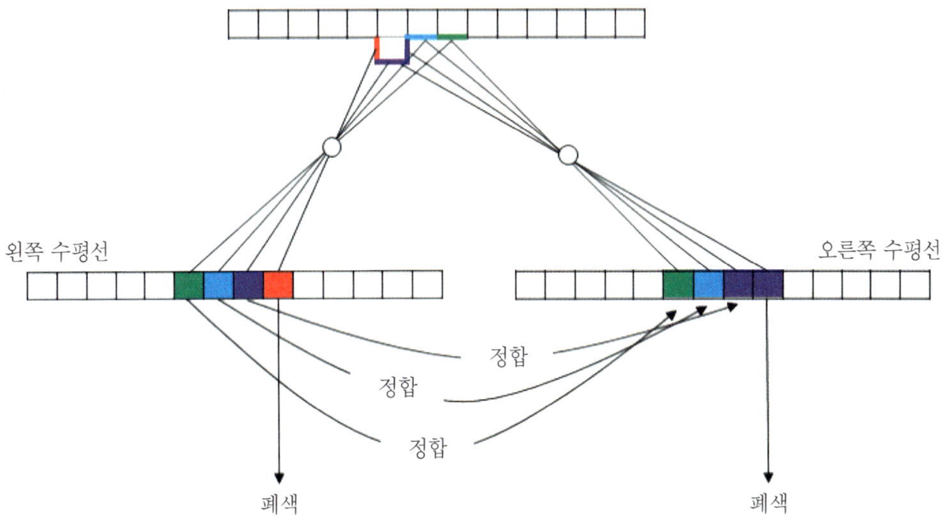

그림 6-11 왼쪽 수평선과 오른쪽 수평선 간의 정합

"폐색시키는(disoccluded)" 화소라고 부른다. $I_l(i)$와 $I_r(j)$를 정합시키기 위해 필요한 비용(cost)을 다음과 같다.

$$d_{ij} = (I_l(i) - I_r(j))^2 \qquad \text{(식 6-6)}$$

반면에 $I_l(i)$ 또는 $I_r(j)$가 폐색에 의해 정합 쌍을 갖지 못하도록 하는데 드는 비용은 비교적 높은 비용 Occ로 한다. 일반적으로 Occ는 올바른 대응점 간의 정합 비용보다는 크지만 맞지 않은 대응점 간의 정합 비용보다는 작은 값으로 책정한다.

대응 순서의 일관성의 유지된다는 전제하에서는 $I_l(l1)$의 대응점이 $I_r(r1)$이면 $I_l(l1 + 1)$의 대응점은 $I_r(r1 + j)$, $j > 0$, 이어야 한다. 이러한 전제하에서 대응점을 찾는 문제는 그림 6-12와 같은 2차원 매트릭스에서 최적 경로(optimal path)를 찾는 문제로 해석할 수 있다. 각 수평선의 첫 화소에서부터 시작하여 마지막 화소까지 각 대응점은 경로 상의 간선(edge)으로 표시된다. 그림에서 수평 간선은 왼쪽 수평선의 화소에 대한 대응점이 없는 경우이고, 수직 간선은 오른쪽 수평선의 화소에 대한 대응점이 없는 경우이다. 대응점의 정합 비용이 간선의 비용이 되며(대응점이 없는 경우에는 Occ 비용), 경로의 비용은 경로 상에 있는 간선 비용의 합이 된다. 따라서 대응점을 찾는 문제를 비용이 최소가 되는 경로를 찾는 문제로 해석할 수 있다. 이 문제를 풀기 위해 동적 프로그래밍을 이용한다.

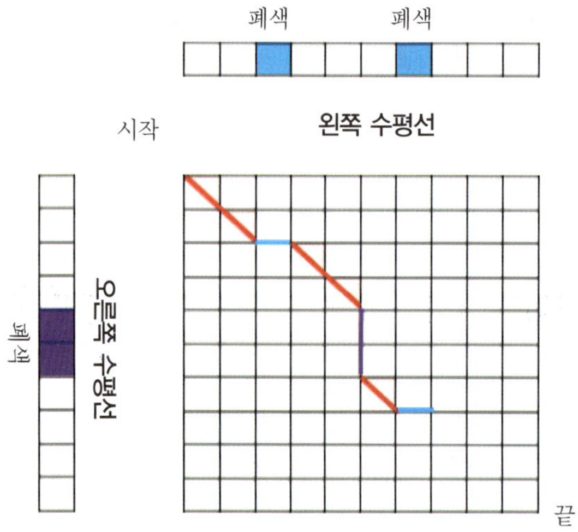

그림 6-12 대응점 찾는 문제를 최적 경로 찾는 문제로 해석

동적 프로그래밍에서는 매트릭스의 시작점 (0,0)에서부터 (i,j)까지의 최소 경로 비용을 F(i,j)라 하고, (N,N)까지의 최소 비용 경로 F(N,N)을 다음과 같은 방법으로 찾는다.

(1) F(0, 0) = 0

(2) F(i, j) = Min (F(i-1,j-1) + , F(i-1,j) + Occ, F(i,j-1) + Occ)

이제 동적 프로그래밍을 이용하여 대응점을 찾는 과정을 알고리즘의 형태로 정리하면 다음과 같다.

```
(1) for i = 0 to N
        F(i,0) =
        F(0,i) =
(2) for i = 0 to N
        for j = 0 to N
            min1 = F(i-1,j-1) +
            min2 = F(i-1,j) + Occ
            min3 = F(i,j-1) + Occ
            F(i,j) = MIn(min1, min2, min3)
            if (F(i,j) = min1), M(i,j) = 1
```

```
if (F(i,j) = min2), M(i,j) = 2
if (F(i,j) = min3), M(i,j) = 3
```

위 알고리즘에서 F(i,j)는 매트릭스의 시작점 (0,0)에서 (i,j)까지의 최소 비용 경로의 비용을 나타낸다. M(i,j)는 값이 1이면 $I_l(i)$와 $I_r(j)$가 서로 대응되는 점임을 나타내고, 값이 2이면 $I_l(i)$의 대응점이 없는 경우, 값이 3이면 $I_r(j)$의 대응점이 없는 경우를 나타낸다. 위 알고리즘에 의해 M(i,j) 값이 구해지면 왼쪽 및 오른쪽 수평선의 각 화소 간의 대응 관계는 다음과 같은 M(i,j)를 역추적해가며 확인할 수 있다.

```
(1) p = N, q = N
(2) while (p 0 AND q 0)
      switch(M(p,q))
        case 1:
          p matches q; p--; q--; break;
        case 2:
          p is unmatched; p--; break;
        case 3:
          q is unmatched; q--; break;
```

그림 6-13은 동적 프로그래밍을 이용하여 변위를 구하고 구해진 변위로부터 거리 정보를 추출하여 거리에 따라 명암값을 달리하여 표현한 영상을 보여준다.

(a) 원본 영상 (b) 실제 거리(ground truth value)를 나타내는 영상 (c) DP 알고리즘을 적용해 구해진 거리를 나타내는 영상

그림 6-13 DP를 이용한 스테레오 정합

6.4 그래프 컷 이론을 이용한 변위 계산

스테레오 비전에서 각 화소의 거리 정보, 즉 변위(disparity) 값을 구하는 또 다른 방법은 그래프-컷(graph cut) 이론을 이용한 에너지 최소화(energy minimization) 방법이다. 스테레오 비전에서는 각 화소에 변위 값이 할당되어야 하는데, 이 방법은 적절한 에너지 함수를 정의하고 이 에너지 함수가 최솟값을 갖도록 변위 할당을 유도한다. 정의된 에너지 함수가 최솟값을 갖도록 변위 할당을 조정하는 과정에서 그래프-컷 이론이 사용된다. 본 절에서는 먼저 그래프-컷 이론을 설명하고 이어서 이 이론을 에너지 함수 최소화 과정에 적용하는 방법을 설명한다.

최대-흐름/최소-컷(max-flow/min-cut) 개념을 간단히 설명하기 위해 그림 6-14처럼 3개의 파이프가 연결되어 있는 상황을 생각해 보자. 각 파이프의 용량은 4, 2, 그리고 6이라고 하자. 소스 S에서 싱크 T로 물을 보낼 때 최대 흐름(max-flow)은 2가 된다. 3개의 파이프 중에 임의의 한 파이프를 끊으면 물의 흐름이 중단된다. 즉 물의 흐름을 중단시킬 수 있는 컷(cut)은 3가지 경우이다. 이들 중에서 용량이 최소가 되는 컷은 가운데 파이프를 컷하는 경우이고 컷되는 파이프의 용량은 2로서 최대-흐름과 같은 값을 갖게 된다.

이제 좀 더 복잡한 상황을 생각하자. 그림 6-15와 같은 방향성 그래프 G(V,E) 에서 V는 노드들의 집합을 나타내고, E는 아크들의 집합을 나타낸다. 각 에지는 자신의 용량을 나타내는 값을 갖고 있다. 소스 노드 S와 싱크 노드 t를 분리하는 아크들의 집합을 컷(cut)이라고 하고, 컷에 포함된 에지 용량들의 합을 컷-값이라 한다. 가능한 여러 컷들 중에서 아크 용량을 합한 컷-값이 최소가 되는 컷을 최소-컷(min-cut)이라 한다.

주어진 그래프에서 최소-컷을 어떻게 쉽게 찾을 수 있는가 하는 문제를 Ford와 Fulkerson은 소스 노드에서 싱크 노드로 최대-흐름을 유발하는 아크들을 찾고 이들 아크 중에서 컷을 만드는 아크들만을 선택하는 전략을 개발했다. 이들은 또한 최소-컷은 최대-흐름과 같다는 사실도 확인했다. 이제 스테레오 비전에서 각 화소에 적절한

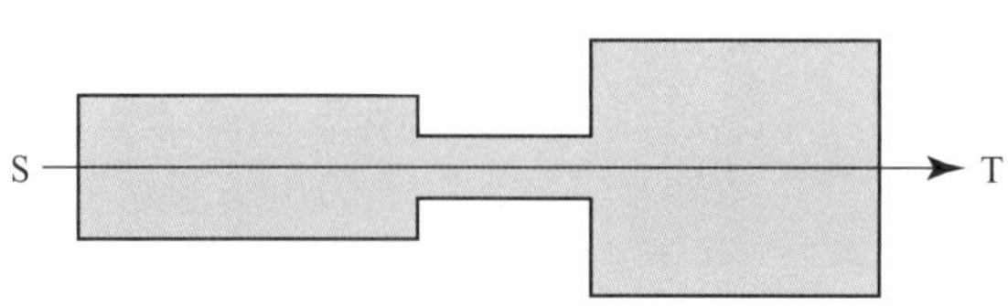

그림 6-14 최대-흐름/최소-컷의 개념적 설명 예제

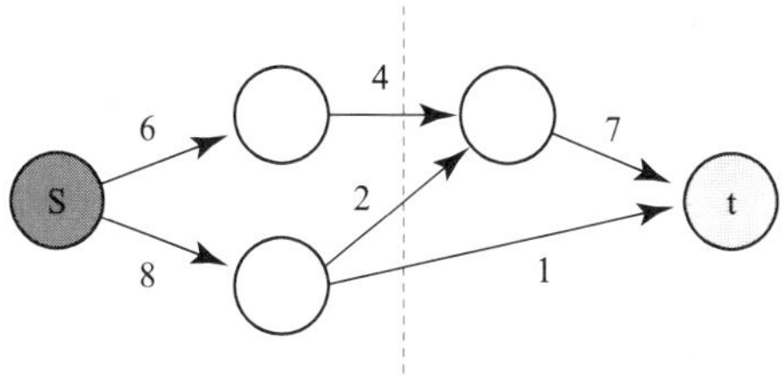

그림 6-15 컷과 최소-컷에 대한 예제

변위를 할당하기 위해 (식 6-7)와 같은 에너지 함수를 정의한다.

$$E(f) = \sum_{(p,q) \in N} V_{p,q}(f_p, f_q) + \sum_{p \in P} (f_p) \qquad \text{(식 6-7)}$$

(식 6-7)에서 $P = (p_1, p_2, \ldots, p_n)$는 화소들의 집합을 나타내고, $L = (1, 2, ..., m)$은 화소에 할당될 레이블, 즉 변위들의 집합을 나타내고, N은 이웃 화소들의 집합을 나타내고, f_p는 화소 p에 할당된 레이블(즉 변위)을 나타내고, $f : P \rightarrow L$은 화소들의 집합에 적절한 레이블을 할당하는 함수를 나타낸다. (식 6-7)은 2개의 항을 갖는데 첫 번째 항 $V_{p,q}(f_p, f_q)$는 화소 p에 레이블 f_p가 할당되고 화소 q에 레이블 f_q가 할당되는 상황이 얼마나 잘 어울리는 상황인가를 나타낸다. 일반적으로 두 화소 p와 q가 인접한 화소이면 이들은 같은 변위 값을 가질 확률이 높다. 따라서 $V_{p,q}(f_p, f_q)$는 (식 6-8)과 같다.

$$V_{p,q}(f_p, f_q) = K\delta(f_p \neq f_q) \qquad \text{(식 6-8)}$$

(식 6-8)는 인접한 두 화소 p와 q가 같은 변위 값을 가지면 0이고 서로 다른 변위 값을 가지면 K 값을 갖게 된다. (식 6-7)의 두 번째 항 $D_p(f_p)$은 화소 p에 레이블 f_p를 할당하는 것이 얼마나 적합한 가를 나타낸다. 따라서 (식 6-9)처럼 왼쪽 영상의 화소 p와 오른쪽 영상의 $p + f_p$위치의 화소의 밝기 값 차이를 계산하여 이 값이 작으면 왼쪽 영상의 화소 p에 할당된 레이블 f_p는 적절한 변위 값으로 판단할 수 있다.

$$D_p(f_p) = (I_l(p) - I_r(p + f_p))^2 \qquad \text{(식 6-9)}$$

이제 그래프 컷을 이용하여 변위를 할당하는 문제를 풀기 위해 그림 6-16과 같은 매우 간단한 경우를 생각하자. 2개의 화소 p와 q가 있다. 이들 화소들에게 이미 어떤 레이블(변위)이 할당되어 있다. 할당된 레이블을 새로운 레이블 α로 바꾸는 것이 바람직한 가를 결정하기 위해 그림 6-16과 같은 그래프를 만들었다. 이 그래프는 5개의 노드를 가진다. 2개의 터미널 노드 α와 $\overline{\alpha}$, 그리고 2개의 화소를 나타내는 노드 p와 노드 q, 그리고 노드 p와 노드 q의 사이에 놓인 노드 a가 있다. 노드 a는 두 화소 p와 q에 서로 다른 레이블이 할당되어 있는 경우에만 만들어진다. 이 그래프가 7개의 아크를 그림 6-16과 같이 갖고 있고 각 아크에는 에너지값이 할당되어 있다. 아크 t_p^{α}는 노드 α에서 노드 p에 연결된 아크를 나타내고, 아크 $t_p^{\overline{\alpha}}$는 노드 p에서 노드 $\overline{\alpha}$에 연결된 아크를 나타내고, 아크 $e_{\{a,\ q\}}$는 중간에 낀 노드 a에서 노드 q에 연결된 아크를 나타낸다. 아크에 할당된 에너지값을 나타내는 표에서 p_{α}는 이미 레이블이 α인 화소들의 집합을 나타낸다. 따라서 $p \in P_{\alpha}$는 화소 p에 할당된 레이블이 α인 경우를 나타낸다.

아크에 할당된 에너지값들을 잘 살펴보면 나름대로 일정한 규칙을 발견할 수 있다. 아크 t_p^{α}에는 에너지 $D_p(\alpha)$가 할당되어 있다. 즉 화소 p에 레이블 α를 할당하는 것이 적합한가를 평가하기 위함이다. 아크 $t_p^{\overline{\alpha}}$에 할당된 에너지는 2가지 경우로 나누어진다. 화소 p가 이미 레이블 α를 갖고 있는 경우에는 ∞ 값을 갖는데 이는 레이블 α를 갖고 있는 화소는 레이블을 바꾸지 않겠다는 의도이다. 화소 p에 할당되어 있는 레이블이 α가 아닌 f_p인 경우에는 에너지값은 $D_p(f_p)$로서, 이는 기존에 할당된 레이블 f_p가 어느 정도 타당한가를 나타낸다. 화소를 나타내는 노드 p와 중간에 낀 노드 a를 연결하는 아크에는 에너지값 $V_{p,\ q}(f_p,\ \alpha)$가 할당되는데, 이는 화소 p의 레이블을 α로 바꾸기 위해서는 어느 정도 비용을 지불해야 된다는 의미이다.

그래프의 노드와 아크 그리고 아크에 할당된 에너지값에 대한 설명을 마쳤다. 앞에서 이야기한 대로 이 그래프의 의도는 이미 어떤 레이블이 할당되어 있는 화소 p와 q의 레이블을 새로운 레이블 α로 변경할 것인가를 판단하기 위함이다. 화소에 레이블을 할당하는 문제를 에너지가 최소화되도록 그래프 컷하는 문제로 해석하였다. 이 그래프의 최소-컷이 그림 6-16에서와 같이 만들어지면 화소 p의 레이블은 바꾸지 않고 기존 레이블을 갖도록 하고, 화소 q의 레이블을 새로운 레이블 α로 바꾼다. 이러한 과정을 통해 레이블 α를 갖는 화소 수가 증가될 수 있다. 레이블 α를 갖는 화소 수를 증가시키는 과정을 α-확장(α-expansion)이라 한다. 그래프의 최소-컷을 찾는 문제는 최대-흐름을 찾는 알고리즘에 의해 구현될 수 있다.

$$f_p = \begin{cases} \alpha & \text{if } \textit{cut separates } p \text{ and } \alpha \\ f_p^{old} & \text{if } \textit{cut separates } p \text{ and } \overline{\alpha} \end{cases} \qquad \text{(식 6-10)}$$

지금까지 아주 간단한 경우의 예를 들어 그래프 컷을 이용하여 화소의 변위를 구

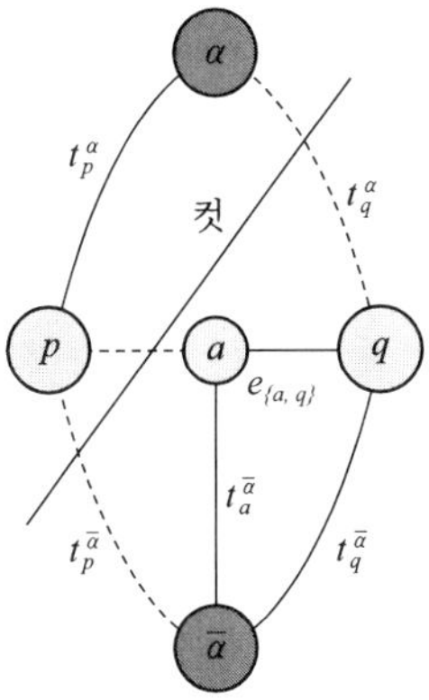

아크	에너지값	현재 상황
$t_p^{\bar{\alpha}}$	∞	$p \in P_\alpha$
$t_p^{\bar{\alpha}}$	$D_p(f_p)$	$p \notin P_\alpha$
t_p^{α}	$D_p(\alpha)$	$p \in P$
$e_{\{p,a\}}$	$V_{\{p,q\}}(f_p, \alpha)$	$\{p, q\} \in N, f_p \neq f_q$
$e_{\{a,q\}}$	$V_{\{p,q\}}(\alpha, f_q)$	
$t_a^{\bar{\alpha}}$	$V_{\{p,q\}}(f_p, f_q)$	
$e_{\{p,q\}}$	$V_{\{p,q\}}(f_p, \alpha)$	$\{p, q\} \in N, f_p = f_q$

그림 6-16 그래프 컷을 이용한 화소 레이블링의 예제

하는 문제를 살펴봤다. 이제 좀 더 일반적인 경우로 확장하여 스테레오 비전에서 각 화소의 변위를 구하는 문제를 설명한다. 그래프 컷을 이용하여 (식 6-7)에 정의된 에너지가 최소화되도록 각 화소에 레이블(변위)을 할당하는 방법으로 "$\alpha - \beta$ 교환 알고리즘"과 "α-확장 알고리즘"이 문헌에 소개되어 있다. 본 교재에서는 α-확장 알고리즘(-expansion algorithm)에 대하여 설명한다. α-확장 알고리즘의 기본 취지는 레이블(변위)이 α가 아닌 화소의 레이블을 α로 바꾸어서, 즉 레이블 α를 갖는 화소가 많아지도록 확장하여 에너지 함수를 평가한다. 이러한 과정을 모든 레이블에 대하여 반복하면서 에너지값이 최소가 되도록 각 화소의 레이블을 결정한다. α 확장 알고리즘의 전체적인 진행 과정은 다음과 같다.

1. (Initialize) Start with an arbitrary labeling $f : P \rightarrow L$
2. Set success = 0
3. For each label $\alpha \in L$
   3.1. Find $\hat{f}$ = arg min $E(f')$ among f' within one α-expansion of f
   3.2. If $E(f') < E(f)$, set $f = \hat{f}$ and success = 1
4. If success = 1 goto 2
5. Return $\hat{f}$

α-확장 알고리즘의 단계 3.1과 단계 3.2를 반복-단계(iteration)라 하고, 단계 2에서 단계 4까지를 사이클(cycle)이라 한다. 한 사이클 안에서 모든 레이블에 대하여

반복-단계가 수행되고, success 변수가 1 값을 갖는 동안, 즉 좀 더 나은 레이블링이 만들어지는 동안 계속해서 사이클을 반복된다. 문헌에 보고된 바에 의하여 대부분의 문제에서 3-4 사이클 안에 알고리즘이 종료하게 되고, 첫 번째 사이클에서 최적에 가까운 레이블링이 이루어짐을 확인할 수 있다. 이 알고리즘의 핵심적인 부분은 단계 3.1로서, 이 단계에서 그래프 컷을 이용하여 효과적으로 $\hat{f}$를 찾는다.

α-확장 알고리즘의 단계 3.1을 좀 더 자세히 설명하기 위해 먼저 (식 6-11)와 (식 6-12)를 정의한다. (식 6-12)에서 P_l은 레이블 l을 갖는 화소들의 그룹을 나타낸다. 따라서 화소들의 전체 집합 P는 같은 레이블을 갖는 화소들의 그룹들의 집합으로 표현된다.

$$P = \{P_l \mid l \in L\} \qquad \text{(식 6-11)}$$

$$P_l = \{p \in P \mid f_p = l\} \qquad \text{(식 6-12)}$$

단계 3.1을 그래프 컷을 이용하여 풀기 위해 그림 6-17과 같은 그래프 $G_\alpha = (V_\alpha, \varepsilon_\alpha)$를 생성한다. 이 그래프는 노드들의 집합 V_α와 아크들의 집합 ε_α로 구성된다. 노드들의 집합 V_α는 현재 레이블이 할당된 화소들 $P = \{p, q, r, s\}$를 나타내는 노드들과 2개의 터미널 노드 α와 $\bar{\alpha}$, 그리고 보조 노드들로 구성된다. 보조 노드는 그림에서와 같이 서로 다른 레이블을 갖는 그룹들 사이에 끼우게 된다. 예를 들어 $P = \{P_1, P_2, P_\alpha\}$이고, $P_1 = \{p\}$, $P_2 = \{p, r\}$, $P_\alpha = \{s\}$, 그리고 p와 q가 서로 인접한 이웃 화

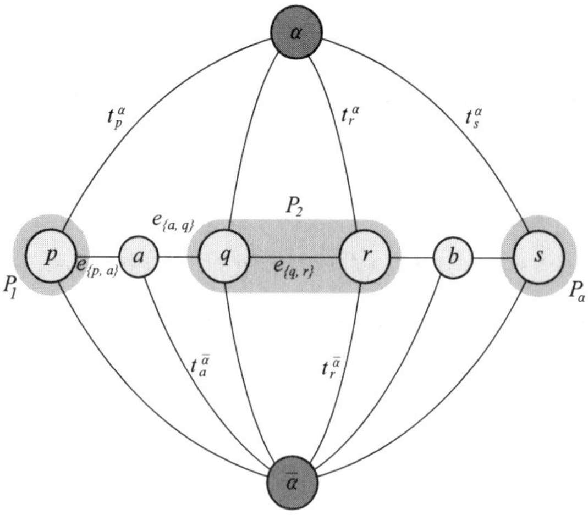

그림 6-17 확장 알고리즘의 단계 3.1에서 만들어지는 그래프의 예제

소(neighbor)이고 r과 s가 서로 인접한 이웃 화소(neighbor)이면, 2개의 보조 노드 a와 b를 a는 p와 q 사이에 그리고 b는 r과 s 사이에 끼워 넣는다.

$$V_\alpha = \left\{\alpha, \overline{\alpha}, P, \bigcup_{(p,q) \in N \text{ and } f_p \neq f_q} \alpha_{\{p,q\}}\right\} \quad (\text{식 } 6\text{-}13)$$

아크들의 집합 ε_α은 터미널 노드와 연결되는 2가지 유형의 t-아크, 같은 레이블을 가지면서 서로 이웃하는 화소 노드들을 연결하는 e-아크, 그리고 보조 노드와 화소 노드들을 연결하는 e-아크로 구성된다. 화소 노드는 2개의 t-아크 t_p^α와 $t_p^{\overline{\alpha}}$에 의해 터미널 노드 α와 $\overline{\alpha}$에 연결된다. 보조 노드는 3개의 아크를 갖는데, 2개의 e-아크 $e_{\{p,a\}}$와 $e_{\{a,q\}}$는 레이블이 서로 다르면서 이웃한 두 화소 노드와 연결되고 1개의 t-아크 $t_a^{\overline{\alpha}}$는 터미널 노드 $\overline{\alpha}$에 연결된다.

$$\begin{aligned}\varepsilon_\alpha = \Bigg\{ & \bigcup_{p \in P}\left\{t_p^\alpha, t_p^{\overline{\alpha}}\right\}, \bigcup_{\{p,q\} \in N \text{ and } f_p \neq f_q}\left\{e_{\{p,a\}}, e_{\{a,q\}}, t_a^{\overline{\alpha}}\right\}, \\ & \bigcup_{\{p,q\} \in N \text{ and } f_p = f_q} e_{\{p,a\}}\Bigg\}\end{aligned} \quad (\text{식 } 6\text{-}14)$$

각 아크에 할당된 에너지값은 그림 6-18과 같다. 에너지값이 그림 6-18과 같이 할당되는 원리는 그림 6-16에서 설명하였다. -확장 알고리즘의 단계 3.1에서 이와 같이 그래프 $G_\alpha = (V_\alpha, \varepsilon_\alpha)$가 만들어 지면, α-확장에 의해 에너지가 최소가 되는 레이블링 f'를 찾는 문제는 그래프의 최소-컷을 찾는 문제로 귀결된다. 앞에서 설명했듯이 그래프 최소-컷은 Ford와 Fulkerson의 그래프 최대-흐름을 구하는 알고리즘에 의해 찾아질 수 있다. 그래프 최소-컷이 찾아지면, α-확장은 (식 6-15)에 의해 레이블을 조정하여 이루어진다.

$$f_p = \begin{cases} \alpha & \text{if } t_p^\alpha \in Cut \\ f_p^{old} & \text{if } t_p^{\overline{\alpha}} \in Cut \end{cases} \quad (\text{식 } 6\text{-}15)$$

(식 6-15)에서 보듯이 컷이 화소 p와 터미널 노드 α를 분리하면 화소 p에는 레이블 α가 할당되고, 컷이 화소 p와 터미널 노드 $\overline{\alpha}$를 분리하면 화소 p의 레이블은 바꾸지 않는다. 지금까지 설명한 그래프를 생성하고 컷을 찾고 화소에 할당된 레이블을 변경하는 작업은 단계 3.1이 반복될 때 마다 매번 실행된다.

아크	에너지값	현재 상황
$t_p^{\bar{\alpha}}$	∞	$p \in P_\alpha$
$t_p^{\bar{\alpha}}$	$D_p(f_p)$	$p \notin P_\alpha$
t_p^{α}	$D_p(\alpha)$	$p \in P$
$e_{\{p,a\}}$	$V(f_p, \alpha)$	$\{p, q\} \in N, f_p \neq f_q$
$e_{\{a,q\}}$	$V(\alpha, f_q)$	
$t_a^{\bar{\alpha}}$	$V(f_p, f_q)$	
$e_{\{p,q\}}$	$V(f_p, \alpha)$	$\{p, q\} \in N, f_p = f_q$

그림 6-18 $G_\alpha = (V_\alpha, \varepsilon_\alpha)$에 할당된 에너지값

그림 6-19는 그래프 컷을 이용하여 변위를 구하고 구해진 변위로부터 거리 정보를 추출하여 거리에 따라 명암값을 달리하여 표현한 영상을 보여준다. 매우 정확한 거리 정보가 얻어짐을 확인할 수 있다.

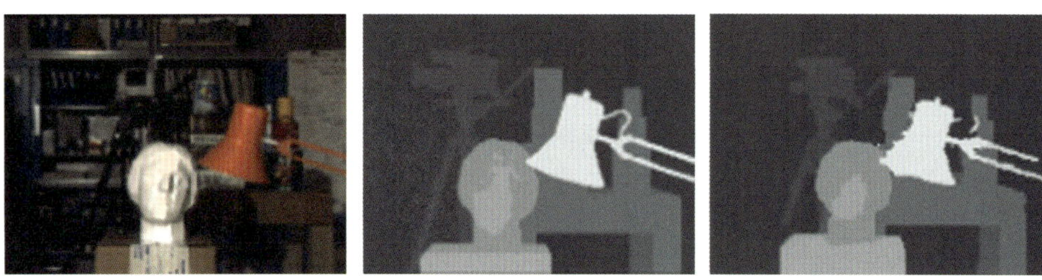

(a) 원본 영상 (b) 실제 거리(ground truth value)를 나타내는 영상 (c) 그래프 컷을 이용해 구해진 거리를 나타내는 영상

그림 6-19 그래프 컷을 이용한 스테레오 정합

OpenCV 함수(그래프 컷)를 이용한 스테레오 정합

cvFindStereoCorrespondenceGC() 함수에 대한 설명

- cvFindStereoCorrespondenceGC() 함수는 그래프 컷 알고리즘을 이용하여 변위 맵(disparity map)을 생성한다.

파라미터 :

void cvFindStereoCorresopndenceGC(const CvArr* left, const CvArr* right, CvArr* dispLeft, CvArr* dispRight, CvStereoGCState* state, int useDisparityGuess CV_DEFAULT(0))		
첫 번째 인자	left	왼쪽 이미지, 1채널, 8비트
두 번째 인자	right	오른쪽 이미지, 1채널, 8비트
세 번째 인자	dispLeft	1채널, 16비트, 부호 있는 정수, 입력 이미지와 같은 사이즈의 왼쪽 변위 이미지
네 번째 인자	dispRight	1채널, 16비트, 부호 있는 정수, 입력 이미지와 같은 사이즈의 오른쪽 변위 이미지
다섯 번째 인자	state	스테레오 매칭 구조체
여섯 번째 인자	useDisparityGuess	매개변수가 0이 아닌 경우, 미리 정의된 변위 맵에서 알고리즘 시작.

CreateStereoGCState() 함수에 대한 설명

- cvCreateStereoGCState() 함수는 그래프 컷 기반의 스테레오 대응 구조를 만든다.

파라미터 :

CvStereoGCState* cvCreateStereoGCState(int numberOfDisparities, int maxIters)		
첫 번째 인자	numberOfDisparities	할당될 변위 개수. 변위 탐색 범위는 minDisparity≤disparity〈minDisparity + numberOfDisparities
두 번째 인자	maxIters	최대 반복횟수. 각 반복에서 가능한 모든 alpha-expansion이 수행된다.

stereoGC.cpp

```
#include <opencv/cv.h>
#include <opencv/highgui.h>

IplImage* srcLeft = cvLoadImage("tsukuba_input_left.PNG",1);
IplImage* srcRight = cvLoadImage("tsukuba_input_right.PNG",1);

IplImage* leftImage = cvCreateImage(cvGetSize(srcLeft), IPL_DEPTH_8U, 1);
IplImage* rightImage = cvCreateImage(cvGetSize(srcRight), IPL_DEPTH_8U, 1);
```

```
9
10 cvCvtColor(srcLeft, leftImage, CV_BGR2GRAY);
11 cvCvtColor(srcRight, rightImage, CV_BGR2GRAY);
12
13 CvMat* disparity_left = cvCreateMat(leftImage->height, rightImage->width, CV_16S);
14 CvMat* disparity_right = cvCreateMat(leftImage->height, rightImage->width, CV_16S);
15
16 CvStereoGCState* state = cvCreateStereoGCState(16, 2);
17 cvFindStereoCorrespondenceGC(leftImage, rightImage, disparity_left, disparity_right,
18 state, 0);
19 cvReleaseStereoGCState(&state);
20
21 CvMat* disparity_left_visual = cvCreateMat(leftImage->height, rightImage->width,
22 CV_8U);
23 cvConvertScale(disparity_left, disparity_left_visual, -16);
24
25 cvNamedWindow("srcLeft",CV_WINDOW_AUTOSIZE);
26 cvShowImage("srcLeft",srcLeft);
27 cvNamedWindow("leftImage",CV_WINDOW_AUTOSIZE);
28 cvShowImage("leftImage",leftImage);
29 cvNamedWindow("DisparityGC",CV_WINDOW_AUTOSIZE);
30 cvShowImage("DisparityGC",disparity_left_visual);
31 cvWaitKey(0);
32
33 cvDestroyAllWindows();
34 cvReleaseImage(&leftImage);
35 cvReleaseImage(&rightImage);
36 cvReleaseMat(&disparity_left);
37 cvReleaseMat(&disparity_right);
38 cvReleaseMat(&disparity_left_visual);
```

이 프로그램은 그래프 컷 알고리즘을 적용하여 변위를 구하고 구해진 변위로부터 거리 정보를 추출하여 거리에 따라 명암값을 달리하여 표현한 영상을 보여주는 간단한 예제이다. 프로그램의 각 라인에서 수행되는 작업을 설명하면 다음과 같다.

4행 : "tsukuba_input_left.PNG" 파일을 현재의 프로젝트 폴더에서 1채널 그레이 스케일 영상으로 읽어온다.

5행 : "tsukuba_input_right.PNG" 파일을 현재의 프로젝트 폴더에서 1채널 그레이 스케일 영상으로 읽어온다.

7행 : 입력 영상인 srcLeft와 같은 크기, 부호 없는 8비트 정수, 1채널을 갖는 출력을 위한 영상 leftImage를 생성한다.

8행 : 입력 영상인 srcRight와 같은 크기, 부호 없는 8비트 정수, 1채널을 갖는 출력을 위한 영상 rightImage를 생성한다.

10행 : 왼쪽 이미지의 색상을 그레이 스케일로 변환한다.

11행 : 오른쪽 이미지의 색상을 그레이 스케일로 변환한다.

13행 : cvCreateMat 함수로 leftImage와 같은 행과 열의 크기와 signed, 16비트인 행렬을 생성하여 CvMat 구조체 포인터변수 disparity_left에 저장한다.

14행 : cvCreateMat함수로 rightImage와 같은 행과 열의 크기와 signed, 16비트인 행렬을 생성하여 CvMat 구조체 포인터변수 disparity_right에 저장한다.

16행 : 그래프 컷 스테레오 매칭 알고리즘의 구조체를 생성한다(16레벨, 최대 2번 반복).

17행 : 그래프 컷 스테레오 매칭 알고리즘을 이용하여 변위 맵을 계산한다.

19행 : 할당된 메모리를 해제한다.

21행 : cvCreateMat함수로 leftImage와 같은 행과 열의 크기와 unsigned, 8비트인 행렬을 생성하여 CvMat 구조체 포인터변수 disparity_left_visual에 저장한다.

23행 : 값의 오버플로를 막기 위해 음수로 나오기 때문에 cvConvertScale 함수를 사용하여 영상을 변환한다.

25행 : 윈도 캡션 이름 “srcImage”, CV_WINDOW_AUTOSIZE 플래그로 윈도를 생성한다.

26행 : cvLoadImage 함수로 srcImage에서 읽어온 영상을 “srcImage” 윈도에 보여준다.

27행 : 윈도 캡션 이름 “leftImage”, CV_WINDOW_AUTOSIZE 플래그로 윈도를 생성한다.

28행 : cvLoadImage 함수로 leftImage에서 읽어온 영상을 “leftImage” 윈도에 보여준다.

29행 : 윈도 캡션 이름 “DisparityGC”, CV_WINDOW_AUTOSIZE 플래그로 윈도를 생성한다.

30행 : cvLoadImage 함수로 disparity_left_visual에서 읽어온 영상을 “DisparityGC” 윈도에 보여준다.

31행 : 지연 값이 0이므로, 사용자가 아무 키보드나 누를 때까지 멈추고 기다린다.

33행 : cvNamedWindow 함수에 의해 생성된 모든 윈도를 파괴한다.

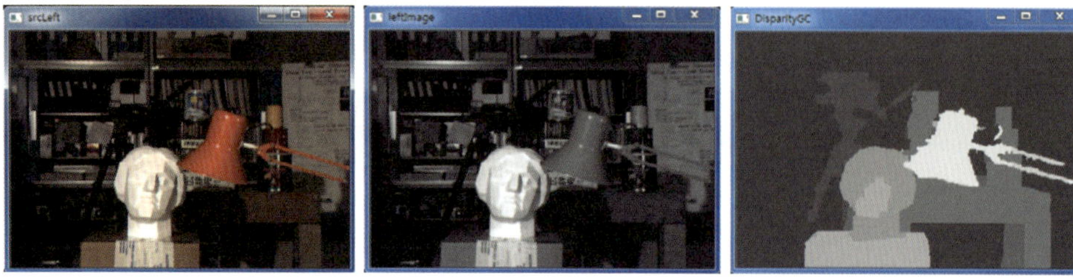

(a) 원본 영상 (b) 그레이 스케일로 변환한 영상 (c) 그래프 컷 알고리즘을 적용해 구해진 거리를 나타내는 영상

그림 6-20 OpenCV 함수를 이용한 스테레오 정합

34행~38행 : 각각에 할당된 메모리를 해제한다.

이 프로그램의 실행 결과는 그림 6-20과 같다. 매우 정확한 거리 정보가 빠른 시간에 얻어짐을 확인할 수 있다.

연습문제

1. 두 렌즈의 거리를 나타내는 베이스 라인이 긴 경우와 짧은 경우 어떠한 효과가 있는지 설명하시오.
2. 에피폴라 제약 조건이란 무엇인가?
3. 에피폴라 라인이 수평선이 되기 위해서는 어떠한 조건이 만족되어야 하나?
4. 에피폴라 라인이 수평선이 되도록 하는 교정 작업은 어떻게 이루어지나?
5. 블록 매칭에 사용되는 마스크의 크기는 대응점을 찾는 과정에서 어떠한 영향을 미치는가?
6. 블록 매칭에서 사용되는 마스크의 크기를 동적으로 변화시키기 위해 어떠한 전략을 사용하는 것이 바람직한가?
7. 동적 프로그래밍을 이용한 대응점 찾기에서 사용되는 제약 조건은 무엇인가?
8. 동적 프로그래밍에서 최소 비용 경로를 찾는 과정을 설명하시오.
9. 그래프의 최소 컷이란 무엇을 말하는가?
10. 그래프의 최소 컷은 어떠한 방법으로 찾을 수 있는가?
11. α-확장 알고리즘의 기본 개념을 설명하시오.
12. α-확장을 위해 생성되는 그래프의 노드와 아크들에 대해 기술하시오.
13. α-확장을 위해 생성되는 그래프의 아크에 할당된 에너지값들의 의미를 설명하시오.

제 7 장

동작 이해

(Motion Understanding)

7.1 광류(Optical flow)와 속도 벡터(Velocity vector)

동영상 분석은 정지 영상에서 얻을 수 없었던 보다 다양한 정보를 제공한다. 첫째로 물체의 이동 속도와 동작에 대한 정보를 얻을 수 있다. 이러한 정보는 제스처 인식 등 여러 응용분야에서 사용된다. 둘째로 연속적인 영상을 분석하여 잡음 처리를 효과적으로 수행할 수 있다. 인접 영상 간의 영상 형성 시간 차이가 매우 적은 경우에는 이들 영상들의 구조 및 밝기 차이는 매우 미세할 것이다. 따라서 이러한 정보의 중복성은 감지 센서가 일으키는 임의의 잡음(random noise)을 제거하는데 효과적으로 사용될 수 있다. 셋째로 동영상 분석을 통해서 물체의 3차원 구조에 대한 정보를 얻을 수 있다. 이는 우리 인간이 2차원 영상의 연속적인 변화를 나타내는 영화를 통해 3차원 구조를 추론하는 원리와 유사하다. 넷째로 영상 분할 작업이 효과적으로 수행될 수 있다. 움직이는 물체 검출 및 추적 작업이 동영상 분석을 통해 이루어진다.

물체에 대한 카메라의 위치를 이동하면 영상을 촬영하거나 또는 카메라에 대한 물체의 위치를 이동시키면서 형성되는 연속적인 영상에 있어서는 밝기 값의 변화를 나타내는 특정한 패턴을 생각할 수 있다. 이는 마치 우리가 기차를 타고 가면서 창밖을 바라볼 때 풍경이 우리에게 다가오거나 멀어지는 느낌이 드는 것과 같다. 이러한 명암 패턴의 이동을 광류(optical flow)라고 한다. 광류는 영상의 각 화소에 속도 벡터(velocity vector)를 할당한다.

각 화소의 속도 벡터를 계산하기 위해 일반적으로 사용되는 가정(assumption)은 연속적인 영상을 촬영하는 시점간의 차이가 크기 않은 경우에 두 인접 영상에서 이동된 화소의 밝기 값은 차이가 없다는 가정이다. 이러한 가정을 "밝기 값 일관성(brightness consistency) 가정" 이라 한다.

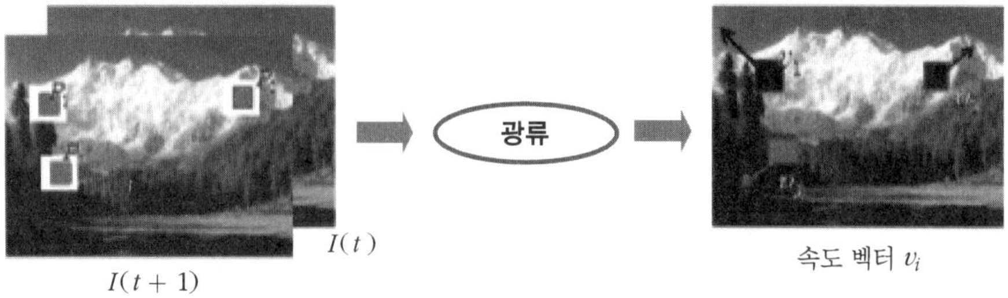

그림 7-1 광류와 속도 벡터

그림 7-2 밝기 값 일관성 가정

t 시점에서 화소 (x, y)가 다음 시점 $t + \delta t$에서 $(x + u, y + v)$위치로 이동했다고 하자. 이 가정에 의해 다음 식이 성립한다. 즉 t 시점에서 화소 (x, y)의 밝기 값 $I(x, y, t)$는 다음 시점 $t + \delta t$에서 u는 만큼 이동하고 y는 v만큼 이동된 위치 $(x + u, y + v)$에서의 밝기 값 $I(x + u, y + v, t + \delta t)$와 같다.

$$I(x, y, t) = I(x + u, y + v, t + \delta t) \qquad \text{(식 7-1)}$$

위 식에서 는 시점 에서 화소 에서의 속도 벡터를 나타낸다.

$$u = \frac{dx}{dt}$$

$$u = \frac{dy}{dt} \qquad \text{(식 7-2)}$$

따라서 각 화소의 속도 벡터를 구하기 위해서는 두 인접 시점 간의 영상에서 대응점(corresponding points)을 구하고 대응점의 변위(disparity)를 계산하면 된다. 이는 스테레오 비전에서 대응점을 구하는 문제와 같다. 본 절에서는 속도 벡터를 구하기 위해 두 인접 시점의 영상 간의 대응점을 찾지 않고, 위 (식 7-1)을 테일러 확장(Taylor expansion)시켜 공간 미분(spatial derivative)과 시간 미분(temporal derivative)을 구해 속도 벡터를 구하는 방법을 설명한다.

속도 벡터를 구하는 방법을 설명하기 위해 편의상 1차원 영상을 생각하자. x 축에서 정의되는 1차원 영상의 경우, 밝기 값 일관성 가정에 의해 다음 식이 성립한다.

$$I(x(t), t) = I(x(t + \delta t), t + \delta t) \qquad \text{(식 7-3)}$$

위 식의 우변을 테일러 확장시키면,

$$
\begin{aligned}
I(x(t), t) &= I(x(t+\delta t), t+\delta t) \\
&\approx I(x(t), t) + \frac{\partial I}{\partial x}dx + \frac{\partial I}{\partial t}dt
\end{aligned}
\quad \text{(식 7-4)}
$$

위 식을 다시 정리하면,

$$
\frac{\partial I}{\partial x}\frac{dx}{dt} + \frac{\partial I}{\partial t} = 0
$$

$$
I_x \cdot v + I_t = 0 \quad \text{(식 7-5)}
$$

즉 속도 벡터 v는 시간 미분을 공간 미분으로 나눈 값으로 결정된다. 위 식이 유도되는 과정은 그림 7-3에서와 같이 도식적으로 설명될 수 있다. 그림에서와 같이 점 에서 만들어지는 직각 삼각형을 생각하자. 직각 삼각형의 높이는 점 p 에서 시간 미분을, 직각 삼각형의 빗변의 기울기는 점 p 에서의 공간 미분을, 그리고 직각 삼각형의 밑변은 속도 벡터를 나타낸다. 실제로는 속도 벡터에 약간의 차이가 있는데, 이는 테일러 확장할 때 1차 미분까지만을 고려했기 때문이다. 기울기는 높이를 밑변으로 나눈 값으로 정의되므로

$$
I_x = -\frac{I_t}{v} \quad \text{(식 7-6)}
$$

$$
v = -\frac{I_t}{I_x}
$$

위 (식 7-6)에서 시간 미분과 공간 미분은 차분 연산(difference operation)을 통해 구해질 수 있다. 위 (식 7-6)에서 시간 미분은 t 시점의 화소 p 에서의 밝기 값

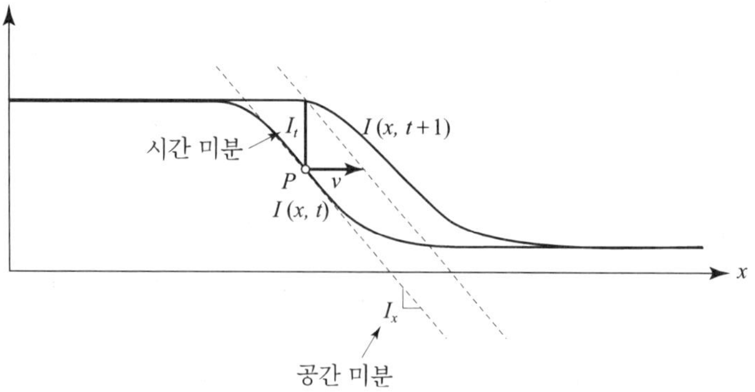

그림 7-3 시간 미분과 공간 미분을 이용해 속도 벡터 구하는 과정

과 $t + \delta t$ 시점의 화소 p 에서의 밝기 값을 비교하여 구하고, 공간 미분은 t 시점의 화소 p 에서의 밝기 값과 화소 $p + 1$에서의 밝기 값을 비교하여 구한다.

이제 좀 더 정확한 속도 벡터를 구하기 위해 구해진 속도 벡터를 갱신하는 문제를 생각하자. 속도 벡터를 갱신하기 위해 이미 구해진 속도 벡터를 이용하여 시간 미분을 다시 구한다. 즉 t 시점의 화소 p 에서의 밝기 값과 $t + \delta t$ 시점의 화소 $p + v$ 에서의 밝기 값을 비교하여 시간 미분을 구하여 속도 벡터를 갱신한다. 공간 미분 값은 이미 구해진 값을 그대로 사용한다.

$$n_{new} = v_{old} - \frac{I_t}{I_x} \qquad \text{(식 7-7)}$$

그림 7-4는 이러한 속도 벡터 갱신 과정을 도식적으로 설명하고 있다. 이러한 갱신 과정을 몇 차례 반복하면 매우 만족할 만한 속도 벡터를 구할 수 있다.

속도 벡터를 갱신하는 과정을 알고리즘 형태로 정리하면 다음과 같다.

(1) t 시점 영상의 각 화소 p 에서 공간 미분 I_x을 구한다.

(2) 각 화소의 초기 속도 벡터 $v = 0$를 할당한다.

(3) 속도 벡터가 더 이상 변하지 않을 때까지 다음을 반복한다.

  (a) 현재 속도 벡터를 이용하여 시간 미분을 구한다.

  $I_t = I(p + v, t + 1) - I(p, t)$

  (b) 속도 벡터를 갱신한다.

  $n_{new} = v_{old} - \dfrac{I_t}{I_x}$

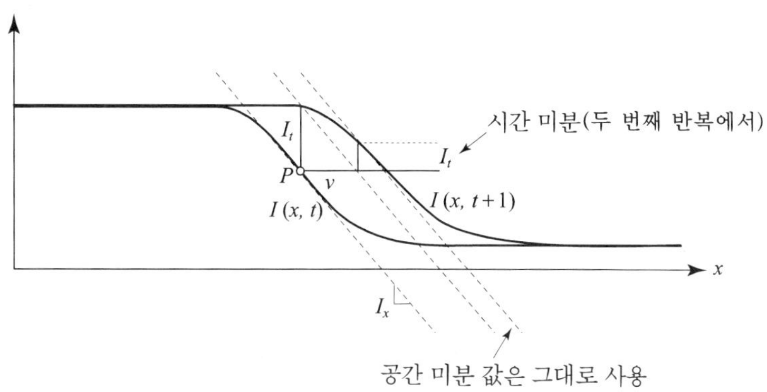

그림 7-4 속도 벡터를 갱신하는 과정

위 알고리즘에서 시간 미분을 구하기 위해 화소 $p + v$에서의 밝기 값을 구해야 하는데, $p + v$가 정수가 아닐 수 있다. 따라서 $p + v$에서의 밝기 값은 적절한 보간법(interpolation), 예를 들어 양선형 보간법(bilinear interpolation)을 사용하여 구할 수 있다. 또한 공간 미분을 구하기 위해서는, 소벨 연산자에서와 같이 마스크를 사용하여 영역 안에서 이웃 화소 간의 화소 값의 차이를 계산하는 것이 바람직한 방법이다.

지금까지는 영상을 1차원으로 한정하여 문제를 풀었다. 이제 2차원 영상에서 속도 벡터를 구하는 문제를 생각하자. 밝기 값 일관성 가정을 이용하여 다음 식이 성립한다.

$$I(x(t), y(t), t) = I(x(t + \delta t), y(t + \delta t), t + \delta t) \qquad (식\ 7\text{-}8)$$

위 식의 우변을 테일러 확장하면,

$$I(x(t), y(t), t) \approx I(x(t), y(t), t) + \frac{\partial I}{\partial x}dx + \frac{\partial I}{\partial y}dy + \frac{\partial I}{\partial t}dt \qquad (식\ 7\text{-}9)$$

위 식을 다시 정리하면,

$$0 = \frac{\partial I}{\partial x}\frac{dx}{dt} + \frac{\partial I}{\partial y}\frac{dy}{dt} + \frac{\partial I}{\partial t}$$

$$0 = I_x u + I_y v + 1 \qquad (식\ 7\text{-}10)$$

$$\nabla I^T u = -I_t$$

$$\nabla I = \begin{bmatrix} I_x \\ I_y \end{bmatrix} \quad u = \begin{bmatrix} u \\ v \end{bmatrix} \qquad (식\ 7\text{-}11)$$

위 (식 7-11)에서 I_x는 x 방향으로의 공간 미분, I_y는 y 방향으로의 공간 미분, 그리고 u와 v는 x 방향과 y 방향의 속도 벡터를 나타낸다. 위 (식 7-11)은 I_x, I_y 그리고 I_t이 주어지면 (u, v) 공간에서 직선의 방정식을 나타낸다. 즉, 공간 미분 값과 시간 미분 값이 주어지면 하나의 속도 벡터가 바로 계산되는 것이 아니고, 위 식을 만족하는 직선 위의 모든 (u, v) 값이 속도 벡터가 될 수 있다. 물체의 이동 방향에 대한 정보는 화소 단위에서 결정될 수 없다. 이러한 현상을 "구멍 문제(aperture problem)"이라 한다. 구멍 문제를 설명하기 위해 다음의 그림 7-5를 생각하자. 빗줄 무늬 패턴을 가진 물체가 움직이고 있다. 이 물체를 그림에서와 같이 작은 구멍을 통해서 보는 경우, 이 물체는 마치 좌상단에서 우하단으로 움직이는 것처럼 느껴질 것이다. 그러나 실제에 있어서는 물체가 어느 방향으로 움직이더라도, 예를 들어 왼쪽에서 오른쪽으로 또는 위에서 아래서, 작은 구멍을 보이는 결과는 같게 된다. 이러한 현상을 구멍 문

그림 7-5 구멍 문제에 대한 예제

제라 한다.

구멍 문제를 해결하기 위해, 즉 단일 값을 갖는 속도 벡터를 결정하기 위해서는 위 식 이외의 추가적인 정보가 필요하다. 이를 위해 추가적으로 사용되는 가정은 "공간적 균일성(spatial coherence)" 가정이다. 물체의 한 표면은 어느 정도의 크기를 갖고 영상에서 영역으로 표현되기 때문에, 인접 화소들은 같은 표면에 속할 확률이 매우 높다. 따라서 인접 화소들의 속도 벡터는 매우 유사하다는 가정이 공간적 균일성을 나타내는 가정이다. 예를 들어 화소 주위에 5×5 마스크를 씌우고, 마스크 안에 포함되는 화소들은 같은 속도 벡터를 가진다고 가정하면 (식 7-11)을 만족하는 25개의 방정식이 만들어진다.

$$\nabla I(p_i)^T u = -I_t(p_i) \qquad \text{(식 7-12)}$$

$$\begin{bmatrix} I_x(p_1) & I_y(p_1) \\ I_x(p_2) & I_y(p_2) \\ \vdots & \vdots \\ I_x(p_{25}) & I_y(p_{25}) \end{bmatrix} \begin{bmatrix} u \\ v \end{bmatrix} = -\begin{bmatrix} I_t(p_1) \\ I_t(p_2) \\ \vdots \\ I_t(p_{25}) \end{bmatrix} \qquad \text{(식 7-13)}$$

따라서 속도 벡터를 찾는 문제는 위 선형 방정식을 만족하는 u를 찾는 문제가 된다.

7.2 루카스-카나데(Lucas-Kanade) 알고리즘을 이용한 속도 벡터 계산

본 절에서는 속도 벡터를 효율적 구하는 방법으로 1981년 루카스와 카나데가 제안한 루카스-카나데 알고리즘을 설명한다. 또한 루카스-카나데 알고리즘을 구현하는 과정에서 영상을 피라미드(pyramid) 구조로 표현하여 구현하는 방법을 설명한다. 전 절에서 정의된 속도 벡터를 구하는 식을 다시 기술하면, 화소 $p = (p_x, p_y)$에서의 속도 벡터 u는 공간 미분 ∇I과 시간 미분 I_t에 의해 다음과 같이 정의된다.

$$\nabla I^T u = -I_t(p) \qquad \text{(식 7-14)}$$

$$\nabla I = \begin{bmatrix} I_x(p) \\ I_y(p) \end{bmatrix} \qquad u = \begin{bmatrix} u \\ v \end{bmatrix}$$

구멍 문제(aperture problem)를 해결하기 위해 공간적 균일성 가정을 적용한다. 즉 화소 p의 인접 화소들은 화소 p에서의 속도 벡터와 매우 유사한 속도 벡터를 가진다고 가정한다. 이를 위해 화소 p 주변에 $(2w_x + 1) \times (2w_y + 1)$ 마스크를 씌워 위 (식 7-14)의 좌변과 우변이 매우 유사한 값을 갖는 속도 벡터 u를 구하는 작업을 수행한다.

$$\sum_{x=p_x-w_x}^{p_x+w_x} \sum_{y=p_y-w_y}^{p_y+w_y} \nabla I^T u \approx \sum_{x=p_x-w_x}^{p_x+w_x} \sum_{y=p_y-w_y}^{p_y+w_y} I_t(p) \qquad \text{(식 7-15)}$$

따라서 화소 p에서 속도 벡터를 구하는 문제는 다음 (식 7-16)에서 정의된 $\varepsilon(u)$을 최소화하는 속도 벡터 u를 구하는 문제로 표현될 수 있다.

$$\varepsilon(u) = \left(\sum_{x=p_x-w_x}^{p_x+w_x} \sum_{y=p_y-w_y}^{p_y+w_y} \nabla I^T u - \sum_{x=p_x-w_x}^{p_x+w_x} \sum_{y=p_y-w_y}^{p_y+w_y} I_t(p) \right)^2 \qquad \text{(식 7-16)}$$

이러한 문제를 푸는 통상적인 방법은 $\varepsilon(u)$를 u에 대해 미분하여 그 값이 0이 되는 u를 찾는 방법이다.

$$\frac{d\varepsilon(u)}{du} = 2\left(\sum_{x=p_x-w_x}^{p_x+w_x} \sum_{y=p_y-w_y}^{p_y+w_y} (\nabla I \nabla I^T \cdot u - \nabla I \cdot I_t(p)) \right) = 0 \qquad \text{(식 7-17)}$$

위 식을 다시 정리하면,

$$\begin{pmatrix} \sum I_x I_x & \sum I_x I_y \\ \sum I_x I_y & \sum I_y I_y \end{pmatrix} \begin{pmatrix} u \\ v \end{pmatrix} = -\begin{pmatrix} \sum I_x I_t \\ \sum I_y I_t \end{pmatrix} \quad \text{(식 7-18)}$$

위 (식 7-18) 좌변의 2×2 매트릭스를 G라고 하고 우변의 2×1 매트릭스를 b라고 하면,

$$\begin{aligned} Gu &= -b \\ u &= -G^{-1}b \end{aligned} \quad \text{(식 7-19)}$$

매트릭스 G가 역변환(inverse transform)이 가능한 경우에 각 화소 점 p에서 속도 벡터 u는 위 (식 7-19)에서와 같이 구해진다. 일반적으로 매트릭스 G의 고윳값(eigenvalue) λ_1과 λ_2가 모두 큰 값인 경우에 매트릭스 G는 역변환이 가능하다. 4장에서 설명한 바와 같이 코너 점에서는 매트릭스 G는 비교적 높은 고윳값 λ_1과 λ_2를 갖는다. 따라서 영상에서 속도 벡터를 구할 때, 모든 화소에 대해 속도 벡터를 구하는 것은 바람직하지 않고 코너 점들에 대해서만 속도 벡터를 구하는 것이 바람직한 방법이다.

루카스-카나데 알고리즘은 전 절에서 설명한 것처럼 반복적으로(iteratively) 속도 벡터값을 갱신한다. (식 7-19)에서 매트릭스 b에 포함된 시간 미분 값이 알고리즘이 반복되면서 계속해서 갱신된다. 알고리즘의 k-번째 반복 단계에서 구해진 속도 벡터 $u(k) = (u(k), v(k))$을 이용하여, $k+1$번째 반복 단계에서는 시간 미분 값 $I_t(p)$는 다음과 같다.

$$I_t(p) = I(p + u(k), t+1) - I(p, t) \quad \text{(식 7-20)}$$

공간 미분 값은 새로 갱신하지 않고 원래 값을 그대로 사용한다. 따라서 매트릭스 G^{-1}도 변하지 않는다. 갱신된 시간 미분 값을 이용하여 구한 $-G^{-1}b$ 값을 $u(k)$에 더한 값이 $k+1$번째 반복 단계에서의 속도 벡터가 된다.

$$u(k+1) = u(k) - G^{-1}b \quad \text{(식 7-21)}$$

이와 같은 반복 과정은 속도 벡터값이 더 이상 변하지 않을 때까지 계속된다. 루카스-카나데 알고리즘에서는 구멍 문제를 해결하기 위해 $(2w_x + 1) \times (2w_y + 1)$ 마스크를 사용한다. 마스크의 크기가 너무 크면 구해진 속도 벡터는 잡음에 대해서는 강건한

특성(robustness)을 보이지만 정교함(accuracy)이 떨어지는 단점이 있다. 반면에 마스크의 크기가 너무 작으면 정교함은 높일 수 있으나 잡음에 매우 민감하게 된다. 일반적으로 마스크의 크기는 속도 벡터의 크기보다는 큰 것이 좋다. 잡음에 강건하고 정교함을 동시에 만족시키는 마스크 크기를 정하는 것은 사실상 불가능한 문제다. 이를 해결하는 한 방법은 영상을 피라미드 구조로 표현하는 방법이다.

가로 세로 크기가 $n_x \times n_y$인 입력 영상 I를 L_m개의 레벨을 갖는 가우시안(gaussian) 피라미드 구조로 표현할 때 인접 레벨에 속한 화소들의 대응 관계를 살펴보자. 0번째 레벨의 영상은 입력 영상이 된다, $I^0 = I$. L번째 레벨의 영상은 $L - 1$번째 레벨의 영상으로부터 다음 (식 7-22)에 의해 구해진다.

$$
\begin{aligned}
I^L(x, y) = {} & \frac{1}{4} I^{L-1}(2x, 2y) + \\
& \frac{1}{8}(I^{L-1}(2x - 1, 2y) + I^{L-1}(2x + 1, 2y) + \\
& \quad I^{L-1}(2x, 2y - 1) + I^{L-1}(2x, 2y + 1) + \\
& \frac{1}{16}(I^{L-1}(2x - 1, 2y - 1) + I^{L-1}(2x + 1, 2y - 1) + \\
& \quad I^{L-1}(2x + 1, 2y + 1) + I^{L-1}(2x + 1, 2y + 1))
\end{aligned}
\qquad (식\ 7\text{-}22)
$$

위 (식 7-22)에서 L 번째 레벨 영상의 경계에서 화소를 정의할 때, $L - 1$레벨 영상의 정의될 수 없는 화소를 사용하게 된다. 따라서 편의상 다음과 같이 정의하여 사용한다.

$$
\begin{aligned}
& I^{L-1}(-1, y) = I^{L-1}(0, y) \qquad (식\ 7\text{-}23) \\
& I^{L-1}(x, -1) = I^{L-1}(x, 0) \\
& I^{L-1}(n_x^{L-1}, y) = I^{L-1}(n_y^{L-1} - 1, y) \\
& I^{L-1}(x, n_y^{L-1}) = I^{L-1}(x, n_y^{L-1} - 1) \\
& I^{L-1}(n_x^{L-1}, n_y^{L-1}) = I^{L-1}(n_x^{L-1} - 1, n_y^{L-1} - 1)
\end{aligned}
$$

피라미드의 레벨의 수 L_m은 통상적으로 2, 3, 4 정도의 값이 된다. 예를 들어 입력 영상 I의 크기가 640×480이라면, I^1의 크기는 320×240, I^2의 크기는 160×120, I^3의 크기는 80×60이 된다. 이처럼 정의된 가우시안 피라미드에서 입력 영상(0번째 레벨 영상)의 화소 좌표 $p = (p_x, p_y)$가 주어지면, 이에 대응되는 L 레벨 영상의 화소 좌표 $p^L = (p_x^L, p_y^L)$은 다음 (식 7-24)에 의해 구해진다.

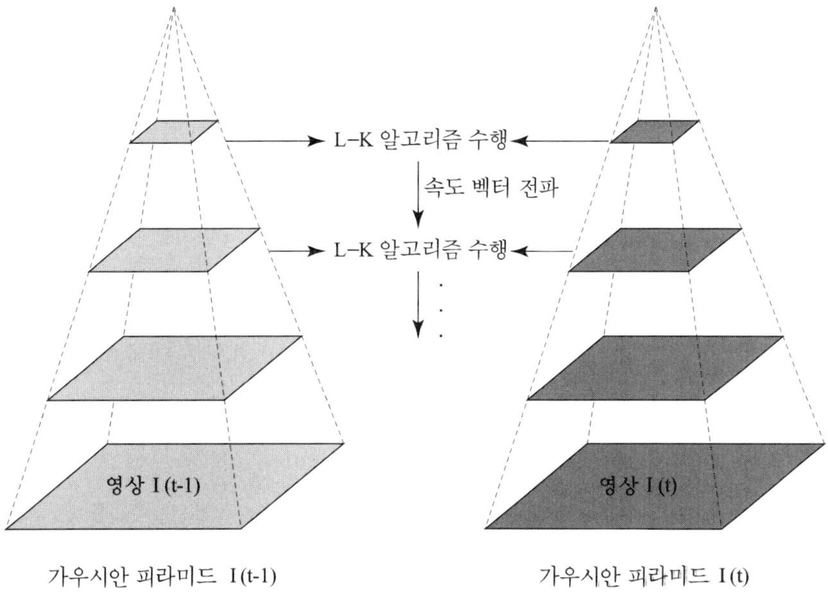

그림 7-6 가우시안 피라미드를 사용한 쿠카스-카나데 알고리즘 흐름도

$$p^L = \frac{p}{2^L} \quad \text{(식 7-24)}$$

지금까지 가우시안 피라미드의 구조와 각 레벨 영상의 화소 간의 대응 관계에 대하여 설명하였다. 이제 피라미드 구조에서 수행되는 루카스-카나데 알고리즘에 대하여 설명한다. 전체적인 진행 과정은 그림 7-6과 같다. 먼저 가장 상위 레벨에서, L_m 레벨, 각 화소의 속도 벡터를 반복적 루카스-카나데 알고리즘을 이용하여 구한다. 구해진 속도 벡터는 다음 레벨의, $L_m - 1$ 레벨, 초기 속도 벡터가 된다. 이 초기 속도 벡터를 가지고 $L_m - 1$ 레벨의 각 화소의 속도 벡터를 구한다. 이러한 과정은 최하위 레벨의 영상까지(즉 입력 영상) 진행된다.

피라미드 구조의 루카스-카나데 알고리즘을 의사 코드(pseudo code) 형태로 정리하면 다음과 같다.

(1) build pyramid representation of $I(t+1)$ and $I(t)$;
    $\{I^L(t+1)\}_{L=0,\ \ldots,\ L_m}$ and $\{I^L(t)\}_{L=0,\ \ldots,\ L_m}$
(2) initialize pyramidal guess; $g^{L_m} = (g_x^{L_m}, g_y^{L_m}) = (0, 0)$
(3) **for** $L = L_m$ **down to 0 with step of −1**   // L is a level index

(a) $p^L = (p_x, p_y) = p^0/2^L$ // location of point p on image I^L

(b) $I_x(p^L) = \dfrac{I^L(p_x+1, p_y, t) - I^L(p_x-1, p_y, t)}{2}$

// spatial derivative w.r.t. x

(c) $I_y(p^L) = \dfrac{I^L(p_x, p_y+1, t) - I^L(p_x, p_y, t)}{2}$ // spatial derivative w.r.t. y

(d) $G = \sum_{x=p_x-w_x}^{p_x+w_x} \sum_{y=p_y-w_y}^{p_y+w_y} \begin{pmatrix} I_x^L(x,y,t)\, I_x^L(x,y,t) & I_x(x,y)\, I_y(x,y) \\ I_x^L(x,y,t)\, I_y^L(x,y,t) & I_y^L(x,y,t)\, I_y^L(x,y,t) \end{pmatrix}$

// spatial gradient matrix

(e) $s^0 = (0, 0)$ // initial value of iterative L-K

for k = 1 to K with step of 1 // k is a iteration index of L-K

(가) $I_t(p^L) = I^L(p_x + g_x^L + s_x^{k-1}, p_y + g_y^L + s_y^{k-1}, t+1) - I^L(p_x, p_y, t)$

// update temporal derivative

(나) $b_k = \sum_{x=p_x-w_x}^{p_x+w_w} \sum_{y=p_y-w_y}^{p_y+w_y} \begin{pmatrix} I_t(x,y)\, I_x(x,y) \\ I_t(x,y)\, I_y(x,y) \end{pmatrix}$ // update matrix b

(다) $\eta^k = -G^{-1b}$ // incremental amount of velocity vector

(라) $s^k = s^{k-1} + \eta^k$ // guess of velocity vector for next iteration

end of for loop on k

(f) $u^L = s^K$ // velocity vector at level L

(g) $g^{L-1} = (g_x^{L-1}, g_y^{L-1}) = 2(g^L + u^L)$ // guess for next L-1 level

end of for loop on L

$u = g^0 + u^0$ // final velocity vector

위 알고리즘의 단계 (g)에서 $2u^L$을 다음 레벨의 초기 속도 벡터로 사용하지 않고, $2(g^L + u^L)$을 사용한 이유는 레벨이 한 단계 변하면서 공간 해상도(spatial resolution)가 2배 증가하기 때문이다. 즉 전체 영상의 샘플링을 2배로 증가시키기 위함이다. 영상을 피라미드 구조로 표현할 때 레벨 간의 화소 대응 관계에서 화소 좌표가 정수가 되지 않는 경우가 생긴다. 좌표값이 실수인 화소에서 밝기 값을 계산하기 위해서는 일반적으로 양선형 보간법(bilinear interpolation)을 사용한다. 예를 들어 $I^L(x, y)$을 계산해야 하는데 x와 y가 정수가 아닌 실수값을 가진다고 하자. x_0와 y_0를 x와 y의 정수 부분이라 하고 α_x와 α_y를 소수 부분이라 하자.

(a) 시계 방향으로 회전하고 있는 물체 영상 (b) 속도 벡터 영상

그림 7-7 피라미드 구조로 구현된 루카스-카나데 알고리즘 실행 결과

$$x = x_0 + \alpha_x$$
$$y = y_0 + \alpha_y \qquad \text{(식 7-25)}$$

양선형 보간법에 의해 값은 다음과 같다.

$$I^L(x, y) = (1 - \alpha_x)(1 - \alpha_y)\, I^L(x_0, y_0) + \alpha_x(1 - \alpha_y)\, I^L(x_0 + 1, y_0) + (1 - \alpha_x)\, \alpha_y I^L(x_0, y_0 + 1) + \alpha_x \alpha_y\, I^L(x_0 + 1, y_0 + 1) \qquad \text{(식 7-26)}$$

다음 그림 7-7은 루카스-카나데 알고리즘을 피라미드 구조로 구현하여 실행한 결과를 보여준다. 영상 안에 있는 물체가 시계 방향으로 회전하고 있다. 구해진 속도 벡터를 바늘 지도(needle map) 형태로 보여주고 있다.

OpenCV 함수를 이용한 광류(optical flow) 계산

cvCalcOpticalFlowPyrLK() 함수에 대한 설명

- cvCalcOpticalFlowPyrLK() 함수는 피라미드 기반 루카스-카나데 알고리즘을 이용하여 광류(optical flow)를 구한다.

파라미터 :

void cvCalcOpticalFlowPyrLK(const CvArr *prev, const CvArr *curr, CvArr *prev_pyr, CvArr *curr_pyr, const CvPoint2D32f *prev_features, CvPoint2D32f *curr_features, int count, CvSize win_size, int level, char *status, float *track_error, CvTermCriteria criteria, int flags)		
첫 번째 인자	prev	첫 번째 이미지(이전 프레임), 8비트 1채널
두 번째 인자	curr	두 번째 이미지(현재 프레임), 8비트 1채널
세 번째 인자	prev_pyr	첫 번째 이미지의 피라미드
네 번째 인자	curr_pyr	두 번째 이미지의 피라미드
다섯 번째 인자	prev_features	움직임을 추적할 점들의 배열 (첫 번째 이미지에서 원래 점의 위치)
여섯 번째 인자	curr_features	prev_features 들이 이동된 위치를 이 배열에 저장 (두 번째 이미지에서 찾은 점의 위치)
일곱 번째 인자	count	찾으려는 점의 개수(prev_fatures에 저장된 점들의 수)
열덟 번째 인자	win_size	탐색 윈도의 크기 (일관성 있는 지역 움직임을 계산하기 위한 윈도우 크기)
아홉 번째 인자	level	영상 피라미드를 생성할 최대 계층 수. 0으로 설정되면 피라미드는 사용되지 않으며 win_size 내에서만의 움직임만 검출하게 됨
열 번째 인자	status	status배열의 값들은 특정 점의 움직임 추적이 성공해서 이동된 점을 찾으면 1, 움직임 추적에 실패해서 이동된 위치를 찾지 못하면 0으로 설정. 크기는 count와 같은 크기로 미리 할당 되어있어야 함
열한 번째 인자	track_error	NULL로 설정
열두 번째 인자	criteria	종료 조건
열세 번째 인자	flags	함수 실행 시 내부 기록에 대한 세세한 동작을 조정. - CV_LKFLOW_PYR_A_READY : 함수 호출 전에 이미 이전 프레임(prev frame)에 대한 영상 피라미드가 계산되어 prev_pyr에 저장되어 있다. - CV_LKFLOW_PYR_B_READY : 함수 호출 전에 이미 현재 프레임(curr frame)에 대한 영상 피라미드가 계산되어 curr_pyr에 저장되어 있다. - CV_LKFLOW_INITIAL_GUESSES : 함수 호출 전에 이미 prev_feartures 배열을 이용하여 curr_features 배열의 초기 값을 설정.

prev_pyr와 curr_pyr 인자를 NULL로 설정하면 내부에서 자동으로 피라미드를 생성한다. 성능는 좋지 않은 편이다. NULL이 아닌 경우, 함수는 피라미드 생성하는 작업을 수행 한다. 이 경우 CV_LKFLOW_PYR_A_READY, CV_LKFLOW_PYR_B_READY 옵션으로 피라미드를 생성하기에 충분한 메모리 공간을 설정 한다.

버퍼의 크기는 각각 (image.width + 8)×(image.height/3) 바이트 이상의 크기로 설정한다.

track_error를 count 인자와 같은 크기로 설정하면 각 원소별로 움직임에 대한 거리를 계산해서 저장한다. 계산된 움직임이 주변에 비해서 너무 급격하면 이를 잘못된 것으로 간주하고 제거하는 용도로 사용한다.

flags 값은 연속되는 비디오 처리를 할 때 유용하게 사용된다. 피라미드 연산은 계산복잡도가 높으므로 많은 수행 시간을 필요로 한다. 따라서 중복되는 영상 피라미드 계산은 피하는 것이 좋다. 피라미드 값에 NULL이 아닌 값을 할당하여 함수에 전달하는 경우, 이전 호출에서 사용된 두 번째 프레임의 영상 피라미드를 다음 호출에서 첫 번째 프레임의 피라미드로 사용할 수 있다. flags 인자를 통해 이러한 정보를 알려줄 경우, 피라미드를 다시 계산하는 것을 방지할 수 있다.

cvGoodFeaturesToTrack() 함수에 대한 설명

- cvGoodFeaturesToTrack() 함수는 영상 이미지에서 추적할 코너점을 검출한다.

파라미터 :

void cvGoodFeaturesToTrack(const CvArr *image, CvArr *eig_image, CvArr *temp_image, CvPoint2D32f *corners, int *corner_count, double quality_level, double min_distance, const CvArr *mask=0, int block_size=3, int use_harris=0, double k=0.04)		
첫 번째 인자	image	입력 영상, 8비트 또는 실수 32비트 1채널
두 번째 인자	eig_image	같은 크기의 32비트 단일 채널 임시 영상, 함수 내부에서 알고리즘 계산을 위해서 사용됨
세 번째 인자	temp_image	같은 크기의 32비트 단일 채널 임시 영상, 함수 내부에서 알고리즘 계산을 위해서 사용됨
네 번째 인자	corners	코너 특징 점들이 저장될 배열(미리 할당).
다섯 번째 인자	corner_count	corner_count 개수만큼 코너점들이 검출됨.
여섯 번째 인자	quality_level	코너 점의 검출 품질을 결정. 고윳값에 곱해지는 상수(constant)로서, 일반적으로 0.01의 값을 가진다.

일곱 번째 인자	min_distance	반환되는 코너 점들은 이 거리 이상을 유지해야 한다. 유클리드 거리
열덟 번째 인자	mask	관심 영역을 표시함. NULL이면 전체 이미지, NULL이 아니면 지정된 영역에서만 코너 검출
아홉 번째 인자	block_size	평균을 계산하는 블록 크기(이웃 크기)
열 번째 인자	use_harris	0이면 cvCornerMinEigenVal 함수 사용, 0이 아니면 cvCornerHarris 함수 사용
열한 번째 인자	k	해리스 코너 검출에 사용되는 매개변수 일반적으로 0.04 사용

cvTermCriteria() 함수에 대한 설명

- cvTermCriteria() 함수는 반복적으로 동작되는 함수들의 종료 조건을 나타낸다.

파라미터 :

CvTermCriteria cvTermCriteria(int type, int max_iter, double epsilon)		
첫 번째 인자	type	종료 조건의 형태 - CV_TERMCRIT_ITER : max_iter 횟수만큼 반복한 후 종료 (반복횟수에 의한 종료) - CV_TERMCRIT_EPS : 정확도가 epsilon보다 작아지면 종료 (목표 수치에 도달했을 때 종료) - (CV_TERMCRIT_ITER | CV_TERMCRIT_EPS) : 둘 중 하나의 조건만 만족하더라도 반복이 종료. 일반적으로 이 값을 많이 사용
두 번째 인자	max_iter	종료 조건이 CV_TERMCRIT_ITER일 때 적용되는 인자 값, 알고리즘의 총 반복횟수를 나타냄
세 번째 인자	epsilon	종료 조건이 CV_TERMCRIT_EPS일 때 적용되는 인자 값, 정확도가 epsilon 보다 작아지면 종료됨

opticalFlowPyrTest.cpp

```
#include <opencv/cv.h>
#include <opencv/highgui.h>

IplImage* image1 = cvLoadImage( "testImage1.jpg" ,CV_LOAD_IMAGE_GRAYSCALE);
IplImage* image2 = cvLoadImage( "testImage2.jpg" ,CV_LOAD_IMAGE_GRAYSCALE);
IplImage* image3 = cvLoadImage( "testImage3.jpg" ,CV_LOAD_IMAGE_UNCHANGED);

IplImage* eig_image = cvCreateImage(cvGetSize(image1),IPL_DEPTH_32F,1);
IplImage* temp_image = cvCreateImage(cvGetSize(image1),IPL_DEPTH_32F,1);

int corner_count = 250;
int win_size = 15;

CvPoint2D32f* corners1 = new CvPoint2D32f[250];
CvPoint2D32f* corners2 = new CvPoint2D32f[250];
double quality_level = 0.06;
double min_distance = 10;
cvGoodFeaturesToTrack(image1, eig_image, temp_image, corners1,
            &corner_count,quality_level, min_distance, 0, 3, 0, 0.04);
char features_trace[250];
float features_error[250];

CvSize pyr_size = cvSize(image1->width + 8, image2->height/3);

IplImage* pyrBuff1 = cvCreateImage(pyr_size, IPL_DEPTH_32F, 1);
IplImage* pyrBuff2 = cvCreateImage(pyr_size, IPL_DEPTH_32F, 1);

cvCalcOpticalFlowPyrLK(image1, image2, pyrBuf1, pyrBuf2, corners1,
            corners2, corner_count, corner_count,
            cvSize(win_size, win_size), 3, features_trace,
            features_error, cvTermCriteria(CV_TERMCRIT_ITER |
            CV_TERMCRTIT_EPS, 30, 0.2), 0);

for (int i=0; i<corner_count; i++)
{
   CvPoint p1 = cvPoint(cvRound(corners1[i].x), cvRound(corners1[i].y));
   CvPoint p2 = cvPoint(cvRound(corners2[i].x), cvRound(corners2[i].y));
   cvLine(image3, p1, p2, CV_RGB(255,0,0), 2);
}
```

```
40 cvNamedWindow("image1",CV_WINDOW_AUTOSIZE);
41 cvShowImage("image1", image1);
42 cvNamedWindow("image2",CV_WINDOW_AUTOSIZE);
43 cvShowImage("image2", image2);
44 cvNamedWindow("OpticalFlowPyrLK", CV_WINDOW_AUTOSIZE);
45 cvShowImage("OpticalFlowPyrLK", image3);
46 cvWaitKey(0);
47
48 cvDestroyAllWindows();
49 cvReleaseImage(&image1);
50 cvReleaseImage(&image2);
51 cvReleaseImage(&image3);
52 cvReleaseImage(&eig_image);
53 cvReleaseImage(&temp_image);
54 cvReleaseImage(&pyrBuf1);
55 cvReleaseImage(&pyrBuf2);
56 delete [ ] corners1;
57 delete [ ] corners2;
```

이 프로그램은 cvCalcOpticalFlowPyrLK() 함수와 cvGoodFeaturesToTrack()함수를 같이 사용하여 피라미드 구조를 이용한 루카스-카나데 알고리즘으로 광류(optical flow)를 계산하는 간단한 예제이다. 프로그램의 각 라인에서 수행되는 작업은 다음과 같다.

4행 : 이전 영상인 "testImage1.jpg" 파일을 현재의 프로젝트 폴더에서 그레이 스케일 영상으로 읽어온다.

5행 : 현재 영상인 "testImage2.jpg" 파일을 현재의 프로젝트 폴더에서 그레이 스케일 영상으로 읽어온다.

6행 : 결과를 저장할 영상, 영상을 있는 그대로 불러온다(컬러 → 컬러, 그레이 → 그레이).

8~9행 : 입력 영상인 image1과 같은 크기, 32비트 단일 채널의 알고리즘 계산을 위해 사용될 임시 영상을 생성한다.

11행 : 최대 검출될 특징점 개수를 정해준다.

12행 : 탐색 윈도의 크기를 정해준다.

14행 : 코너 특징점들이 저장될 배열을 생성한다.

15행 : corners1을 통해 이동된 위치를 저장할 배열을 생성한다.

16~17행 : cvGoodFeaturesToTrack() 함수에 사용될 코너 품질 값과, 반환된 코너점들 사이의 최소 거리 값을 정해준다.

18행 : cvGoodFeaturesToTrack() 함수를 이용하여 영상 이미지에서 뚜렷한 코너 특징점을 검출한다.

19~20행 : 루카스-카나데 알고리즘을 위한 변수들을 생성한다.

22행 : 피라미드 영상을 저장하기 위한 크기만큼의 공간을 생성한다.

24~25행 : 피라미드 영상을 저장하기 위해 사용될 pyr_size와 같은 크기의 32비트 단일 채널의 영상들을 생성한다.

27행 : cvCalcOpticalFlowPyrLK() 함수를 이용하여 피라미드 기반 루카스-카나데 알고리즘을 수행하여 광류(optical flow)를 계산한다(각각의 파라미터는 위 함수 설명 참조).

33~38행 : 검출할 코너의 개수만큼의 이전 영상에서 현재 영상까지의 계산된 움직임 벡터들을(계산된 값들은 cvRound에 의해 실수를 정수로 반올림해서 점으로 표시) 표시하고 영상에 움직인 벡터들의 거리만큼 빨간 선으로 연결해서 나타내준다.

40~45행 : "image1", "image2", "OpticalFlowPyrLK" 이름을 갖는 윈도들을 CV_WINDOW_AUTOSIZE 플래그로 생성하고 cvLoadImage로 읽어온 영상들을 각각의 윈도에 보여준다.

46행 : 지연 값이 0이므로, 사용자가 아무 키보드나 누를 때까지 멈추고 기다린다.

48행 : cvNamedWindow 함수에 의해 생성된 모든 윈도를 제거한다.

49~57행 : 각각에 할당된 메모리들을 해제한다.

이 프로그램의 실행 결과는 아래 그림과 같다. 정지 상태의 키보드를 촬영하고, 이를 시계 방향으로 약간 회전시킨 후에 촬영하였다. 두 영상 간의 움직임이 코너점들에 표시된 속도 벡터에 의하여 잘 나타나고 있음을 확인할 수 있다.

(a) 움직이기 전 (b) 움직인 후 (c) 결과 영상

그림 7-8 OpenCV 함수를 이용한 광류(Optical flow) 계산

그림 7-9 결과 영상을 확대한 모습

7.3 차영상 분석에 의한 이동 물체 검출

이동 물체의 검출을 위해 비교적 간단하면서도 효과적인 방법은 차영상(difference image)을 이용하는 방법이다. 인접한 두 시점(two different time instance)에서 촬영한 영상을 비교해 보면 물체의 움직임이 있는 화소에서는 밝기 값의 차이가 나타난다. 따라서 두 시점의 영상을 비교하여 밝기 값 차이가 어느 정도 이상인 화소들만 추출하여 물체의 움직임에 대한 정보를 구할 수 있다.

$$D(x, y) = \begin{cases} 1 & \text{if } |\, f(x, y, t+1) - f(x, y, t)\, | \geq \textit{threshold} \\ 0 & \textit{otherwise} \end{cases} \quad \text{(식 7-27)}$$

위 (식 7-27)에서 구한 차영상 $D(x, y)$는 이진 영상으로 1의 값을 갖는 화소는 물체의 움직임에 의해 변화가 발생한 화소를 나타내고 0의 값을 갖는 화소는 변화가 일어나지 않은 화소를 나타낸다. 이처럼 구한 차영상 $D(x, y)$는 임계값(threshold)에 매우 의존적이다. 임계값을 어떻게 정하는가에 의해 그 결과가 매우 달라질 수 있다. 또한 차영상 $D(x, y)$는 일반적으로 매우 작은 영역들을 생성하게 된다. 따라서 크기가 매우 작은 영역들은 잡음으로 간주하여 제거하거나, 또는 닫침 연산(closing operation)과 같은 형태 연산(morphological operation)을 수행하여 인접한 작은 영역들을 연결하는 작업을 필요로 한다. 그림 7-10은 두 영상을 비교하여 얻은 차영상을 보여준다. 책장 앞에 사람의 상반신이 나타난 자세로 변화를 보이고 있다.

그림 7-10 두 영상을 비교하여 얻은 차영상

그림에서 보듯이 차영상은 밝기 값의 변화가 생긴 모든 화소들을 보여주기 때문에 이동 물체를 온전히 검출하기가 어려우며 또한 물체의 이동 방향 및 속도에 대한 정보를 구하기도 어렵다. 차영상의 기본 개념을 확장한 누적 차영상(accumulative difference image)은 차영상이 갖는 이러한 문제점을 어느 정도 해결한다. 누적 차영상은 비교적 긴 시간 동안 영상의 변화를 누적시켜 생성된 영상이다.

$$AD_0(x, y) = 0$$
$$AD_k(x, y) = AD_{k-1}(x, y) + D_{1k}(x, y) \qquad \text{(식 7-28)}$$

위 (식 7-28)에서 $D_{1k}(x, y)$는 첫 번째 영상과 k번째 영상 간의 차영상을 나타낸다. 따라서 누적 차영상 $AD_k(x, y)$는 첫 번째 영상과 두 번째 영상의 차영상에서부터 시작해서 첫 번째 영상과 k번째 영상의 차영상까지를 전부 누적한 영상이 된다. 따라서 누적 차영상 $AD_1(x, y)$, $AD_k(x, y)$이 어떻게 변화하는 가를 살펴보면 물체의 이동 방향에 대해 추론할 수 있다. 그림 7-11은 자동차가 이동하는 4개의 연속적인 영상에서 만들어진 누적 차영상을 보여주고 있다.

차영상을 구하기 위해 두 인접 시점에서 촬영된 영상을 비교하였다. 두 인접 시점의 영상을 비교하는 대신에 기준 영상(reference image) $r(x, y)$와 현재 영상(current image)을 비교하는 방법을 생각할 수 있다. 일반적으로 배경 영상을 기준 영상으로 사용한다.

$$D(x, y) = \begin{cases} 1 & \text{if } | \, r(x, y) - f(x, y, t) \, | \geq \textit{threshold} \\ 0 & \textit{otherwise} \end{cases} \qquad \text{(식 7-29)}$$

배경 영상은 일반적으로 물체의 이동이 없는 상태에서 촬영된다. 그러나 시간이 지남에 따라 배경 영상에도 약간의 변화가 발생할 수 있다. 조명의 변화, 나뭇잎의 움직임, 카메라 센서의 잡음 등에 의해 만들어 지는 변화를 생각할 수 있다. 이러한 변화

그림 7-11 이동하는 자동차에 대한 누적 차영상

를 수용하기 위해 배경의 변화를 학습하고 학습된 결과를 적절한 모델로 표현하는 방법을 설명한다. 가장 간단한 방법은 배경 영상의 각 화소를 가우시안 모델로 표현하는 방법이다. 일정 시간 동안 배경을 촬영하여 얻은 N개의 영상, $f_1(x, y)$, ..., $f_N(x, y)$에서 각 화소 점마다 N개의 밝기 값들의 평균과 표준 편차를 구한다. 즉 배경 모델의 각 화소 값은 평균 밝기 값과 표준 편차가 된다.

$$r(x, y) = (m(x, y), \sigma(x, y)) \qquad (식\ 7\text{-}30)$$

위 (식 7-30)에서 $m(x, y)$는 촬영된 N개의 영상의 각 화소 점 (x, y)에서의 밝기 값들의 평균이고 $\sigma(x, y)$는 화소 점 (x, y)에서의 밝기 값들의 표준 편차를 나타낸다.

$$m(x, y) = \frac{1}{N}\sum_{i=1}^{N} f_i(x, y)$$

$$\sigma^2(x, y) = \frac{1}{N}\sum_{i=1}^{N} (f_i(x, y) - m(x, y))^2 \qquad (식\ 7\text{-}31)$$

배경 영상의 모델이 만들어 지면 차영상 생성은 현재 영상의 각 화소를 모델과 비교하여 만들어진다.

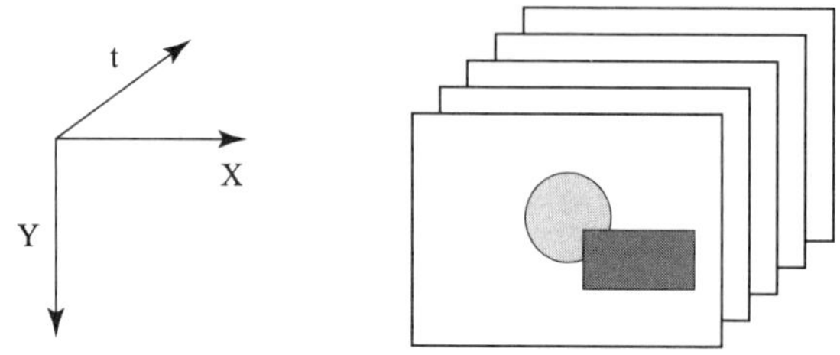

그림 7-12 배경 모델 생성

$$D(x, y) = \begin{cases} 0 & \text{if } | \ m(x, y) - 2\sigma(x, y) \le f(x, y) \le m(x, y) + 2\sigma(x, y) \\ 1 & otherwise \end{cases}$$

(식 7-32)

위 (식 7-32)에서 현재 영상의 각 화소가 모델의 평균에서 2σ 범위 안에 있으면 배경 화소로 간주하고 그렇지 않으면 전경에 속하는 화소로 간주한다. 통계적으로 봤을 때 2σ 범위는 가우시안 분포의 95%에 포함되는 범위에 해당된다.

차영상을 이용하여 이동 물체를 검출하는 또 다른 방법으로 "차영상에 근거한 시공간 엔트로피entropy)"를 이용하는 방법이 있다. 일정 시간 동안 화소 값의 변화가 없다면, 즉 같은 화소 값이 계속 유지되면 이는 매우 안정적인 화소 값으로 엔트로피는 매우 낮다. 반면에 화소 값의 변화가 크다면 높은 엔트로피를 갖게 된다. 엔트로피가 높은 경우에는 무언가 계속해서 변화가 발생한다고 판단할 수 있고 이러한 변화는 물체의 움직임에 의하여 만들어진다고 생각할 수 있다.

그림 7-13과 같이 k번째 영상의 (i, j)번째 화소를 중심으로 마스크 안에 포함된 wxw개의 화소들과 k-1번째 영상의 대응되는 화소들과의 차이를 구하면 총 wxw개의 차이 값이 만들어진다. 이러한 과정을 시간 축으로 L개의 연속적인 프레임에 대하여 반복하면 총 w*w*L 개의 차이 값이 모아진다. 이들에 대한 히스토그램 $H_{i,\ j,\ q}$을 생성한다. 인덱스 q는 히스토그램의 q번째 빈(bin)을 나타낸다. 차이 값들에 대한 히스토그램을 만들 때, 빈(bin)의 개수를 줄이기 위해 차이 값의 절대치(absolute value)에 히스토그램을 만드는 것이 효과적이다. 히스토그램이 만들어지면 다음 식과 같이 정규화하여 확률 밀도 함수 $p_{i,\ j,\ q}$를 생성할 수 있다.

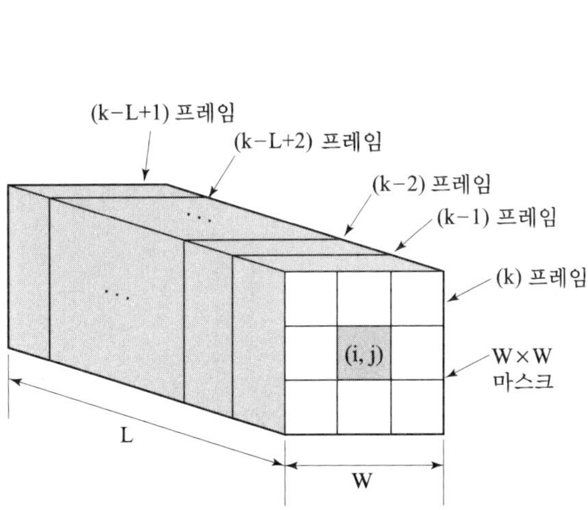

그림 7-13 w*w*L 개의 차이 값들에 대한 히스토그램 생성

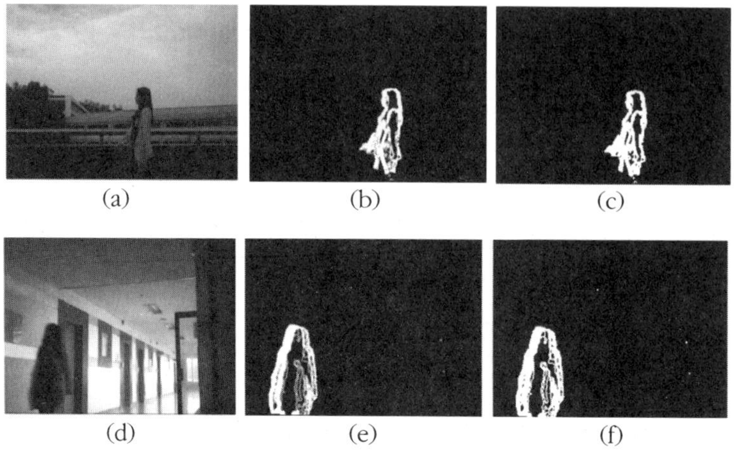

그림 7-14 차영상에 근거한 시공간 엔트로피를 이용한 이동 물체 영역 검출
(a)(d) 원본 영상 (b)(e) 엔트로피 영상 (c)(f) 임계화된 엔트로피 영상

$$p_{i,j,q} = \frac{H_{i,j,q}}{w \cdot w \cdot L} \qquad \text{(식 7-33)}$$

생성된 확률 밀도 함수를 이용하여 엔트로피(entropy)는 다음과 같다.

$$E_{i,j} = \sum_{q=1}^{Q} p_{i,j,q} \log(p_{i,j,q}) \qquad \text{(식 7-34)}$$

계산된 엔트로피가 일정 임계값 이상인 화소들은 밝기 값의 변화가 큰 화소들로서 물체의 이동을 나타내는 화소들이라고 판단할 수 있다. 그림 7-14는 차영상에 근거한 시공간 엔트로피를 이용하여 이동 물체 영역을 추출해낸 결과를 보여준다. 위 줄의 그림에서는 실외에서 한 사람이 걸어가고 있고, 아래 줄의 그림에서는 실내에서 한 사람이 걸어가고 있다. 비교적 이동 물체 영역이 잘 추출된 결과를 확인할 수 있다.

OpenCV 함수를 이용한 차영상 생성

cvAbsDiff() 함수에 대한 설명

- cvAbsDiff() 함수는 src1와 src2의 차이의 절댓값을 dst에 저장한다. 다중 채널인 경우에는 채널별로 차이의 절댓값을 계산한다.

파라미터 :

void cvAbsDiff(const CvArr *src1, const CvArr *src2, CvArr *dst)		
첫 번째 인자	src1	첫 번째 이미지
두 번째 인자	src2	두 번째 이미지
세 번째 인자	dst	|src1|-|src2|의 결과 값을 저장

Abs.cpp

```
1   #include 〈opencv/cv.h〉
2   #include 〈opencv/highgui.h〉
3
4   IplImage* image1 = cvLoadImage("1.jpg", 1);
5   IplImage* image2 = cvLoadImage("2.jpg", 1);
6   IplImage* diff = cvCreateImage(cvGetSize(image1), 8,3);
7
8   cvAbsDiff(image1, image2, image3);
9
10  cvNamedWindow("image1",CV_WINDOW_AUTOSIZE);
11  cvShowImage("image1", image1);
12  cvNamedWindow("image2",CV_WINDOW_AUTOSIZE);
13  cvShowImage("image2", image2);
14  cvNamedWindow("diff", CV_WINDOW_AUTOSIZE);
15  cvShowImage("diff", diff);
16  cvWaitKey(0);
17
18  cvDestroyAllWindows();
19  cvReleaseImage(&image1);
20  cvReleaseImage(&image2);
21  cvReleaseImage(&diff);
```

4~5행 : 이미지를 불러온다.

6행 : 차영상이 저장될 이미지를 생성한다.

8행 : cvAbsDiff 함수를 수행하여 차영상을 구한다.

10~15행 : 캡션에 해당하는 윈도를 생성하고 각각의 윈도에 영상을 보여준다.

16행 : 지연 값이 0이므로, 사용자가 아무 키보드나 누를 때까지 멈추고 기다린다.

18행 : 모든 윈도를 제거한다.

19~21행 : 이미지에 할당한 메모리를 해제한다.

이 프로그램의 수행 결과는 다음 그림과 같다. 두 영상 간의 변화가 발생한 부분이 잘 나타나고 있음을 확인할 수 있다. 차영상 분석은 감시 카메라에서 촬영된 영상을 분석하여 변화 사항을 체크하는 부분 등에 많이 활용되고 있다.

(a) 배경 영상

(b) 객체가 포함된 영상

(c) 차영상

그림 7-15 OpenCV 함수를 이용한 차영상 추출

연습문제

1. 동영상 분석을 통해 얻을 수 있는 장점은 어떠한 것들이 있는가?
2. 광류와 속도 벡터의 정의에 대하여 설명하시오.
3. 속도 벡터를 계산하기 위해 사용되는 "밝기 값의 일관성" 가정이란 무엇인가?
4. 시간 미분을 갱신하여 속도 벡터를 갱신하는 과정을 설명하시오.
5. 구멍 문제(aperture problem)를 해결하는 방법에 대하여 설명하시오.
6. 구멍 문제를 해결하기 위해 사용되는 마스크의 크기는 어떠한 영향을 주는가?
7. 영상을 가우시안 피라미드 형태로 표현하는 방법에 대하여 설명하시오.
8. 루카스-카나데 알고리즘을 피라미드 형태로 구현하는 이유에 대하여 설명하시오.
9. 누적 차영상을 통해 얻을 수 있는 정보는 무엇인가?
10. 배경 모델을 생성하는 과정에 대하여 설명하시오.
11. 시공간 엔트로피를 생성하는 과정에 대하여 설명하시오.

제 8 장

물체 인식

(Object Recognition)

8.1 물체 영역 검출

컴퓨터 비전의 여러 문제 중에서 장면을 분석하거나 장면 내의 물체를 인식하는 문제는 가장 어렵고도 흥미있는 작업이다. 물체 인식이 어려운 이유는 물체가 놓여있는 위치와 카메라의 시각에 따라 물체의 모양이 달라질 수 있고, 주위의 조명에 따라 밝기 값이 달라질 수 있기 때문이다. 물체 인식 과정은 일반적으로 다음과 같은 세 단계의 작업을 수행한다. 먼저 영상에서 물체 영역을 검출하는 작업을 수행한다. 물체 영역이 검출되면 검출된 영역의 형태적인 특징을 추출한 후, 추출된 특징을 미리 정의된 모델과 비교하는 과정, 즉 정합 과정을 거쳐 인식 작업이 이루어진다.

본 교재에서는 얼굴 인식의 예를 통하여 물체 인식의 전 과정을 살펴본다. 영상에서 얼굴 영역을 찾기 위해 일반적으로 사용하는 방법은 첫째 피부 색상(skin color)을 이용하는 방법과 둘째 얼굴 구성 요소(눈, 코, 입)의 형태적인 정보를 활용하는 방법이다. 컬러 값을 HSI 모델로 표현했을 때, 피부 색상의 H 값은 인종에 관계없이 대략 $H = 6°$ 에서 $H = 38°$ 범위의 값을 가진다고 알려졌다. 문헌에 소개된 많은 방법들이 피부 색상을 이용하여 얼굴 영역 찾기를 시도한다. 그러나 피부 색상에 해당되는 영역에는 얼굴 영역뿐 아니라 손 영역 그리고 피부와 유사한 색상을 갖는 배경 영역도 포함될 수 있다. 따라서 피부 색상에 해당되는 영역 중에서 다시 얼굴 영역을 분리하는 작업이 필요하다. 본 교재에서는 얼굴 구성 요소의 특성을 이용하여 얼굴 영역을 찾는 방법을 설명한다.

그림 8-1에서처럼 검은색 사각형 박스와 흰색 사각형 박스 안에 있는 화소 값들을 비교해 보면 왼쪽 그림의 눈 위치에서는 흰색 사각형 박스 안에 있는 화소 값들이 검은색 사각형 박스 안에 있는 화소 값들보다 높은 값을 갖지만, 오른쪽 기차 그림의 경

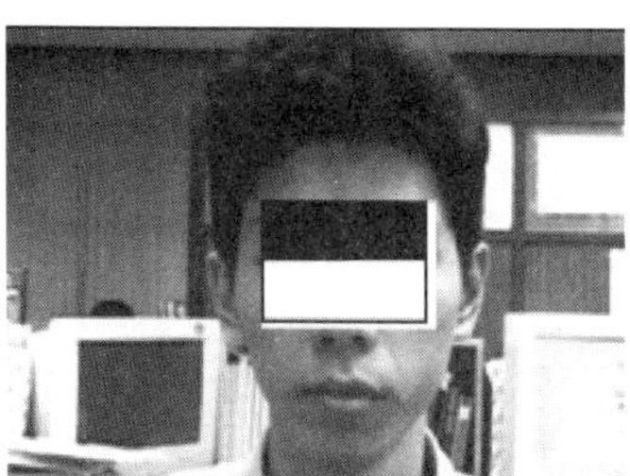

그림 8-1 검은색 사각형과 흰색 사각형 안의 화소 값 비교

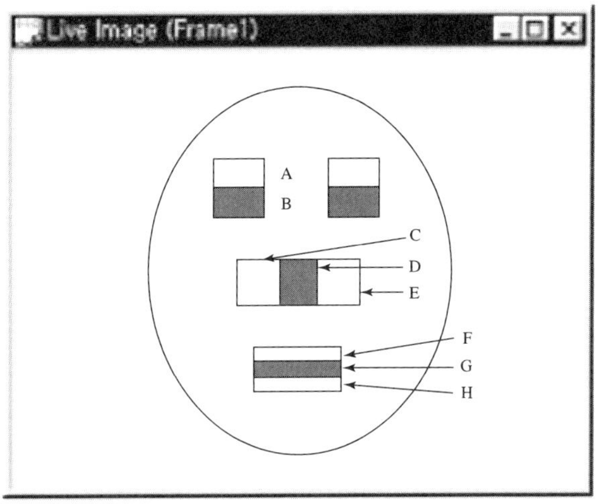

그림 8-2 얼굴 구성 요소의 검출을 위한 마스크

우에는 두 사각형 박스 안에 있는 화소 값들이 큰 차이를 보이지 않는다.

그림 8-2에서와 같이 얼굴 구성 요소인 눈, 코, 입 주위에 그림과 같은 사각형 마스크를 씌웠을 때 마스크의 검은색 영역의 화소 값들과 흰색 영역의 화소 값들은 밝기 값에 현저한 차이를 보이는 것을 알 수 있다. 눈 부위에서는 영역 A의 화소 값과 영역 B의 화소 값이 차이를 보이고, 코 부위에서는 영역 D의 화소 값은 영역 C와 E의 화소 값과 차이를 보이며, 입 부위에서는 영역 G의 화소 값이 영역 F와 H의 화소 값과 차이를 보인다.

$$\text{eye} = \sum(\text{pixels in A}) - \sum(\text{pixels in B})$$
$$\text{noise} = \sum(\text{pixels in C and E}) - \sum(\text{pixels in D})$$
$$\text{mouth} = \sum(\text{pixels in F and H}) - \sum(\text{pixels in G})$$

따라서 그림 8-2에서와 같은 흰색과 검은색이 칠해진 사각형 마스크를 이용하여 흰색 영역의 화소 값들과 검은색 영역의 화소 값들의 차이를 구해 이들이 어느 정도 이상인 위치를 눈, 코, 입 위치로 판단하고, 이를 토대로 하여 얼굴 영역을 검출할 수 있다. 이러한 방법에 있어서 문제는 마스크의 구조를 어떻게 결정할 것인가 하는 점이다. 즉 마스크의 크기를 어느 정도로 해야 하고, 가로 대 세로 비율은 어느 정도로 해야 하며, 흰색 영역과 검은색 영역을 어떤 식으로 배치해야 하며, 그리고 얼굴 후보 영역 안에서 마스크의 위치는 어디에 위치해야 하는 가하는 점이다. 예들 들어 24×24 검색 영역 안에서 그림 8-3에서와 같이 다양한 유형의 마스크가 만들어질 수 있으며

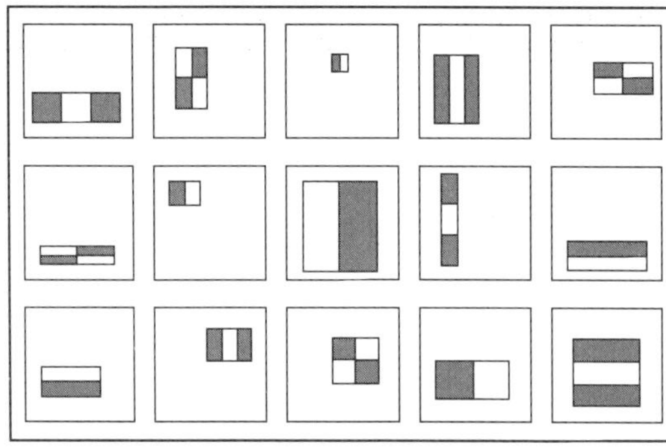

그림 8-3 24×24 검출 영역 안에서 가능한 마스크 유형들의 예

가능한 마스크의 총 개수는 16,000개가 넘는다.

또 다른 문제는 각 마스크에 의해 얻어진 결과를 어떠한 방식으로 종합할 것인가 하는 점이다. 이 문제 역시 대단히 중요하다. 예를 들어 어떤 검출 영역 안에서 마스크-1은 높은 반응을 보여서 이 영역이 얼굴 영역으로 판단되는데, 마스크-2는 비교적 낮은 반응을 보여 얼굴 영역으로 판단되지 않는다면 이러한 결과들을 어떻게 종합할 것인가?

이러한 문제들을 해결하는 방법으로 AdaBoost 알고리즘을 사용한다. AdaBoost (Adaptive Boosting) 알고리즘은 기계 학습(machine learning) 방법으로서 적응적으로 학습 기능을 강화시킨다. 즉 여러 개의 약 분류기(weak classifier)들을 결합하여 강 분류기(strong classifier)를 만드는데, 한 분류기가 잘못 분류한 학습 데이터들을 다른 분류기는 바르게 분류할 수 있도록 데이터에 적절한 가중치를 곱한다. 동시에, 약 분류기들을 결합할 때도 각 분류기들에 적절한 가중치를 곱해 전체적으로 강건한 분류기가 만들어 지도록 한다. 결론적으로 데이터에 곱해질 가중치와 약 분류기에 곱해질 가중치를 학습하는 과정이 AdaBoost 알고리즘의 핵심이다.

얼굴 영역 검출을 위해 사용되는 방법을 다시 정리하면 다음과 같다. 얼굴 후보 영역 안에 검은색 영역과 흰색 영역으로 구성된 마스크들을 배치한다. 각 마스크의 흰색 영역에 속한 화소 값들의 합에서 검은색 영역에 속한 화소 값들의 뺀 값이 그 마스크의 특징 값이 되고 이 값이 특정 임계값 이상이면 해당 영역을 얼굴 영역으로 판단한다. 결국 각 마스크의 판단이 약 분류기에 해당되고, 이들을 종합하는 과정이 강 분류기를 만드는 과정이다. 이와 같은 과정을 수식 형태로 정리하면 다음과 같다.

$$F(x) = \alpha_1 f_1(x) + \alpha_2 f_2(x) + \cdots \qquad \text{(식 8-1)}$$

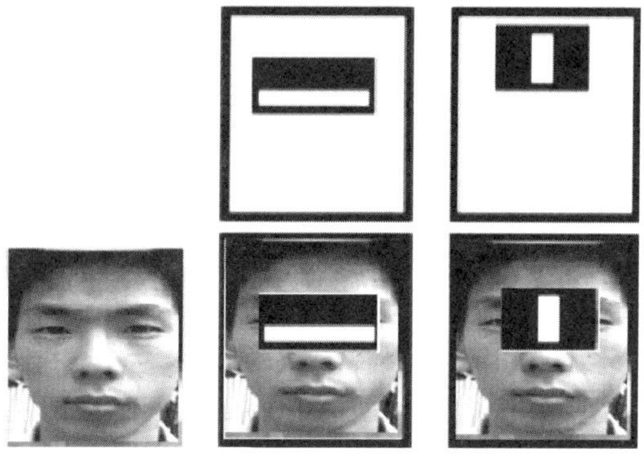

그림 8-4 24×24 후보 영역 안에서 마스크-1과 마스크-2의 결과를 결합하는 예

$$f_i(x) = \begin{cases} 1 & \text{if } g_i(x) \geq \theta_i \\ -1 & otherwise \end{cases} \qquad \text{(식 8-2)}$$

위 (식 8-1)에서 x는 그림 8-4의 24×24 검출 영역을 나타내고, $f_i(x)$는 i-번째 약 분류기를 나타내고, $g_i(x)$는 i-번째 마스크의 값을 나타낸다. 즉 i-번째 마스크의 값이 특정 임계값 이상이면 i-번째 약 분류기는 해당 영역을 얼굴 영역으로 판단한다. 약 분류기들을 결합한 강 분류기 $F(x)$의 값이 양수이면 해당 영역은 최종적으로 얼굴 영역으로 판단된다.

이와 같은 강 분류기를 만들기 위해서는 각 약 분류기의 임계값 θ_i를 학습해야 하고, 약 분류기들을 결합하기 위한 가중치 α_i를 학습해야 한다. 얼굴 영역 검출 과정에서 각 마스크의 값 g_i을 효율적으로 계산하기 위해 누적 영상(integral image)을 다음과 같이 만든다. 그림 8-5와 같이 누적 영상 (x, y)에서의 화소 값은 (x, y) 좌표 위쪽과

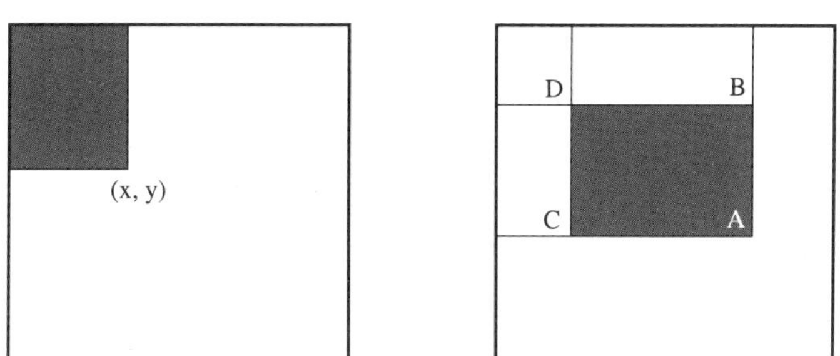

(a) 누적 영상 생성 과정

(b) 누적 영상을 이용하여 사각형 안의 화소 값들의 합 구하는 과정

그림 8-5 누적 영상 예제

왼쪽에 있는 원 영상 화소 값들의 합이 된다. 이처럼 누적 영상이 만들어지면 원 영상의 ABCD 사각형 안에 있는 화소 값들의 합은 누적 영상의 A의 화소 값에서 B, C의 화소 값을 빼고 D의 화소 값을 더한 값이 된다.

$$\text{sum} = \text{A} - \text{B} - \text{C} + \text{D} \quad \text{(식 8-3)}$$

누적 영상을 이용하면 사각형 안의 화소 값들의 합을 구하는 과정이 이처럼 매우 간단해진다. AdaBoost 알고리즘은 학습 알고리즘으로서 앞에서 설명한 θ_i와 α_i를 학습하기 위해 학습 데이터(training data)를 필요로 한다. 학습 얼굴 영상으로는 CMU에서 제공하는 얼굴 DB를 많이 사용한다. BioID DB 또는 Slovenian DB 등도 학습 얼굴 영상을 얻기 위해 많이 사용된다. 보통 24×24 크기의 1,000개 이상의 얼굴 영상을 준비한다. 학습을 위해서는 얼굴이 아닌 비-얼굴 영상도 필요하다. 학습 얼굴 영상과 마찬가지로 24×24 크기의 비-얼굴 영상을 1,000개 이상 준비한다. 편의상 학습 데이터를 (x_i, y_i)로 표시한다. x_i는 학습 영상을 나타내고, y_i는 1 또는 -1의 값을 가지며 학습 영상이 얼굴 영상인지 또는 비-얼굴 영상인지를 나타낸다. AdaBoost 알고리즘을 기능적인 측면에서 정리하면 다음과 같다.

For each round of boosting
- 학습 데이터에 각 마스크의 값을 계산한다($g(x)$ 계산).
- 마스크 값에 의해 학습 데이터를 정렬시킨다.
- 각 마스크에 대해 최적의 임계값(θ)을 선택한다(최소 에러를 갖는 임계값 선택).
- 모든 마스크 중에서 최적의 마스크와 최적 임계값을 선택한다.
- 가중치(α)를 계산하고 약 분류기를 강 분류기에 포함시킨다.
  $F(x) \leftarrow F(x) + \alpha f(x)$
- 학습 데이터에 대한 가중치를 조정한다.

AdaBoost 알고리즘은 강 분류기(strong classifier)를 학습하는 과정에서 학습 데이터에 적절한 가중치를 부여하여 각 약 분류기의 단점을 보완하는 노력을 한다. 학습의 각 단계를 좀 더 구체적으로 설명하면 다음과 같다.

Given m training data (x_i, y_i), x_i = 24×24 image and $y_i = \{+1, -1\}$
Initialize $D_1(i) = 1/m$ for all i
For t=1 to T
1. Train classifier f_t with minimum error $\varepsilon_t = P_{D_t}(f_t(x_i) \neq y_i)$

- determine best threshold θ_t

2. Compute the weight $\alpha_i = \frac{1}{2}\, ln\left(\frac{1-\varepsilon_t}{\varepsilon_t}\right)$

3. For each training data i = 1 to m

$$D_{t+1}(i) = \frac{D_t(i)}{Z_t} \cdot \begin{cases} e^{-\alpha_t} & \text{if } f_t(x_i) = y_i \\ e^{\alpha_t} & \text{if } f_t(x_i) = y_i \end{cases}$$

Output

$$F(x) = \text{sign}\left(\sum_{t=1}^{T}\right)\alpha_t f_t(x)$$

위 알고리즘에서 단계-1은 약 분류기 f_t의 임계값 θ_t를 결정하고 또 이 약 분류기가 얼마나 좋은가를 평가하는 에러 확률값을 계산한다. 에러 확률을 계산할 때 정확히 분류되지 못한 각 학습 데이터는 가중치 D_t 만큼 확률 계산에 참여한다. 단계-2는 약 분류기에 부여될 가중치를 계산한다. 이 가중치는 각 약 분류기의 중요도를 결정한다. 단계-3은 각 학습 데이터에 부여될 가중치를 갱신한다. 잘못 분류된 학습 데이터의 가중치는 증가시키고 제대로 분류된 학습 데이터의 가중치는 감소시킨다. Z_t는 갱신 정도를 조절하는 상수이다. 최종적으로 구해진 강 분류기 $F(x)$를 사용하여 얼굴 영역을 검출한 예를 그림 8-6은 보여준다. $F(x)$의 부호가 양수이면 얼굴 영역으로 음수이면 비-얼굴 영역으로 판정한다.

그림 8-6 AdaBoost 학습 알고리즘에 의한 얼굴 검출 예

OpenCV를 이용한 AdaBoost + Haar-like Feature 를 이용하여 얼굴 검출하기

cvHaarDetectObjects() 함수에 대한 설명

- cvHaarDetectObjects() 함수는 입력 영상에 다양한 크기의 물체를 검출하는 함수이다.
  여기서는 얼굴을 검출하는 용도로 쓰인다.

파라미터 :

```
CvSeq* cvHaarDetectObjects(const CvArr* image, CvHaarClassifierCascade* cascade, CvMem-
Storage* storage, double scale_factor = 1.100000,
int min_neighbors = 3, int flags = 0, CvSize min_size = cvSize(0,0),
CvSize max_size = cvSize(0,0))
```

첫 번째 인자	image	입력 영상, 그레이 스케일
두 번째 인자	cascade	cascade 형태의 Haar 분류기
세 번째 인자	storage	얼굴 후보 영역들을 저장하기 위한 버퍼 공간
네 번째 인자	scale_factor	얼굴을 찾을 때 탐색 범위의 크기 변환을 어느 정도로 할 것인지를 정하는 계수
다섯 번째 인자	min_neighbors	얼굴로 구성하는 것으로 확인된 이웃 마스크의 개수가 min_neighbors 이상인 경우로 얼굴 영역으로 판단한다.
여섯 번째 인자	flags	4개의 플래그가 있다. - CV_HAAR_DO_CANNY_PRUNING : 캐니 검출기를 사용하여 에지가 너무 많거나 너무 적은 영역은 제외하고 얼굴을 찾는다. - CV_HAAR_SCALE_IMAGE : 검출기 대신 영상 자체 크기를 변화시키면서 객체를 찾는다. - CV_HAAR_FIND_BIGGEST_OBJECT : 가장 큰 객체만 반환한다(반환되는 객체 수는 0 또는 1). - CV_HAAR_DO_ROUGH_SEARCH : CV_HAAR_FIND_BIGGEST_OBJECT와 함께 사용됨(첫 번째 객체 위치 후보가 검출되면 검색을 바로 종료)
일곱 번째 인자	min_size	객체의 최소 크기 지정, 정해진 크기보다 작은 객체는 무시됨.
열덟 번째 인자	max_size	객체의 최대 크기 지정, 정해진 크기보다 큰 객체는 무시됨.

harr_face_detection.cpp

```
#include <opencv/cv.h>
#include <opencv/highgui.h>

void Face_detect_and_draw(IplImage* image)
{
CvMemStorage* storage = cvCreateMemStorage(0);
CvHaarClassifierCascade* cascade = (CvHaarClassifierCascade*)
                                cvLoad( "haarcascade_frontalface_alt2.xml", 0, 0, 0 );

int scale = 1.3;

IplImage* gray_convert = cvCreateImage(cvSize(image->width,image->height),
IPL_DEPTH_8U, 1);
IplImage* temp = cvCreateImage(cvSize(cvRound(image->width/scale),
                                          cvRound(image->height/scale)),IPL_DEPTH_8U,1);

cvCvtColor(image, gray_convert, CV_BGR2GRAY);
cvResize(gray_convert, temp, CV_INTER_LINEAR);
cvEqualizeHist(temp, temp);

cvClearMemStorage(storage);

CvSeq* face = cvHaarDetectObjects(temp, cascade, storage, 1.1, 3,
                                  CV_HAAR_SCALE_IMAGE,cvSize(30,30),
                                  cvSize(80,80));


int i;
CvPoint pt1,pt2;

for(i=0; i < (face ? face->total : 0); i++)
{
CvRect* r = (CvRect*)cvGetSeqElem(face, i);

pt1.x = r->x*scale;
pt2.x = (r->x + r->width)*scale;
pt1.y = r->y*scale;
pt2.y = (r->y + r->height)*scale;

cvRectangle( image, pt1, pt2, CV_RGB(255,0,0), 2);
}
```

```
35
36 cvNamedWindow(“Fase detection”,CV_WINDOW_AUTOSIZE);
37 cvShowImage(“Fase detection”,image);
38
39 cvReleaseImage(&gray_convert);
40 cvReleaseImage(&temp);
41 cvReleaseMemStorage(&storage);
   }
42
43 int main()
44 {
45 IplImage* image = cvLoadImage(“test.jpg”,CV_LOAD_IMAGE_COLOR);
46
47 Face_detect_and_draw(image);
48
49 cvWaitKey(0);
50
51 cvDestroyAllWindows();
52
53 cvReleaseImage(&image);
54
55 return 0;
56 }
```

이 프로그램은 cvHaarDetectObjects() 함수와 Haar 분류기를 사용하여 얼굴을 검출하고 검출한 부분을 사각형으로 표시해 나타내주는 간단한 예제이다.

4행 : Face_detect_and_draw() 함수는 특정 객체(예제에서는 얼굴)를 검출하고 검출한 부분을 사각형으로 표시해주는 함수이다.
6행 : 검출된 얼굴을 저장할 메모리 공간을 생성하고 64KB의 메모리를 할당한다.
7행 : 학습된 Haar 분류기 cascade를 현재의 프로젝트 폴더에서 읽어온다. 위 예제에서는 얼굴 검출에 대한 기계학습 자료가 담겨있는 xml파일 "haarcascade_ frontalface_alt2.xml"을 사용했다. 이는 OpenCV가 얼굴을 검출하기 위해서 미리 훈련된 결과를 저장해놓은 파일로 정면 얼굴 인식에 사용한다. OpenCV가 설치된 폴더의 data\haarcascades 폴더 안에서 이 파일들을 찾아볼 수 있다.
9행 : 영상 이미지 크기를 변환하기 위한 변수를 선언한다.
11행 : 입력 영상 이미지와 같은 크기의 그레이로 변경할 영상 이미지를 생성한다.

12행 : 입력 영상 이미지와 같지만 크기만 축소시킨 이미지를 생성한다.

14행 : RGB로 표현된 영상 이미지를 gray_convert에 그레이 영상 이미지로 변환한다.

15행 : gray_convert에 있는 영상 이미지를 temp로 CV_INTER_LINEAR 방식으로 보간하여 크기를 변경한다.

[보간 방법]

- CV_INTER_NN : 최근접 이웃 보간법
- CV_INTER_LINEAR : 양방형 선형 보간법
- CV_INTER_AREA : 픽셀 영역 재샘플링
- CV_INTER_CUBIC : 양방향 3차 회선 보간법

16행 : 8비트 단일 채널 temp 영상 이미지를 같은 종류, 같은 크기로 히스토그램 평활화시킨다.

18행 : storage의 메모리 저장 공간을 해제하지 않고 여유 공간으로 만든다.

19행 : cvHaarDetectObjects() 함수로 얼굴을 검출하고 검출된 얼굴을 face에 저장한다.

26행 : 모든 점(좌표) 만큼의 루프를 돈다.

28행 : 시퀀스 face의 i번째 요소를 찾아 CvRect에 가져온다(CvSeq로부터 좌표를 얻어낸다).

29~33행 : 얼굴 위치 영역의 왼쪽 위 좌표를 pt1, 오른쪽 아래 좌표를 pt2에 넣고 cvRectangle 함수로 영상 이미지에 pt1과 pt2에 정의되는 사각형을 빨간 색상의 2-굵기 크기로 그린다.

36~37행 : "Face detection" 윈도 캡션 이름의 CV_WINDOW_AUTOSIZE 플래그로 윈도를 생성하고 cvLoadImage로 읽어온 영상을 보여준다.

39~41행 : 할당된 메모리들을 해제한다.

45행 : 입력 영상인 "test.jpg" 파일을 현재의 프로젝트 폴더에서 3채널 컬러 영상으로 읽어온다.

47행 : Face_detect_and_draw() 함수를 호출한다.

49행 : 지연 값이 0이므로, 사용자가 아무 키보드나 누를 때까지 멈추고 기다린다.

51행 : cvNamedWindow 함수에 의해 생성된 모든 윈도를 제거한다.

53행 : 할당된 메모리를 해제한다.

아래 그림은 cvHaarDetectObjects() 함수와 Haar 분류기를 사용하여 얼굴을 검출한 결과를 보여준다. 검출된 얼굴 영역이 빨간 사각형으로 표시되어 있다. 정면 얼굴 영상에서는 매우 뛰어난 결과를 보이고 있다.

그림 8-7 OpenCV 함수를 이용한 얼굴 영역 검출 결과

8.2 특징 추출

얼굴 영역이 검출되면 이제 검출된 영역에서 특징 값들을 추출하여 인식에 사용하게 된다. 여러 형태의 특징들을 사용할 수 있지만, 가장 대표적인 특징이 Pentland 교수팀이 제안한 고유 얼굴(eigenface)에 기초한 특징이다. 즉 얼굴 영상을 고유 얼굴들을 적절히 결합하여 표현하고, 고유 얼굴들을 결합하는데 사용되는 가중치들이 특징 값이 된다. 본 교제에서는 고유 얼굴을 구하는 과정, 그리고 고유 얼굴들을 이용하여 얼굴을 재생하는데 사용되는 가중치들을 구하는 과정을 설명한다.

고유 얼굴을 구하기 위해서는 학습 데이터가 필요하다. 학습 얼굴 영상의 크기는 N×N으로 정규화한다. 편의상 N×N 영상을 그림 8-8과 같이 $N^2 \times 1$ 벡터로 표현한다. M개의 학습 얼굴 영상의 집합을 $S = \{\Gamma_1, \Gamma_2, ..., \Gamma_M\}$로 표시한다.

그림 8-8 학습 얼굴 영상의 벡터 표현

각 학습 얼굴 영상은 배경 및 조명에 의해 다소 밝기 차이를 보일 수 있다. 따라서 히스토그램 평활화를 이용하거나 또는 적절한 방법으로 각 영상의 평균 밝기 값이 일정하도록 밝기 정규화시키는 것이 바람직하다. 이제 밝기 정규화된 학습 얼굴 영상들로부터 고유 얼굴을 구하는 과정을 설명한다.

1. 평균 얼굴 벡터를 구한다.

$$\psi = \frac{1}{M}\sum_{i=1}^{M} \Gamma_i$$

2. 각 학습 얼굴 벡터에서 평균 얼굴 벡터를 뺀다.

$$\Phi_i = \Gamma_i - \psi$$

3. 공분산 행렬을 구한다.

$$C = \frac{1}{M}\sum_{n=1}^{M} \Phi_n \Phi_n^T = AA^T \qquad (N^2 \times N^2 \text{ 행렬})$$

$$A = [\Phi_1, \Phi_2, \ldots, \Phi_M] \qquad (N^2 \times M \text{ 행렬})$$

4. 행렬 C, 즉 AA^T의 고유 벡터(eigen vector)를 구한다.
행렬 AA^T은 크기가 너무 큰 $N^2 \times N^2$ 행렬이므로 이 행렬의 고유 벡터를 구하는 작업은 너무 시간이 많이 걸린다. 따라서 약간의 트릭을 사용한다. 행렬 AA^T의 고유 벡터를 직접 구하는 대신에 행렬 A^TA($M \times M$ 행렬)의 고유 벡터를 구한 후 이를 이용하여 행렬 AA^T의 고유 벡터를 구한다.

4.1. 행렬 A^TA의 고유 벡터 v_i를 구한다.

$$A^TAv_i = \mu_i v_i$$

고유 벡터 v_i가 구해지면 이로부터 행렬 AA^T의 고유 벡터를 다음과 같이 유도할 수 있다.

$$AA^TAv_i = \mu_i Av_i$$

즉 $Av_i = u_i$가 AA^T의 고유 벡터가 된다. 또한 AA^T와 A^TA는 같은 고윳값(eigen value) μ_i를 가진다. A^TA는 M개의 고유 벡터와 고윳값을 가지며, AA^T는 N^2개의 고유 벡터와 고윳값을 가진다. AA^T의 가장 큰 M개의 고윳값이 A^TA의 고윳값과 같은 값이 된다.

4.2. 행렬 AA^T의 가장 좋은 M개의 고유 벡터 u_i를 구한다.

$$u_i = Av_i$$

5. 고윳값이 가장 큰 $K(K \ll M)$개의 고유 벡터만 간직하고 나머지는 버린다.

이처럼 구해진 K개의 고유 벡터를 고유 얼굴이라 부른다. 각 얼굴 영상 $\boldsymbol{\Phi}_i$를 고유 벡터 u_j에 투영시켜 얻어진 값 $w_j^i(j = 1, ..., K)$를 특징 값으로 사용하여 인식 작업을 하게 된다.

$$w_j^i = u_j^T \boldsymbol{\Phi}_i \qquad \text{(식 8-4)}$$

특징 값을 고유 벡터(고유 얼굴)의 가중치로 하여 고유 벡터들을 결합하면 원본 얼굴 영상을 재생할 수 있다. M개의 고유 벡터를 다 사용하지 않고 단지 K개의 고유 벡터만을 사용하도라도 얼굴 영상이 어느 정도 완벽하게 재생된다.

$$\hat{\Gamma}_i = \psi + \sum_{j=1}^{K} w_j^i u_j \qquad \text{(식 8-5)}$$

그림 8-9는 4개의 고유 벡터를 이용하여 얼굴 영상을 재생한 예를 보여준다. 각 고유 벡터의 가중치 w_j를 $+\ 0.96$, -0.21, $+\ 0.06$, $+\ 0.03$이라 하자.

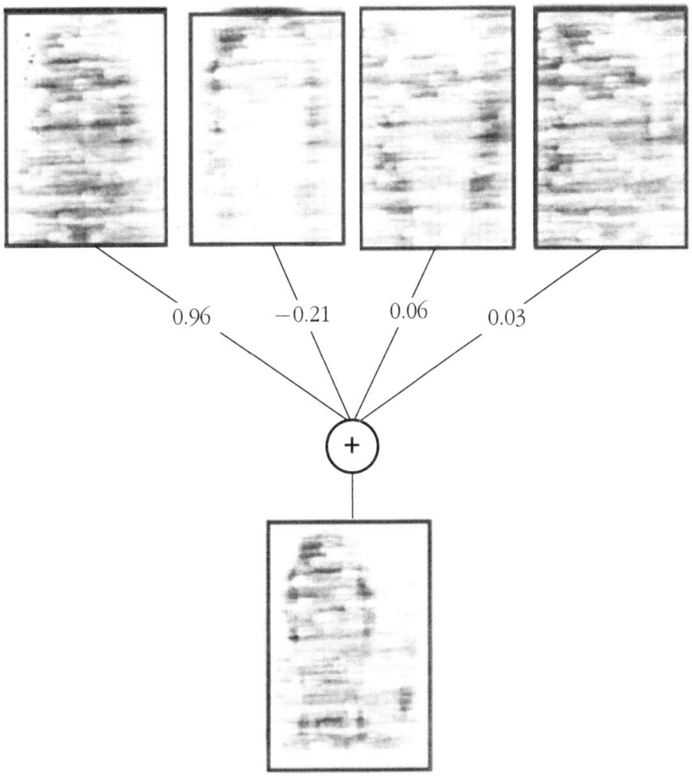

그림 8-9　4개의 고유 얼굴의 이용하여 얼굴 영상 재상한 예

다시 정리하면, 인식 작업에 사용될 얼굴 영상 Φ_i에 대한 특징 벡터는 고유 얼굴의 가중치 벡터 Ω_i로서 다음과 같다.

$$\Omega_i = \left[w_1^i,\ w_2^i,\ \ldots,\ w_K^i\right], \quad i = 1,\ 2,\ \ldots,\ M \qquad \text{(식 8-6)}$$

8.3 모델과 정합

인식 과정을 모델의 각 특징 벡터와 입력 영상의 특징 벡터를 비교하여 가장 유사한 모델을 선택하는 작업이다. 인식하고자 하는 테스트 입력 영상 Γ_{test}가 주어지면 각 모델의 특징 벡터를 구하던 과정과 유사한 과정을 반복한다. 먼저 크기 정규화와 밝기 정규화를 수행한 후 모델에서 사용하였던 평균 얼굴을 뺀다.

$$\Phi_{test} = \Gamma_{test} - \psi \qquad \text{(식 8-7)}$$

평균 얼굴을 뺀 $\boldsymbol{\Phi}_{test}$를 모델 생성 과정에서 만들어진 K개의 고유 얼굴에 투영하여 입력 영상에 대한 특징 벡터를 구한다.

$$w_i^{test} = u_i^T \boldsymbol{\Phi}_{test} \qquad \text{(식 8-8)}$$

$$\boldsymbol{\Omega}_{test} = \left[w_1^{test}, w_2^{test}, \ldots, w_K^{test} \right] \qquad \text{(식 8-9)}$$

인식하고자 하는 입력 영상의 특징 벡터와 각 모델의 특징 벡터를 비교하는 과정은 일반적으로 유클리디안(Euclidean) 거리 척도를 이용하거나 또는 마할라노비스(Mahalanobis) 거리 척도를 이용하여 가장 유사한 모델을 선택한다. 예를 들어 유클리디안 거리 척도를 이용하는 경우 다음과 같이 인식 작업이 이루어진다.

$$\varepsilon_l = |\boldsymbol{\Omega}_{test} - \boldsymbol{\Omega}_l| = \sum_{i=1}^{K} \left(w_i^{test} - w_i^l \right)^2, \quad l = 1, 2, \ldots, M \qquad \text{(식 8-10)}$$

choose l with minimum ε_l

연 습 문 제

1. 물체 인식 과정에서 일반적으로 진행되는 3단계 작업은 무엇인가?
2. AdaBoost 학습 알고리즘의 핵심 이론은 무엇인가?
3. 얼굴 영역 검출을 위해 AdaBoost 알고리즘이 사용하는 사각형의 구조에 대하여 설명하시오.
4. 누적 영상(integral image)을 만드는 이유에 대하여 설명하시오.
5. AdaBoost 알고리즘의 진행 과정에서 학습 데이터에 부여될 가중치는 어떠한 방식으로 결정되는가?
6. AdaBoost 알고리즘의 진행 과정에서 각 약 분류기에 부여될 가중치는 어떠한 방식으로 결정되는가?
7. 고유 얼굴(eigenface)이란 무엇을 말하는가?
8. 고유 얼굴을 구하는 과정을 설명하시오.
9. 얼굴 인식을 위해 사용되는 특징 값들은 어떻게 구해지는가?
10. 얼굴 인식을 위해 사용되는 정합 척도(matching metric)는 어떻게 구성되는가?

참고문헌

오일석, 패턴인식, 교보문고, 2008

정성태, 실용 영상 처리, 생능출판사, 2007

정성환, 이문호, 컴퓨터 비전 실무 프로그래밍, 홍릉과학출판사, 2007

최형일, 컴퓨터 비전 입문, 홍릉과학출판사, 1991

Ahonen, T., Hadid, A., and Pietikainen, M., Face description with local binary patterns: Application to face recognition, IEEE Transactions on Pattern Analysis and Machine Intelligence, 2006, 28(12):2037-2041

Amini, A. A., Weymouth, T. E., and Jain, R. C., Using dynamic programming for solving variational problems in vision, IEEE Transactions on Pattern Analysis and Machine Intelligence, 1990, 12(9):855-867

Avidan, S., Baker, S., and Shan, Y., Special issue on Internet Vision, Proceedings of the IEEE, 2010, 98(8):1367-1369

Azuma, R. T., Baillot, Y., Behringer, R., Feiner, S. K., Julier, S., and MacIntyre, B., Recent advances in augmented reality. IEEE Computer Graphics and Applications, 2001, 21(6):34-47

Baker, S., Gross, R., and Matthews, I., Lucas-Kanade 20 Years On: A Unifying Framework, 2004, Technical Report CMU-RI-TR-04-14, The Robotics Institute, Carnegie Mellon University

Ballard, D. H., Generalizing the Hough transform to detect arbitrary patterns, Pattern Recognition, 1981, 13(2):111-122

Ballard, D. H. and Brown, C. M., Computer Vision, Prentice-Hall, 1982, Englewood Cliffs, New Jersey.

Barnard, S. T. and Fischler, M. A., Computational stereo. Computing Surveys, 1982,

14(4):553-572

Barron, J. L., Fleet, D. J., and Beauchemin, S. S., Performance of optical flow techniques, International Journal of Computer Vision, 1994, 12(1):43-77

Barrow, H. G. and Tenenbaum, J. M., Computational vision, Proceedings of the IEEE, 1981, 69(5):572-595

Belhumeur, P. N., Hespanha, J. P., and Kriegman, D. J., Eigenfaces vs. Fisherfaces: Recognition using class specific linear projection, IEEE Transactions on Pattern Analysis and Machine Intelligence, 1997, 19(7):711-720

Belongie, S., Malik, J., and Puzicha, J., Shape matching and object recognition using shape contexts, IEEE Transactions on Pattern Analysis and Machine Intelligence, 2002, 24(4):509-522

Bishop, C. M., Pattern Recognition and Machine Learning, 2006, Springer, New York, NY

Blake, A. and Isard, M., Active Contours: The Application of Techniques from Graphics, Vision, Control Theory and Statistics to Visual Tracking of Shapes in Motion, 1998, Springer Verlag, London

Boykov, Y. and Kolmogorov, V., An experimental comparison of min-cut/max-flow algorithms for energy minimization in vision, 2004, IEEE Transactions on Pattern Analysis and Machine Intelligence, 26(9):1124-1137

Bracewell, R. N., The Fourier Transform and its Applications, 1996, McGraw-Hill, New York, 2nd edition

Bradsky, G. and Kaehler, A., Learning OpenCV: Computer Vision with the OpenCV Library, 2008, O'Reilly, Sebastopol, CA

Brown, M. Z., Burschka, D., and Hager, G. D., Advances in computational stereo, 2003, IEEE Transactions on Pattern Analysis and Machine Intelligence, 25(8):993-1008

Bruhn, A., Weickert, J., and Schnörr, C., Lucas/Kanade meets Horn/Schunck: Combining local and global optic flow methods, 2005, International Journal of Computer Vision, 61(3):211-231

Canny, J., A computational approach to edge detection,1986, IEEE Transactions on Pattern Analysis and Machine Intelligence, PAMI-8(6):679-698

Clowes, M. B., On seeing things. Artificial Intelligence, 1971, 2:79-116

Crane, R., A Simplified Approach to Image Processing, 1997, Prentice Hall, Upper Saddle River, NJ

Criminisi, A., Shotton, J., Blake, A., Rother, C., and Torr, P. H. S., Efficient dense stereo with occlusion by four-state dynamic programming, 2007, International Journal of Computer Vision, 71(1):89-110

Davis, L., A survey of edge detection techniques. Computer Graphics and Image Processing, 1975, 4(3):248-270

Deriche, R., Using Canny's criteria to derive a recursively implemented optimal edge detector, 1987, International Journal of Computer Vision, 1(2):167-187

Duda, R. O. and Hart, P. E., Use of the Hough transform to detect lines and curves in pictures, 1972, Communications of the ACM, 15(1):11-15

Duda, R. O., Hart, P. E., and Stork, D. G., Pattern Classification, 2001, John Wiley & Sons, New York, 2nd edition

Faugeras, O., Three-dimensional computer vision: A geometric viewpoint, 1993, MIT Press, Cambridge, Massachusetts

Forstner, W., A feature-based correspondence algorithm for image matching, 1986, Intl. Arch. Photogrammetry & Remote Sensing, 26(3):150-166

Furukawa, Y. and Ponce, J., Accurate, dense, and robust multi-view stereopsis, 2011, IEEE Transactions on Pattern Analysis and Machine Intelligence

Fusiello, A., Trucco, E., and Verri, A., A compact algorithm for rectification of stereo pairs, 2000, Machine Vision and Applications, 12(1):16-22

Gonzales, R. C. and Woods, R. E., Digital Image Processing, 2008, Prentice-Hall, Upper Saddle River, NJ, 3rd edition

Harris, C. and Stephens, M. J., A combined corner and edge detector, 1988, In Alvey Vision Conference, pp. 147-152

Heisele, B., Serre, T., and Poggio, T., A component-based framework for face detection and identification, 2007, International Journal of Computer Vision, 74(2):167-181

Horn, B. K. P., Robot Vision, 1986, MIT Press, Cambridge, Massachusetts

Juan, O. and Boykov, Y., Active graph cuts, 2006, In IEEE Computer Society Conference on Computer Vision and Pattern Recognition (CVPR 2006), pp. 1023-1029, New York City, NY

Kakumanu, P., Makrogiannis, S., and Bourbakis, N., A survey of skin-color modeling and detection methods. 2007, Pattern Recognition, 40(3):1106-1122

Kass, M., Witkin, A., and Terzopoulos, D., Snakes: Active contour models, 1988, International Journal of Computer Vision, 1(4):321-331

Klaus, A., Sormann, M., and Karner, K., Segment-based stereo matching using belief propagation and a self-adapting dissimilarity measure, 2006, In International

Conference on Pattern Recognition (ICPR 2006), pp. 15-18

Leibe, B. and Schiele, B., Analyzing appearance and contour based methods for object categorization, 2003, In IEEE Computer Society Conference on Computer Vision and Pattern Recognition (CVPR 2003), pp. 409-415, Madison, WI

Marr, D. and Hildreth, E., Theory of edge detection, 1980, Proceedings of the Royal Society of London, 207:187-217

Marr, D. and Poggio, T., Cooperative computation of stereo disparity, 1976, Science, 194:283-287

Martinec, D. and Pajdla, T., Robust rotation and translation estimation in multiview reconstruction, 2007, In IEEE Computer Society Conference on Computer Vision and Pattern Recognition (CVPR 2007), Minneapolis, MN

Meltzer, J. and Soatto, S., Edge descriptors for robust wide-baseline correspondence, 2008, In IEEE Computer Society Conference on Computer Vision and Pattern Recognition(CVPR 2008), Anchorage, AK

Mikolajczyk, K. and Schmid, C., Scale & affine invariant interest point detectors, 2004, International Journal of Computer Vision, 60(1):63-86

Mikolajczyk, K. and Schmid, C., A performance evaluation of local descriptors, 2005, IEEE Transactions on Pattern Analysis and Machine Intelligence, 27(10):1615-1630

Mori, G., Guiding model search using segmentation, 2005, In Tenth International Conference on Computer Vision (ICCV 2005), pp. 1417-1423

Murphy-Chutorian, E. and Trivedi, M. M., Head pose estimation in computer vision: A survey, 2009, IEEE Transactions on Pattern Analysis and Machine Intelligence, 31(4):607-626

Nalwa, V. S., A Guided Tour of Computer Vision, 1993, Addison-Wesley, Reading, MA

Opelt, A., Pinz, A., and Zisserman, A., A boundary-fragment-model for object detection, 2006, In Ninth European Conference on Computer Vision (ECCV 2006), pp. 575-588

Paragios, N. and Sgallari, F., Special issue on scale space and variational methods in computer vision, 2009, International Journal of Computer Vision, 84(2)

Peleg, S. and Rav-Acha, A., Lucas-Kanade without iterative warping, 2006, In International Conference on Image Processing (ICIP-2006), pp. 1097-1100

Pilet, J., Lepetit, V., and Fua, P., Fast non-rigid surface detection, registration, and realistic augmentation, 2008, International Journal of Computer Vision, 76(2)

Rosales, R. and Sclaroff, S., Inferring body pose without tracking body parts, 2000, In IEEE Computer Society Conference on Computer Vision and Pattern Recognition

(CVPR 2000), pp. 721-727

Roth, S. and Black, M. J., On the spatial statistics of optical flow, 2007, International Journal of Computer Vision, 74(1):33-50

Rothganger, F., Lazebnik, S., Schmid, C., and Ponce, J., 3D object modeling and recognition using local affine-invariant image descriptors and multi-view spatial constraints, 2006, International Journal of Computer Vision, 66(3):231-259

Savarese, S. and Fei-Fei, L., 3D generic object categorization, localization and pose estimation, 2007, In Eleventh International Conference on Computer Vision (ICCV 2007)

Scharstein, D. and Szeliski, R., A taxonomy and evaluation of dense two-frame stereo correspondence algorithms, 2002, International Journal of Computer Vision, 47(1):7-42

Sebastian, T. B. and Kimia, B. B., Curves vs. skeletons in object recognition, 2005, Signal Processing, 85(2):246-263

Shafique, K. and Shah, M., A noniterative greedy algorithm for multiframe point correspondence, 2005, IEEE Transactions on Pattern Analysis and Machine Intelligence, 27(1):51-65

Sigal, L., Bhatia, S., Roth, S., Black, M. J., and Isard, M., Tracking loose-limbed people, 2004, In IEEE Computer Society Conference on Computer Vision and Pattern Recognition(CVPR 2004), pp. 421-428

Sinha, S., Mordohai, P., and Pollefeys, M., Multi-view stereo via graph cuts on the dual of an adaptive tetrahedral mesh, 2007, In Eleventh International Conference on Computer Vision (ICCV 2007)

Sivic, J., Russell, B. C., Efros, A. A., Zisserman, A., and Freeman, W. T., Discovering objects and their localization in images, 2005, In Tenth International Conference on Computer Vision (ICCV 2005), pp. 370-377

Steedly, D., Pal, C., and Szeliski, R., Efficiently registering video into panoramic mosaics, 2005, In Tenth International Conference on Computer Vision (ICCV 2005), pp. 1300-1307

Sturm, P. and Ramalingam, S., A generic concept for camera calibration, 2004, In Eighth European Conference on Computer Vision (ECCV 2004), pp. 1-13

Szeliski, R., Image alignment and stitching: A tutorial, 2006, Foundations and Trends in Computer Graphics and Computer Vision, 2(1):1-104

Tardif, J.-P., Non-iterative approach for fast and accurate vanishing point detection, 2009, In Twelfth International Conference on Computer Vision (ICCV 2009)

Tombari, F., Mattoccia, S., and Di Stefano, L., Segmentation-based adaptive support for accurate stereo correspondence, 2007, In Pacific-Rim Symposium on Image and Video Technology

Turk, M. and Pentland, A., Eigenfaces for recognition, 1991, Journal of Cognitive Neuroscience, 3(1):71-86

Turk, M. and Pentland, A., Face recognition using eigenfaces, 1991, In IEEE Computer Society Conference on Computer Vision and Pattern Recognition (CVPR 91), pp. 586-591

Viola, P. A. and Jones, M. J., Robust real-time face detection, 2004, International Journal of Computer Vision, 57(2):137-154

Wang, H. and Oliensis, J., Shape matching by segmentation averaging, 2010, IEEE Transactions on Pattern Analysis and Machine Intelligence, 32(4):619-635

Wang, Z.-F. and Zheng, Z.-G., A region based stereo matching algorithm using cooperative optimization, 2008, In IEEE Computer Society Conference on Computer Vision and Pattern Recognition (CVPR 2008)

White, R. and Forsyth, D., Combining cues: Shape from shading and texture, 2006, In IEEE Computer Society Conference on Computer Vision and Pattern Recognition (CVPR 2006), pp. 1809-1816

Xu, L., Chen, J., and Jia, J., A segmentation based variational model for accurate optical flow estimation, 2008, In Tenth European Conference on Computer Vision (ECCV2008), pp. 671-684

Yuille, A., Deformable templates for face recognition, 1991, Journal of Cognitive Neuroscience, 3(1):59-70

Zach, C., Gallup, D., and Frahm, J.-M., Fast gain-adaptive KLT tracking on the GPU, 2008, In CVPR 2008 Workshop on Visual Computer Vision on GPUs (CVGPU)

Zhang, G., Jia, J., Wong, T.-T., and Bao, H., Recovering consistent video depth maps via bundle optimization, 2008, In IEEE Computer Society Conference on Computer Vision and Pattern Recognition (CVPR 2008)

Zhang, Z., Iterative point matching for registration of free-form curves and surfaces, 1994, International Journal of Computer Vision, 13(2):119-152

Zitnick, C. L., Jojic, N., and Kang, S. B., Consistent segmentation for optical flow estimation, 2005, In Tenth International Conference on Computer Vision (ICCV 2005), pp. 1308-1315

찾아보기

저자약력

최형일
연세대학교 전자공학과 졸업
미국 미시간대학교 전기전산학과(공학박사)
현재 숭실대학교 미디어학과 교수
관심분야 : 컴퓨터 비전, 인공지능, 패턴인식

정가 15,000원

컴퓨터비전

2013년 1월 5일 초판 인쇄
2013년 1월 15일 초판 발행

저 자 : 최 형 일
발행자 : 우 명 찬·송 준
발행처 : 홍릉과학출판사
주 소 : ㉾142-885 서울시 강북구 인수동 455-60
등 록 : 1976년 10월 21일 제5-66호
전 화 : 999-2274~5, 996-8341, 903-7037
팩 스 : 905-6729
ISBN : 978-89-97570-27-0

hongpub@hongpub.co.kr
www.hongpub.co.kr

저자와의 협의하에 인지생략